처음 만나는 영화

일러두기

● 이 책은 1994년 발행한 『김성곤 교수의 영화 에세이』의 제목과 본문, 편집디자인을 바꿔 출간한 개
정증보판입니다.

● 이 책에서 영화, 드라마, 책은 모두 『제목』으로 통일하여 표시하였습니다. 영화의 경우 본문에서 최초
등장에 한하여 『국내 개봉 제목, 현지 개봉 제목, 현지 개봉 년도』로 표기하였고, 책의 경우 국내 출간
된 도서는 따로 원서명을 표기하지 않고, 국내에 출간되지 않은 책에만 원서명을 병기하였습니다.

● 이 책에서 인명과 영화명 중 일부는 내용 흐름에 따라 외래어 표기법이 아닌 현지 발음으로 표기하
였습니다.

처음 만나는 영화

내 영혼을 울린 문학텍스트로서의 영화

김성곤 지음

RHK
알에이치코리아

/

To my mentor, Leslie A. Fiedler

who first taught me that film is an extension of literature.

/

영화가 문학텍스트의 확장이라는 것을

내게 처음 가르쳐 준 은사 레슬리 피들러 교수에게.

훌륭한 비평가는 모름지기 하나의 작품의 복잡성과 그것이
독자에게 가져오는 힘을 보통 사람보다 더 강력하게 그리고
예민하게 느끼고 이해하는 사람이어야 한다.

그리고 그는 몸 구석구석, 발끝에서 머리끝까지 그것이 가져
오는 힘을 생생하게 느끼고 민감하게 반응하는 그런 사람이
어야 한다. 그는 지적(知的)으로 우수하여야 하며, 본능적으로
남이 보지 못하는 것을 발견하는 재능도 갖추어야 한다. 논
리적이며 설득력 있는 글을 쓸 수 있는 기술도 터득해야만
한다. 그는 훌륭한 작품을 보면 거기에 대하여 말하지 않고
는 못 배기는 그런 괴상한 정열도 타고난 사람이어야 한다.
그리고 무엇보다도 그는 도덕적으로 대단히, 대단히, 용기 있
고 또 정직해야만 한다.

— 이창국 『문학비평 이야기』

개정증보판을 내면서

영화를 통해 한 나라의 문화를 읽어내려는 시도인 『영화 에세이』가
나온 지도 벌써 26년이 지났다. 내가 영화에 대한 글을 처음 쓰기 시
작한 것은 1991년이었는데, 그때만 해도 사람들은 영화를 상업적인
오락물로만 생각했다. 그래서 문학자가 왜 영화에 대한 글을 써서 스
스로의 권위와 품위를 손상하는지 의아해했다.

그러나 오늘날 영화는 한국의 대학뿐 아니라 세계의 모든 대학에
서 가장 인기 있는 텍스트와 연구과제가 되었다. 사람들은 이제 영화
가 품위를 해치는 것이 아니라 문학작품처럼 삶의 제반 문제를 성찰
하고 있으며, 인문학이나 사회과학 심지어는 과학과 공학교육에도 유

용하게 사용될 수 있는 매체라는 사실을 깨닫게 되었다. 영화는 당대의 문화와 사회를 반영하는 훌륭한 문화텍스트이자 소중한 사회문서이기 때문이다. 과연 이제는 모든 대학에서 수업시간에 영화를 사용하고 있으며, 영화관련 과목이나 문학과 영화 프로그램이 캠퍼스에서 최고의 인기를 누리고 있다.

　이 책을 쓰고 있을 때는 몰랐는데, 당시는 영국의 버밍엄 대학교 현대문화연구소에서 시작된 '문화연구Cultural Studies'가 영화를 문학과 동급의 문화텍스트로 격상시키고 있었던 '문화의 시대'였고 '영화의 시대'였다. 국제문단의 정세와 학문의 최신동향에 어두웠던 우리만 그러한 변화를 모르고 있었던 것이다. 그러나 태어나면서부터 스크린 앞에 앉아서, 스크린을 통해 세상을 배워온 세대에게 영화는 삶의 다양한 양태를 보여 주고, 문화와 사회를 가르쳐 주는 좋은 텍스트였다.

　『영화 에세이』가 처음 출간되었을 때, 환영해 준 사람들은 문학교수들이 아니라 언론사 기자들이었다. 당시 문화일보 조우석 문화부장은 "영화마니아 김성곤 신드롬"이라는 제목으로 지면의 반이나 할애해서 이 책을 호평해 주었는데, 나는 그때 감사인사도 못하고 지나가서 지금도 죄의식을 갖고 있다. 경향신문의 최정훈 기자도 "영화도 예술성 담긴 문학텍스트"라는 제하의 기사에서, 이 책이 영화를 보는 새로운 시각의 책이라고 소개해 주었고, 당시 내외경제신문 기자였던 남진우 평론가·시인도 "문인들 영화평론 부문 활약"이라는 기사에서 이 책을 반겨 주었다. 교육부에서 발간한 고등 국어교과서에도 이 책의 한 챕터가 실렸고, 이어 고교 독서교과서와 여러 대학의 『대학국어』에도 수록되었다. 고故 박철수 감독, 안경환 서울대 명예교수, 천명관 작가, 강유정 평론가와 각별한 인연을 맺게 된 것도 바로 이 책 덕분이었다.

이 책은 영화 속에서 문화를 읽어내는 최초의 시도여서 그랬는지, 출간되자마자 2쇄에 들어갔고 9쇄까지 나왔지만, 그건 오래 전 일이었다. 그래서 2016년 초에 신기주 작가의 추천으로 이 책이 tvN의 인기 프로인 「비밀 독서단」의 '내 인생의 책' 1위 후보로 올랐을 때는 놀랐고 고마웠다. 26년 전에 출간된 책을 아직도 기억해 주는 독자가 있으리라고는 전혀 기대하지 않았기 때문이었다. 1980년대에 내가 쓴 포스트모더니즘 책으로 공부했다는 사람들은 가끔 만나지만, 영화책을 기억해 주는 사람이 있을 줄은 몰랐다. '내 인생의 책'은 서점에서 별도 테이블에 진열하기 때문에 베스트셀러가 될 수도 있었는데 유감스럽게도 절판되어 좋은 기회를 놓쳤고, 그런 내가 안 되어 보였던지 주위에서도 권하고 독자들의 요청도 있어 이번에 개정증보판을 내게 되었다.

이 책에 관심을 갖고 다시 한 번 햇빛을 보도록 해 준 알에이치코리아의 양원석 대표와 편집팀 그리고 진송이 에디터에게 고마움을 표한다. 이 책이 영화를 좋아하는 독자들에게 유익함과 즐거움을 줄 수 있다면 더 이상 바랄 것이 없겠다.

김성곤

소외된 장르의 ‘예술성’을 찾아

‘흑백의 세계’에서 ‘컬러의 세계’로

내가 처음 본 영화는 한국전쟁이 끝난 직후 아버지를 따라가 ‘시공관’에서 본 『미키 마우스』 만화영화였다. 그때 나는 너무 어렸기 때문에 내용은 잘 기억할 수 없지만, 그 만화영화의 환상적인 컬러만큼은 아직도 생생하게 기억하고 있다. 화려하고 세련된 요즘의 색상들과 비교해 본다면 기껏해야 유치한 물감 색이었겠지만, 그래도 전후戰後의 폐허밖에 본 적이 없었던 내 흑백의 눈에는 그것이 그렇게 아름다울 수가 없었다. 어쩌면 나는 그때부터 이미 영화를 좋아하기 시작했는지도 모른다.

그 당시 우리들에게는 정말이지 소일거리가 없었다. 산으로 놀러 가면 아직 터지지 않고 남아 있는 불발탄들과 녹슨 탄피들만 우리를 반겨 주었고 거리를 쏘다니면 포탄에 부서진 판잣집들만 쓸쓸히 우리를 맞아 주었다. 그러나 일단 극장에 들어가면 거기는 딴 세상이었다. 거기에는 수려한 산천이 있었고 화려한 거리가 있었으며 신나는 모험이 있었다. 우리 세대가 다 그랬겠지만, 그때 나는 암울한 현실을 잠시라도 잊기 위해 극장에 갔다. 그리고 그곳에 있는 동안은 늘 환상 속에 살았다. 영화가 끝나고 어두운 극장을 나오면 언제나 밝은 햇살이 쏟아졌다. 그러나 아이러니컬하게도 그것은 어두움에서 밝음으로의 이동이 아니라 컬러의 세계에서 흑백의 세계로의 이동이었다.

　그래서 나에게는 같은 영화를 두 번씩 보는 버릇이 생겼다. 조금이라도 더 환상의 세계 속에 오래 머물기 위해, 그리고 조금이라도 현실로 되돌아가는 것을 지연시키기 위해 나는 무려 네 시간을 극장 속에서 지내곤 했다. 그래서 아예 상영 시간이 서너 시간이나 되는 『바람과 함께 사라지다Gone with the Wind, 1939』나 『벤허Ben-Hur, 1959』나 『십계The Ten Commandments, 1956』 같은 영화를 보러 갈 때면 그렇게 행복할 수가 없었다. 거의 반나절을 환상의 세계 속에서 지내다가 다시 현실로 돌아오는 극장 앞에서, 나는 언제나 꿈에서 깨어난 아이처럼 실망했고 또 안타까워했다. 현실은 조금 전의 영화와는 너무나 달랐다. 거리는 여전히 춥고 황량했으며 사람들은 여전히 가난했고 삭막했다.

그때마다 나는 실망했으며, 마치 혼자서만 몰래 금단의 지역에 다녀온 사람처럼 가벼운 죄의식마저 느끼곤 했다.

문학텍스트로서의 영화

그로부터 수십 년이 지난 지금, 전후戰後의 폐허는 사라지고 흑백이었던 우리의 현실은 드디어 컬러가 되었다. 그리고 그에 따라 내 자신도 많이 변했다. 우선 요즘 내 바쁜 일과는 극장에 가는 것을 애당초 불가능하게 만든 지 오래고, 내 생체리듬 역시 네 시간짜리 영화를 견디지 못한다. 그런데도 나는 아직도 영화를 좋아한다. 하루의 피로를 동료들이 바둑이나 술이나 잡담으로 풀 때, 나는 혼자서 영화를 틀어 놓고 다시 한 번 환상의 세계로 되돌아간다. 그러면 탁했던 머리가 다시 맑아지고 쌓였던 피로도 어느덧 사라진다. 그것은 분명 현대 의학으로는 풀 수 없는 수수께끼다.

영화에 대한 나의 관심은 원래 이렇게 개인적인 기호와 애정에서부터 비롯되었다. 그러나 나는 차츰 문학자로서 그리고 포스트모더니즘 전공자로서 영상 매체에 대해 진지한 관심을 갖게 되었다. 포스트모더니즘은 대중문화의 당위성뿐만 아니라 영상 문화의 중요성까지도 주장함으로써, 오늘날 영화와 비디오를 당당하게 미국 대학 영문과의 정규 교과목으로 집어넣는 데 공헌했다. 그 결과, 이제 영화는 문학과 긴밀한 관계를 맺고 있는 또 하나의 문학텍스트로서 부상하게 되었다. 그런 맥락에서 보면 오래 전부터 포스트모더니즘을 연구해 온 내가 영화의 새로운 가능성에 관심을 갖는 것은 지극히 당연한 일이었다.

영화가 문학텍스트의 확장이라는 것을 내게 처음 가르쳐 준 사람은 은사 레슬리 피들러Leslie A. Fiedler 교수였다. 60년대 초에 이미 소설이 장차 영상 매체에 의해 밀려날 것을 예언했던 그는, 70년대 말 내게 갑자기 『살아 있는 시체들의 밤Night of the Living Dead, 1968』이란 영화를 보았느냐고 물었다. 아직 보지 않았다는 내게 그는 이렇게 말했다―"문학을 전공하는 사람이라면 누구나 그 영화를 보아야만 해. 그 영화는 곧 문학 그 자체니까." 그 후, 극장에 가서 그 영화를 보면서 나는 비로소 한 편의 영화가 얼마나 훌륭한 문학텍스트가 될 수 있는가를 깨닫게 되었다.

그래서 나는 영화 속에서 문학을 보기 시작했다. 그리고 문학작품을 읽고 분석하듯이 영화 텍스트를 보고 분석하기 시작했다. 그러자 영화는 인간의 삶과 상황을 다각도로 조명하는 훌륭한 문학텍스트로서 내게 새롭게 다가오기 시작했다. 물론 그때까지만 해도 영화에 대한 글을 쓴다는 생각은 내게 전혀 떠오르지 않았다.

이 책은 그동안 내가 썼던 글들을 주제별로 모은 것이다. 시대별로는 시사성에 구애받지 않고 1930년대 영화부터 2010년대 영화까지를 포괄적으로 다루고 있다. 이 책에서 논의되는 영화들이 대부분 미국 영화들인 이유는, 그것들의 문화적 해석과 문학적 분석에 미국 문학에 대한 내 전문지식을 유용하게 사용할 수 있었기 때문이다. 사실 이 책이 어떤 영화에 대해 사람들이 흔히 보지 못하고 넘어가는 숨겨진 의미나 새로운 시각을 찾아내어 밝히는 데 성공하고 있다면, 그것은 우선 이 책이 미국 문화에 대한 포괄적인 이해와 지식을 바탕으로 쓰였기 때문일 것이다. 그러므로 이 책은 비록 본격적인 학술 서적은 아닐는지 모르지만, 궁극적으로는 '미국 문학과 문화'라는 내 전공 분야 연구의 연장선상에 놓여 있다고 할 수 있다.

소외된 장르의 '예술성'을 찾아

사람들은 흔히 영화가 다른 예술 장르에 비해 상업적이고 오락적이라고 말한다. 그래서 고급문화와 순수예술을 선호하는 사람들은 영화를 예술의 하류 장르쯤으로 생각하고 간단히 무시하는 경향이 있다. 그러나 그들도 역시 주말에는 극장에 가고 저녁에는 텔레비전 앞에 앉아 영화를 본다. 특히 문학작품이 영화화되었을 때, 우리의 문화적 엘리트들은 마치 고전 음악회에라도 가는 것처럼 떳떳하고 엄숙한 태도로 극장에 간다. 그것은 곧 대량복제가 가능한 문학작품이 상업적이고 오락적일 수 있는 것만큼이나 영화도 문학적이고 예술적일 수 있다는 것을 의미한다.

나는 우선 소외된 예술 장르인 영화의 바로 그러한 문학적 가능성에 관심을 가지고, 더 나아가 영화 중에서도 소외된 분야인 소위 '오락 영화' 속에 숨겨져 있는 예술적 의미에 대해 주목하기 시작했다. 그것이 내가 왜 이 책에서 높은 예술적 가치를 지녔다는 평가를 받고 있는 '공인된 예술영화'보다는, 흔히 액션 오락 영화라고만 알려져 있는 '할리우드 상업영화'들을 주로 다루고 있는가 하는 이유다. 사실 공인된 예술영화의 예술성에 대해 이미 잘 알려진 사실들을 반복해 이야기하는 것보다는, 모두가 소홀히 하거나 무시하는 오락 영화 속에서 우리가 미처 보지 못하고 지나치는 숨겨진 예술적 가치들을 찾아내어 보여 주는 것―그것이 바로 비평가가 해야 될 작업이자 책무인지도 모른다.

나는 이 책에 실린 글들을 쓰면서 국내 것이든 국외 것이든 단 한 권의 영화잡지도 참고하지 않았다. 우선은 그런 자료들을 구하려는 생각조차 해 보지 않았지만, 혹시 옆에 있었다고 해도 그것들을 들여다볼 만큼 한가하지도 못했다. 그리고 무엇보다도 나는 영화를 보는 스스로의 독창적 시각과 안목을 견지하고 싶었다. 그러므로 이 책은 사실 남들이 다른 수많은 소일거리로 여가를 즐길 때, 오직 스크린 앞에만 앉아 있었던 덕택으로 만들어진 결실이라고 할 수 있다.

오늘날 우리는 '영상 매체 시대'에 살고 있다. 사람들은 이제 책 대신 책장에 꽂혀져 있는 비디오테이프를 꺼내 들고, 책장을 넘기는 대신 리모컨의 스위치를 누른다. 이윽고 화면에는 우리를 상상의 세계로 데리고 가는 또 하나의 우주가 펼쳐진다. 그러한 시대의 변화를 막을 수는 없다. 그러나 우리는 적어도 어떻게 좋은 영화를 선별할 것이며, 또 어떻게 영화를 보아야 되는지에 대해서만큼은 적절한 조언을 해 줄 수 있어야만 한다. 그때야 비로소 영화는 우리의 삶과 현실을 반영해 주는 또 하나의 문학텍스트로서 긍정적인 의미를 갖게 될 것이다. 이 책은 바로 그러한 의도에서 쓰였다.

03
영화를 보는 두 겹의 시각

F I
LM

01

미국 문화와 영화,
어떤 관계인가?

미국의 꿈과 악몽

레인 맨

『레인 맨』 — 사라진 '미국의 꿈'

톰 크루즈와 더스틴 호프만이 주연한 영화 『레인 맨Rain Man, 1988』은 세계의 많은 영화팬들에게 박수갈채를 받은 탁월한 수작이다. 하지만 『레인 맨』을 본 사람들은 대부분 자폐증 환자 역을 맡은 더스틴 호프만의 완벽한 연기에 감탄하면서, 이 영화를 형제간의 우애 또는 자폐증 환자에 대한 영화라고 생각하는 데서 그친다. 과연 『레인 맨』에 대한 화제는 온통 자폐증 환자의 연기를 잘해낸 더스틴 호프만에 대한 것뿐이고, 아카데미상 역시 그에게 주어졌다.

그러나 『레인 맨』의 중요성은 단순히 형제간의 우애나 자폐증 환자에 대한 새로운 인식에서 그치지 않는다. 『레인 맨』의 진짜 중요성은 그것이 현대 미국 사회에 대한 신랄한 비판이자 20세기 인류 문명에 대한 강력한 경고라는 데 있다. 그와 같은 무거운 주제를 배경으로 깔고 이 영화를 다시 보면, 사실은 모든 초점이 자폐증 환자인 형이 아니라 정상인인 동생에게 주어지고 있음을 알 수 있다. 다시 말하자면, 이 영화는 동생 톰 크루즈의 깨달음과 눈뜸의 과정을 그린 영화이고, 형 더스틴 호프만은 그의 눈을 뜨게 해 주는 하나의 상징적인 텍스트로서 제시되고 있다는 것이다. 그것을 깨닫는 순간,

『레인 맨』은 단순히 형제간의 우애나 자폐증 환자에 대한 이야기가 아니라, 현대 미국 사회에 대한 신랄한 비판이자 20세기 인류문명에 대한 강력한 경고라고 할 수 있다.

이 영화의 매 장면 하나하나는 심오한 의미를 갖고 새롭게 다가온다.

　『레인 맨』은 우선 '미국의 꿈'의 성취와 좌절에 대한 이야기라고 할 수 있다. 미국은 원래 유럽의 기계문명과 산업화, 종교 박해를 피해 대자연을 찾아 이주해 온 사람들이 세운 나라였다. '초원의 집'으로 표상되는 녹색의 정원과 목가적인 삶은 곧 초창기 미국인들이 추구했던 미국의 꿈이었다. 그러나 미국인들은 곧 북미 대륙의 대자연을 개척해 문명화시켰고 산업화시켰으며, 그 결과 미국은 오늘날 세계 문명과 과학의 중심지가 되는 패러독스를 보여 주게 되었다. 더구나 많은 미국인들을 캘리포니아의 금광으로 몰려가게 만들었던 1849년의 '골드러시'는 미국의 꿈을 물질적인 성공과 동일시하는 계기를 마련해 주었으며, 그나마 남은 서부의 미개척지마저도 급속도로 문명화시

키는 데 공헌했다.

1890년 미국 정부는 미국에는 더 이상 프런티어가 없다고 공식
선언함으로써, 미국 서부 개척사의 종말과 순수한 미국의 꿈의 죽음
을 선포했다. 녹색의 목가적 꿈은 물질주의와 상업주의에 의해 오염
되었고, 초기의 순수했던 미국 꿈은 어느덧 타락한 '미국의 악몽'으로
변질되었다. 이에 따라 미국의 작가들은 물질적 성공을 추구하는 과
정에서 미국인들이 그동안 상실해 온 것이 무엇이었는가를 작품 속에
서 부단히 탐색해 왔다. 예컨대 녹색의 불빛을 되찾으려다가 녹색의
실내수영장에서 살해당하는 순진한 미국인의 이야기인 『위대한 개츠
비』의 작가 F. 스콧 피츠제럴드나, 어린 시절 송어가 뛰놀았던 녹색의
하천을 피트당 잘라서 팔고 있는 것을 발견하고 경악하는 『미국의 송
어 낚시』의 저자 리처드 브라우티건은 바로 그러한 계열의 대표적 작
가들이다. 그들은 모두 경제발전과 산업화 과정에서 우리가 잃은 것
이 과연 무엇이었는가를 다시 한 번 돌이켜볼 것을 제안한다.

자동차와 장미 정원 ― 미국의 유산

영화 『레인 맨』의 주인공 찰스 배비트(톰 크루즈 扮)는 서부로 이주해
와서 물질적 성공을 추구하는, 그러나 그 과정에서 많은 것을 상실한
미국인의 전형이다. 그는 마치 골드러시 때 캘리포니아 금광을 찾아
온 사람처럼 돈과 금속의 노예가 되어 나날을 살고 있다. 자동차 판매
인인 그의 인생은 온통 돈과 기계―예컨대 전화와 자동차―에 매달

려 있을 뿐, 그의 삶에 녹색의 정원이나 목가적 꿈은 전혀 존재하지 않는 것처럼 보인다. 어느 날 그는 자동차(기계)를 타고 가다가 카 폰(기계)으로 부친 샌포드 배비트의 죽음을 통고받는다. 주인공이 갑자기 소환장을 받고 과거로 되돌아가는 것은 포의 『어셔 가의 몰락』이래 토머스 핀천의 『제49호 품목의 경매』에 이르기까지 미국 문학에 자주 등장하는 낯익은 모티프다. 부친의 장례식에 초대를 받고 찰스는 고향으로 돌아갈 것을 결심한다. 비록 부친과의 사이가 나빠서 일찍 집을 뛰쳐나오기는 했지만, 재정난을 겪고 있는 그에게 부친의 유산은 너무나 유혹적이었기 때문이다. 더욱이 그는 독자로서 유산의 유일한 상속자였다. 그래서 그는 부친의 유산을 물려받기 위해 다시 자신의 근원인 동부로 돌아간다.

그러나 고향인 오하이오 주 신시내티로 돌아간 그는 부친이 자신에게는 단 한 푼의 돈도 물려주지 않았음을 발견하고 경악한다. 모든 재산은 어느 요양 기관에 기증되었고, 부친이 그에게 물려준 것이라고는 단 두 가지―자동차와 장미 정원―뿐이었다. 분노와 허탈에 빠진 찰스는 부친이 물려준 이 두 가지 유산의 진정한 의미를 깨닫지 못하고 좌절한다. 그러나 사실은 이 두 가지야말로 미국인들이 조상에게 물려받은 두 가지의 유산―즉 기계와 정원 또는 산업주의와 전원주의―을 상징하고 있다는 사실을 깨닫는 것은 중요하다. 많은 미국인들이 그랬듯이, 찰스가 일찍부터 선택했던 것은 물론 기계와 물질주의, 곧 변절되고 타락한 '아메리칸 드림'이었다. 그리고 그것은 그러한 선택의 부작용을 우려한 부친과의 충돌과 갈등을 의미했다. 과연 그는 어렸을 때 타지 못하게 금지된 부친의 뷰익 자동차(미국의 중산층들이 즐겨 타는 GM 자동차)를 타고 나갔다가 부친의 신고를 받은 경찰에 의해 체포되고, 결국에는 그 사건으로 인해 집을 뛰쳐나가 서부로 가게 된다(부자지간의 갈등은 미국 문학이 즐겨 다루는 또 하나의 주요 모티프다).

그런데 부친은 이제 그에게 그 문제의 자동차와 장미 정원만을 유산으로 남겨 주고 떠나 버린 것이다. 화가 머리끝까지 난 찰스는 부친이 물려준 차를 타고 부친의 전 재산이 기증된 요양원을 찾아갔다가 우연히 어느 자폐증 환자를 만나고, 그가 바로 자신의 감추어진 형이라는 사실을 발견한다. 여기에서 두 형제를 서로 만나게 해 주는 매개체가 부친의 자동차라는 점은 대단히 상징적이다. 동생은 요양원 측을 협박해 부친의 유산을 돌려받을 욕심으로 형을 납치한다. 그에게 있어 형은 곧 잃어버린 돈을 의미했다. 그래서 그는 형을 캘리포니아로 데려가기로 결정한다. 그러나 그는 사실 형 레이먼드야말로 부친이 자신에게 남긴 가장 중요한 유산이라는 것을 아직 깨닫지 못한다.

제2의 '대륙횡단' 여행

이 영화의 핵심적인 사건은 바로 자폐증 환자인 형 레이먼드 배비트(더스틴 호프만 扮)가 비행기 타기를 거부해, 부득이 두 형제가 부친이 물려준 자동차로 미 대륙을 횡단하면서 일어난다. 즉 이러한 상황 설정으로 말미암아, 찰스는 예전에는 멋모르고 혼자 횡단했던 대륙을 이제는 형과 함께 부친의 차를 타고 다시 한 번 되짚어 가 보는 '제2의 서부 개척'을 경험하게 되는 것이다. 이는 물론 비트 작가 잭 케루악의 소설 『길 위에서』처럼 미국과 미국인의 재발견을 위한 정신적 여행이라고 볼 수 있다. 그러나 그것은 또한 포스트모더니즘 문학의 중요한 모티프 중의 하나인 '과거로의 여행'과, 과거에서 다시 현재로 되돌아오면서 잘못의 근원을 발견하는 '미래로의 여행'을 강력하게 시사한다(『백 투 더 퓨처Back to the Future』 시리즈 역시 바로 그러한 맥락에서 만들어진 작품이다). 그런 경우 과거는 향수의 대상이 아닌 조사와 심문의 대상이 된다. 즉 포스트모더니즘이나 탈구조주의에서는 현재의 잘못된 상황의 근원 또는 그것을 해결할 수 있는 열쇠를 찾기 위해 과거로 되돌아간 다음(찰스 역시 현재 재정적·인간적 문제를 안고 있고, 그것의 해결책을 찾기 위해 자신의 근원으로 되돌아간다.) 다시 현재로 되돌아오는 과정—미셸 푸코가 '반기억 counter-memory'이라고 부른 과정—을 통해 예전에는 미처 깨닫지 못했던 것들을 발견하는 전략을 채택한다. 그렇다면 이 영화의 핵심은 바로 그 '제2의 대륙 횡단(또는 '제2의 골드러시'—형은 곧 돈이고 그는 지금 서둘러 서부로 달려가고 있으니까)'을 통한 주인공의 깨달음과 눈뜸이라고 할 수 있다. 만일 그렇다면 그것이야말로 사실은 부친이 그에게 물려준 진정한 유산이라고 할 수 있을 것이다.

과거를 출발해 현재로 되돌아오는 그 '미래로의 여행'을 통해 찰스는 새로운 인간으로 다시 태어난다. 즉 그는 제2의 서부 여행을 통해 첫 번째 여행에서는 미처 몰랐던 것들—예컨대 어렸을 때 왜 부친이 자동차를 타지 못하게 했는가, 왜 지금은 그 자동차와 장미 정원을, 그리고 자폐증 환자인 형을 유산으로 남겨 주었는가 하는 것들—의 심오한 의미를 비로소 깨닫게 된다. 그는 여행을 통해 형을 인간적으로 좋아하게 되었을 뿐만 아니라, 처음에는 짜증스럽게 느껴지기만 했던 형의 자폐증 속에 사실은 비상한 능력이 감추어져 있다는 사실도 발견하게 된다. 지금까지는 오직 기계적이고 경제적인 인간관계밖에 몰랐던 그도 이제는 다른 인간을 진정으로 이해하고 인정하며 사랑할 수 있게 된 것이다. 그는 어렸을 적 '레인 맨'이 자장가를 불러 준 것을 기억하는데, 그것은 사실 '레이먼드'라는 형의 이름을 자신이 혼동한 것임을 알게 된다. 그는 비로소 레인 맨이 자신의 삭막한 가슴에 다시 한 번 재생과 풍요의 비를 가져다 줄 존재라는 것을 깨닫게 된다.

이 영화에서 레인 맨은 미국인들이 물질적 성공(기계)만을 추구하느라 너무나 오랫동안 요양 기관에 유폐시켜 온, 그래서 이제는 그 존재마저도 기억하지 못하는(과연 찰스는 형의 존재를 까맣게 잊어버리고 살아왔다.) '목가적 꿈'과 '녹색의 정원'을 상징하고 있다. 그래서 레인 맨은 이제 자폐증 환자가 되었고, 밀폐된 곳에서 TV 프로그램에 중독된 채 살아가고 있는 레이먼드가 되었다. 그가 꼭 봐야 된다고 주장하는 프로그램 중 하나가 '위험'을 의미하는 퀴즈 게임 '제퍼디Jeopardy'라는 것 역시 대단히 시사적이다. 과연 기계문명과 물질주의의 추구는 지금 '위험'에 처해 있고, 그 문제를 해결할 수 있는 사람은 오직 레인 맨밖에 없다(그는 모든 퀴즈의 답을 다 알고 있다). 그런데 레인 맨마저도 지금은 요양 기관에 감금된 채 '위험'에 처해 있는 것이다. 그러나 일단 요양 기관을 벗어난 레인 맨은 동생 찰스의 가슴에 촉촉한 단비를 내려 준다. 그는 비가 오는 날에는 여행을 거부한다. 그것은 아마

처음 만나는 영화

도 비가 오는 날에는 굳이 레인 맨이 여행의 동반자가 될 필요가 없어 서일 수도 있겠고, 아니면 재생을 가져오지 못하는 현대의 죽음의 비가 싫어서일 수도 있겠다.

캘리포니아에 도착하기 직전에 이들은 라스베이거스에 들른다. 이 장면은 물론 이 영화의 재미를 위한 양념의 역할을 하고 있지만, 라스베이거스가 여행의 종착지 직전에 위치한다는 사실은 특별한 의미를 가지고 다가온다. 예컨대 여행을 끝내기 전 상징적으로 어떤 입문 의식을 치르는 것 같은 느낌을 준다. 라스베이거스는 물질주의와 상업주의, 기계주의와 한탕주의의 정점이다. 라스베이거스의 밤거리를 수놓는 화려한 네온사인은 마치 조이스의 소설 『율리시즈』의 정점을 이루는 「나이트 타운 에피소드」에서처럼 한밤중 마녀의 강력한 유혹을 상징한다. 오랜 방랑 끝에 마녀의 유혹을 이기고 드디어 서로 만나 집으로 돌아오는 스티븐 디달러스와 리오폴드 블룸처럼, 찰스 배비트와 레인 맨도 오랜 여행 끝에 라스베이거스의 유혹을 이기고, 드디어 진정으로 서로 화합한 채 집으로 돌아간다. 마녀(라스베가스)의 유혹은 피해 가거나 지나쳐 갈 수 있는 것이 아니고 적극적으로 그것과 대면해서 이겨야만 한다. 그런 후에야 그들은 비로소 극적인 화합 속에서 집에 도착할 수 있는 것이다.

그러므로 이 영화의 라스베이거스 장면에서 벌어지는 것은 기계와 인간의 한판 승부다. 온갖 정교한 기계들과 상업주의와 물질주의 앞에 두 형제는 과감히 도전한다. 물론 그와 같은 도전은 한 사람의 힘으로는 불가능하고 오로지 두 형제가 마음을 합했을 때만 가능하게 된다. 그것이 왜 게임 중 형이 슬그머니 빠져 나가 혼자 기계와 대면했을 때에는 패배하는가 하는 이유일 것이다. 동생의 테크닉과 형의 비상한 기억력(기계의 힘이 아닌 인간의 능력)으로 두 형제는 게임에서 돈을 딴다. 이는 인간과 기계, 또는 진짜 녹색(초원)과 가짜 녹색(돈)과의 대결에서 보여 주는 통쾌한 전자의 승리이다. 물론 여기에서 딴 돈은 동생 찰스의 재정적 어려움을 해결해 주는 이중의 기쁨을 제공한다. 결국 부친은 방탕한 아들 찰스의 문제를 자신의 '위대한 유산'으로 깨끗이 해결해 준 것이다.

레인 맨 ― 되찾은 '아메리칸 드림'

드디어 그들은 캘리포니아에 도착한다. 이제 다른 사람이 되어 다시 태어난 찰스는 재정적인 문제(경제관계)와 애인과의 문제(인간관계)를 둘 다 해결하고, 이제는 다만 '레인 맨'과 같이 살기만을 원한다. 그는 상당액의 돈을 줄 테니 '레인 맨'을 돌려 달라는 요양 기관 측의 제의도 거절하고 형을 되찾기 위한 소송을 시작한다. 그러나 결국 '레인 맨'은 요양 기관으로 돌아간다. 어떤 의미에서 이제 모든 것을 깨달은 톰 크루즈에게 그를 깨우쳐 주었던 텍스트는 꼭 같이 있지 않아도 되었는지도 모른다.

　'레인 맨'이 가장 싫어하는 것은 뜨거운 물건이었다. 그는 뜨거운 물 때문에 요양 기관으로 쫓겨 갔고, 또 나중에는 과열된 토스터(기계)에서 난 불로 인해 소동을 피운다. 그것은 어쩌면 뜨거운 불을 꺼서 우리의 화상을 막아 줄 수 있는 시원한 비를 상실한 현대의 '레인 맨'

의 모습을 상징하는지도 모른다. 그러나 죽어 가는 녹색의 초원을 다시 살릴 수 있는 것은 오직 대자연의 '비'뿐이다. 그것이 왜 찰스가 '레인 맨'을 자기 옆에 붙잡아 두고 싶어 하는가 하는 진정한 이유일 것이다. '레인 맨'은 다시 요양 기관으로 돌아가지만 찰스는 그를 영원히 잊지 못할 것이다. 이제 찰스는 맹목적인 물질적 성공의 추구 대신, 한때 잃어버렸던 녹색의 꿈을 다시 되찾음으로써 미국의 악몽 대신 다시 한 번 순수한 '미국의 꿈'을 꾸게 된다.

찰스는 미국에서 가장 흔한 이름 중의 하나이다. 이는 곧 그가 모든 미국인을 대표하는 보통 사람이라는 것을 의미한다. 그러나 그보다 더 상징적인 것은 그의 성이 '배비트'라는 점이다. 왜냐하면 미국 최초의 노벨문학상 수상 작가인 싱클레어 루이스의 소설 『배비트』의 주인공 조지 배비트는 바로 『레인 맨』의 찰스 배비트처럼, 물질적인 성공을 미국의 꿈으로 착각해서 실패한 미국 중산층의 대표적인 인물이기 때문이다. 그런 의미에서 이 영화는 현대 미국 문화에 대한 신랄한 비판으로서 성공하고 있다.

그러나 이 영화는 비단 미국의 이야기에서 그치지는 않는다. 그것은 한국처럼 경제 성장을 위해 모든 것을 희생해 온 나라에도 절실하게 다가오는 주제라고 볼 수 있다. 우리는 지난 60년대 이래 물질적 성공을 위해 정신적인 전원의 꿈을 파괴해 왔고, 산업의 발달을 위해 실제로 녹색의 정원들을 훼손해 왔다. 그러나 이제는 한번쯤 멈춰 서서, 그와 같은 과정에서 과연 우리가 상실한 것이 무엇이었는가를 스스로 돌이켜보아야만 할 것이다. 그래서 그동안 우리가 요양 기관에 유폐시켜 온 '레인 맨'을 찾아내어 고갈되고 황폐해진 우리 마음의 황

무지에 다시 한 번 재생과 풍요의 비가 내리도록 해야만 할 것이다.

물론 우리는 전원의 목가나 녹색의 꿈만을 먹고 살 수는 없다. 그러나 그러한 것들을 망각하고 물신주의와 기계주의만을 숭배하고 맹신할 때, 우리는 삶의 가장 중요한 것들을 상실하게 될 뿐만 아니라 스스로 죽음의 시간을 앞당기게 될 것이다. 녹색의 꿈과 생명의 비를 상실하면 정신적·신체적 황폐와 피폐로 인해 지구의 파괴와 인류의 파멸이 급속도로 진행될 것이기 때문이다. 그러므로 우리에게 필요한 것은 '레인 맨'의 발견과 녹색의 회복, 그리고 리오 마르크스의 책 제목처럼, '정원 속의 기계'와 조화를 이루는 일일 것이다. 그것이 바로 부친의 뜻을 배반하고 녹색의 꿈을 상실한 우리에게『레인 맨』이 주는 교훈이다.

처음 만나는 영화

미국 영화에 나타난 '영웅'

리버티 밸런스를 쏜 사나이

외화 제목 유감

극장가에는 늘 외국 영화들이 상영되고 있다. 관객들에게 선택의 기회를 넓혀 준다는 점에서는 분명 바람직한 일이다. 문제는 그 영화들의 한국어 제목들이다. 『라스트 모히칸』, 『피어 인사이드』, 『어 퓨 굿 맨』, 『포트리스』, 『보디가드』, 『파워 오브 원』, 『웨인즈 월드』, 『스니커즈』, 『시티헌터』, 『터커』, 『후라이드 그린 토마토』, 『뱃 인플루언스』, 『엠마누엘』, 『에어 아메리카』, 『언더씨즈』, 『발몽』, 『투 더 데스』, 『데저트 호크』, 『제주위트 조』, 『프린세스 브라이드』, 『어벤저 3』, 『코네티컷』 그리고 『밥 로버츠』와 『콜럼버스 1492』. 놀랍게도 우리말로 된 외화 제목은 단 하나도 없다. 거기에다가 아동 영화인 『알라딘』과 『피터 팬』까지 가세하면 그저 눈살이 찌푸려질 뿐이다. 왜 『모히칸족의 마지막 후예The Last of the Mohicans』, 『내면의 공포Fear Inside』, 『소수의 정예들A Few Good Men』, 『요새Fortress』, 『경호원The Bodyguard』, 『단결의 힘Power of One』, 『웨인의 세계Wayne's World』, 『도시의 사냥꾼City Hunter』, 『나쁜 영향Bad Influence』, 『죽음을 향해To the Death』, 『사막의 매Desert Hawk』 등의 좋은 한글 제목을 놓아두고 굳이 엉터리 발음의 영어 제목을 써야만 하는지는 알 수가 없다(영어는 발성법이 다르기 때문에 어차피 한글 표기가 불가능하다).

외화의 제목은 그동안 일본의 경우를 많이 모방해 왔다고 한다. 그렇다면 외국어 제목을 그대로 또는 축소해서 표기하는 것 역시 일본의 경향인지도 모른다. 하지만 왜 아직도 일본을 모방해야만 하는가? 요즘 국내 텔레비전 드라마의 일본 모방도 심각한 판에, 굳이 영화 제목까지도 일본 것을 가져다 써야만 하는 이유가 도대체 어디에 있는가? 그러한 서투른 모방의 한 시행착오는 『역경을 넘어서Against All Odds』라는 외화의 제목을 줄여 『어게인스트』라고 표기한 난센스에서도 드러난다. 또 일본과 한국은 똑같이 『프레데터』라는 영화 제목을 그대로 사용한 적이 있었다. 그러나 '프레데터'라는 단어의 의미를 알고 있는 사람이 과연 몇 명이나 될 것인가? 더욱이 앞에서 예로 든 『포트리스』나 『투 더 데스』나 『어 퓨 굿 맨』은 도대체 얼핏 보아서는 무슨 말인지 알 수가 없다. 더구나 정확하게는 『어 퓨 굿 맨』으로 표기해야 한다. 만일 그와 같은 표기가 요즘 젊은이들의 기호 때문이라면 교육적인 차원에서라도 그러한 것은 더더욱 지양되어야만 할 것이다.

만화 영화의 주인공들

얼핏 사소한 것처럼 보이는 제목의 표기 문제를 굳이 지적하는 이유는, 나이 든 세대들에게 이미 오래 전부터 외국의 문물을 숭배하는 비극적인 사대주의를 가져다주었던 외국어의 남용이 이제는 젊은 세대들에게조차 외래문화를 선호하는 맹목적인 모방주의를 가져다주고 있다고 느껴졌기 때문이다. 그리고 더 나아가, 이제는 우리도 스스로의 문화적 유산과 민족적 자존심을 회복할 때가 되었다고 생각되기 때문이다. 또한 개인적으로도, 요즘 미국 영화와 한국 영화를 비교해 보면서 그동안 우리가 이루어 놓은 것들이 너무나 보잘것없고 부끄럽다는 생각이 많이 들었다.

우리에게는 흔히 미국을 역사가 일천한 나라이고 상업적인 나라라고 무시하는 경향이 있다. 물론 그것이 전혀 근거 없는 생각은 아니다. 하지만 미국은 그 짧은 역사에도 불구하고 무시하지 못할 문화적 업적을 이루어 놓음으로써, 그와 같은 약점과 비난을 오히려 장점과 찬사로 바꾸어 놓고 있다. 영화도 예외가 아니다. 예컨대 만화영화의 경우만 해도 월트 디즈니 사와 MGM 사 등이 만들어 놓은 애니메이션의 주인공들은 오늘날까지도 독특한 개성을 가진 인물들로 살아남아 있다. 그것은 만화를 아동용으로만 생각하고 경시하는 우리로서는 놀랄 만한 일이 아닐 수 없다. 예를 들면 미키와 미니, 도널드 덕, 구피, 실베스터, 트위티, 스파이크, 톰과 제리, 칩과 데일, 스누피, 드루피, 카이오티와 로드 러너, 우디 페커, 벅스 버니 그리고 포키 픽 같은 동물들은 모두 강렬한 개성을 가진 불멸의 인물로서 미국 문화 속에 살아 있다. 그러나 우리가 만든 만화영화 속의 주인공 중 과연 그 누가 한국의 문화나 한국인의 의식 속에 아직껏 살아남아 있는가? 왜 반만 년의 역사를 자랑하는 우리나라의 주인공들은 한 번 쓰고 버리는 종이컵처럼 일회용으로 반짝한 후 사라져 가야만 하고, 왜 우리 아이들은 오늘도 '미키 마우스 티셔츠'를 입고 텔레비전에서 『톰과 제리』를 보아야만 하는가?

존 웨인 — 미국의 영웅

미국인들의 '인물 창조(개성 창조)' 또는 '영웅 만들기'는 비단 만화영화에서 그치지 않고, 서부영화나 전쟁 영화나 모험 영화 속에서도 계속된다. 미국 문화를 연구하는 사람들은 언제나 미국인들이 매 시대마다 당대의 영웅을 원해 왔고 또 만들어 왔다고 지적하고 있다. 그리고 미국인들의 그러한 의식구조는 할리우드 영화 속에도 면면히 이어져 내려오고 있다고 볼 수 있다. 미국 영화 속에 등장하는 영웅들은 전통적인 의미에서의 주인공들인 '영웅hero'과, 현대적인 의미에서의 주인공들인 '반영웅anti-hero'으로 구분된다.

아마도 정통 서부 영화 속에 나타나는 미국의 대표적인 '영웅'의 이미지는 존 웨인에게서 찾아볼 수 있을 것이다. 비교적 선악이 명백하게 갈라지는 서부영화에서 그는 언제나 정의의 사나이로 등장해서 통쾌하게 악을 응징한다. 존 웨인은 자신의 출세작이자 대표작이 된 『역마차Stagecoach, 1939』를 비롯해서 『레드 리버 Red River, 1948』, 『아파치

요새Fort Apache, 1948』, 『리오 그란데Rio Grande, 1950』, 『기병대The Horse Soldiers, 1959』, 『리오 브라보Rio Bravo, 1959』, 『알라모The Alamo, 1960』, 『코만체로Comanchero, 1961』, 『엘도라도El Dorado, 1967』, 『진정한 용기True Grit, 1969』, 『리오 로보Rio Robo, 1970』, 『루스터 칵번Rooster Cockburn, 1975』, 그리고 마지막 출연작인 『총잡이The Shootist, 1976』에 이르기까지 한결같이 믿음직스러운 정의의 사나이로 등장한다.

물론 존 웨인이 맡은 역할은 다양하다. 그럼에도 불구하고 그의 이미지와 철학은 언제나 놀라울 만큼 한결같다. 예컨대 그는 '황색 리본'이라는 노래로 유명한 『황색 리본을 한 여자She Wore A Yellow Ribbon, 1949』이나 『기병대』나 『리오 그란데』 같은 영화에서는 기병대 장교로, 그리고 『진정한 용기』나 『루스터 칵번』에서는 보안관으로, 또 『코만체로』나 『리오 브라보』에서는 도망친 죄수를 잡는 '바운티 헌터'나 방랑하는 '카우보이'로 나온다. 그리고 이 모든 경우에 그는 법과 질서의 집행자가 된다. '듀크(공작)'라는 별명답게 듬직한 거구가 휘두르는 주먹과 총 앞에 무법자들은 추풍낙엽처럼 쓰러진다. 마을에는 다시 정의가 회복되고 영화는 끝난다. 그는 물론 폭력을 좋아하지 않는다. 비록 여자에게는 수줍고 서툴지만, 존 웨인이 분장하는 인물들은 한결같이 다정다감하다. 그는 다만 약자들을 보호하고 정의를 지키는 '큰형님Big Brother'이나 마음씨 좋은 '샘 아저씨Uncle Sam'가 되고 싶을 뿐이다.

그런 의미에서 존 웨인은 진정한 '미국의 영웅'이자 대표적인 '미국 영화의 주인공'이었다고 말할 수 있다. 마치 존 웨인이 영화 속에서 그랬던 것처럼, 미국인들은 사실 그동안 막강한 힘과 투철한 정의

감으로 세계의 수호자가 되기를 자처했다. 그래서 미국을 대표하는 배우 존 웨인의 트레이드마크는 한마디로 '믿음직스러움'이었고, 미국인들은 그의 그러한 믿음직스러움을 자신들의 특징과 동일시했던 것으로 보인다. 존 웨인 역시 영화 속에서 미국을 대표했고 미국을 위해 활약했다.

그러나 존 웨인의 이와 같은 이미지는 국제 정세가 변하고 미국의 역할이 바뀜에 따라 점점 그 빛을 잃어 가기 시작했다. 그리고 그러한 변화에 따라 영화 속에서 그가 맡았던 역할들에 대한 재평가도 가능하게 되었다. 주로 존 포드, 하워드 혹스 감독과 만들었던 미 육군 기병대를 그린 초기 영화에서, 그는 언제나 가정과 고향을 떠난 고독한 그러나 늠름한 사나이의 방랑과 모험을 보여 주었다. 그러나 문제는 제복을 입은 광야의 기병대에게 인디언들은 다만 무질서와 위협의 상징에 불과했다는 점이다. 물론 그는 평화를 원하고 그래서 인디언과 협상을 하기도 한다. 그럼에도 불구하고 그는 궁극적으로 미국의 이익과 미국 정부의 명령에 따라 행동한다. 그러므로 『알라모』에서 죽어 가면서도, 『유황도의 모래The Sand of Iwo Zima, 1949』에서 죽음을 무릅쓰고 돌격하면서도, 또 『그린 베레The Green Berets, 1968』에서 적지에 잠입하면서도 그는 '왜?'라는 질문을 하지 않는다. 왜냐하면 그는 자신이 정의를 위해 옳은 일을 하고 있다고 믿고 있기 때문이다.

1970년에 나온 서부영화 『솔저 블루Soldier Blue』는 바로 그러한 존 웨인식의 영웅 신화를 깨고 기병대가 아닌 인디언의 입장에서 미국사를 다시 바라본 최초의 영화로 평가된다. 이 영화에서 여자 주인공인 캔디스 버겐보다도 더 연약한 남자로 나오는 피터 스트라우스는 종전

의 믿음직스러웠던 존 웨인과는 정반대의 '반영웅'의 이미지를 보여
준다. 그리고 1978년에 나온 반전 영화『디어 헌터The Deer Hunter』나
1979년에 나온『지옥의 묵시록Apocalypse Now』의 연약한 '반영웅'들
은 존 웨인과는 달리 자신들에게 주어진 역할에 회의하며 '왜?'라고
의문을 제기한다.

　미국의 소설가 노먼 메일러는 1967년에『왜 우리는 베트남에 와
있는가?Why Are We in Vietnam?』라는 소설을 써서 미국의 베트남전 참
전에 회의와 의문을 제기했다. 그로부터 일 년 후인 1968년 존 웨인
은 자신이 감독, 주연한 영화『그린 베레』로 거기에 대한 답을 제시한
다. 메일러의 질문에 대한 그의 대답은 "정의를 위해, 약자를 위해 그
리고 공산주의의 위협으로부터 자유민주주의를 수호하기 위해"였다.

　그러나 존 웨인은 자신의 적들도 사실은 자기와 똑같은 이유로 싸
우고 있다는 사실을 모르고 있었다. 아니면 그는 그러한 것까지 군이
알려고 하지 않았었는지도 모른다. 그는 지금까지 미국이 그래 왔듯
이, 자신이 정의의 편이라는 것을 조금도 의심하지 않고 있었다. 바로
그랬기 때문에 로널드 레이건은 사람들이 왜 자기를 싫어하는지 결코
이해하지 못했으며, 미국 역시 다른 나라들이 왜 반미로 돌아서는지
를 이해할 수 없었다. 그리고 바로 그러한 확신이 미국으로 하여금 니
카라과를 침공하게 만들었고, 파나마의 국가 원수를 체포하게끔 만들
었다(물론 그러한 것들은 소련의 체코 침략과는 성격을 달리하지만).

　존 웨인은 암으로 죽어 가면서도 끝내 자신의 철학을 포기하지 않
았다. 그는 마지막 영화인『총잡이』에서도 정의의 사나이 역할을 충
실히 수행했다. 이 영화에서 그는 실제 자기 자신처럼 병들어 죽어 가

는 한 늙은 총잡이의 마지막 며칠 동안의 여생을 감동적으로 연기해내고 있다. 이제 자기 시대가 다 가버린 늙고 병든 총잡이―존 웨인은 아마도 그 주인공의 모습에 자신의 일생을 투영하며 이 영화를 찍었을 것이다. 그 늙은 총잡이는 스스로 침대에 누워 죽을 날만을 기다리는 것보다는, 모두가 두려워하는 악당들과 대결하여 마을을 구하고 죽는 쪽을 택한다. 그것은 죽음에 의해 패배하는 것보다 차라리 자살을 택했던 헤밍웨이의 경우처럼 용기 있는 행동이었다(헤밍웨이 역시 미국의 영웅이었으며, 그의 별명 또한 '공작'과 비슷한 뜻을 가진 '파파Papa'였다). 그리고 총잡이 존 웨인의 그러한 용감한 행동과 정신은 영화 『총잡이』 속에서 그를 존경하고 흠모하는 어린 소년에 의해 계승된다.

  늙고 병든 총잡이는 결국 악한들과의 결투 끝에 피투성이가 되어 죽어 간다. 미국의 영웅 존 웨인 역시 그렇게 죽어 갔다. 미국의 이상을 위해 일생을 바쳤으며 그로 인해 미국인들의 영웅이 되었던 그가, 결국에는 자신이 그렇게도 변함없는 충성을 바쳤고 그렇게도 굳게 정의라고 믿었던 바로 그 미국으로부터 배반을 당하고 죽임을 당했다는 사실은 너무나도 커다란 아이러니가 아닐 수 없다. 그는 50년대 말에 자신의 이미지와는 어울리지 않는 『징기스칸The conqueror, 1956』이라는 영화를 미국 네바다 주에서 촬영했다(사실 징기스칸 역은 찰턴 헤스턴 같은 사극 배우가 훨씬 더 어울렸을 것이다). 그때는 마침 56년 네바다 주에서 미국의 핵실험이 있은 직후여서, 영화 제작팀은 미국 정부에 안전 여부를 물었고 미국 행정부는 아무런 문제가 없다는 회신을 보내 왔다. 그러나 그때 영화촬영에 참여했던 사람들은 십수 년 후에 대부분 암으로 사망했다. 먼저 주연 여배우였던 수잔 헤이워드가 암으로 죽

처음 만나는 영화

었고, 이어 징기스칸 역을 맡았던 존 웨인도 세상을 떠났다. 한 시대를 풍미했던 미국의 영웅은 결국 그렇게 사라져 갔다.

『리버티 밸런스를 쏜 사나이』— 미국의 영웅

아마 존 웨인만큼 영화 속에서 자신의 삶을 충실하게 살고 간 사람도 드물 것이다. 그는 자신이 대표하는 세계와 가치관이 덧없이 사라져 갈 것임을 이미 1962년에 『리버티 밸런스를 쏜 사나이The Man Who Shot Liberty Valance』라는 영화에서 잘 보여 주었다. 존 포드가 일부러 흑백영화로 만든 이 영화에서 존 웨인은 총 잘 쏘는 서부의 순박한 사나이로 등장한다.

영화가 시작되면, 늙은 미 연방 상원의원(제임스 스튜어트 扮) 부부가 서부의 고향으로 돌아와 한 사나이(존 웨인 扮)의 장례식에 참석한다. 그리고 그들이 다시 워싱턴으로 돌아가는 기차에서의 회상으로 이 영화는 이루어지고 있다. 이 영화의 줄거리는 다음과 같다.

오래 전 변호사가 되기 위해 법률 책을 갖고 서부로 가고 있던 한 법학도가 탄 역마차가 악당들의 습격을 받게 된다. 그 와중에 그 법학도는 고지식하게 법률 책을 빼앗기지 않으려다 악당 두목에게 맞아 부상을 당한다. 그는 근처 마을의 한 음식점에서 주인집 딸의 간호를 받는다. 그때 그곳에 그 여자의 애인인 존 웨인이 나타난다. 법학도에게 사건의 전말을 듣고 난 그는 그 악당의 두목이 그 동네의 총잡이 불량배인 리버티 밸런스(리 마빈 扮)일 거라고 가르쳐 준다.

「리버티 밸런스를 쏜 사나이」에서 악당의 이름이 '리버티(자유)'라는 사실은 역설적인 의미를 가진다.

상처가 다 나은 후 그 법학도는 잠시 그 식당에서 일하게 되는데, 리버티 밸런스가 나타나 다시 그에게 행패를 부리자 존 웨인이 나서서 구해 준다. 리버티 밸런스가 겁내는 사람은 오직 자기보다 총을 더 잘 쏘는 존 웨인뿐이다. 서부의 사나이 존 웨인이 볼 때, 동부에서 온 고지식하고 법을 앞세우는 책벌레인 제임스 스튜어트는 서부에서 살아 나갈 수 없는 연약하고 골치 아픈 존재일 뿐이다.

그러나 주먹과 권총의 시대는 서서히 사라져 가고, 문명과 법의 시대가 서부에서도 시작되고 있었다. 이 영화에서 존 웨인은 바로 그 사라져 가는 시대를, 제임스 스튜어트는 새롭게 시작되는 시대를 상징한다. 리버티 밸런스는 물론 구시대의 악을 대표한다. 그러나 그 구시대의 악을 제거할 수 있는 것은 새 시대의 인물이나 가치관이 아니라, 바로 구시대의 선과 정의를 상징하는 존 웨인이라는 점이 중요하다. 아무런 능력도 없으면서 리버티 밸런스에게 복수하겠다고 덤비는 제임스 스튜어트에게 존 웨인은 이렇게 말한다―"이곳에서 리버티 밸런스를 이길 수 있는 사람은 나뿐이야."

제임스 스튜어트는 결국 마을에 남아 변호사 사무실을 열고 이 마을을 문명화시키기로 결심한다. 존 웨인은 자신의 애인이 그동안 학자풍의 이 동부 청년을 좋아하게 되었다는 것을 눈치채고 고민한다. 그러는 동안 이 마을에도 동부의 정치바람이 불어 연방 상원의원 선

처음 만나는 영화

거가 시작된다. 변호사 제임스 스튜어트 역시 워싱턴에 가서 이 마을을 대표하겠다고 후보로 출마하지만, 법을 무시하는 리버티 밸런스에 의해 수많은 수모와 치욕을 당해 비겁자로 몰려 인기가 하락한다. 총도 제대로 쏘지 못하는 그는 드디어 복수하겠다고 리버티를 찾아 나선다. 이윽고 총잡이 리버티와 대면한 변호사―그러나 그는 다시 한번 리버티의 총 솜씨에 의해 마을 사람들 앞에서 조롱당한다. 그가 혼신의 힘을 다해 발사한 총알은 모두 엉뚱한 데로 날아가고, 대신 리버티가 장난으로 쏜 총알은 그의 팔에 차례로 와서 박힌다. 드디어 리버티가 마지막 총탄을 그의 심장에 박아 놓으려는 순간, 변호사의 총구가 불을 뿜고 악당은 쓰러진다. 악당 '리버티 밸런스를 쏜 사나이'로 갑자기 유명해진 변호사는 결국 상원의원에 당선되고 그를 자랑스러워하는 존 웨인의 애인과 결혼한다.

그러나 이 영화의 마지막에 존 웨인의 흑인 친구에 의해 사건의 전모가 다시 드러난다. 애인을 뺏기고 화가 나 술을 마시고 있던 존 웨인에게 흑인 친구는 리버티와 변호사의 결투소식을 전해 준다. 그대로 두면 물론 변호사는 죽을 거고 그러면 그는 다시 애인을 되찾을 수 있다. 그러나 존 웨인은 싸움현장 근처의 골목에 숨어 있다가, 리버티가 변호사를 죽이기 직전에 리버티 밸런스를 쏜다. 마침 그 순간 변호사도 총을 쏘았기 때문에 아무도 그것을 눈치채지 못한 채 그 사실은 비밀에 부쳐진다. 존 웨인은 연적에게 애인을 빼앗겼지만 죽을 때까지 입을 열지 않는다. 리버티 밸런스를 쏜 사나이는 결국 서부의 사나이 존 웨인이었던 것이다(악당의 이름이 '리버티(자유)'라는 사실 역시 역설적인 의미를 갖고 있다).

『리버티 밸런스를 쏜 사나이』는 흔히 '진실과 정의'에 대한 영화로 평가받는다. 그런 면에서 이 영화는 전형적인 존 웨인 영화 중의 하나이다. 그러나 더욱 중요한 것은 이 영화가 미국의 근대사를 축소해서 보여 주고 있다는 점이다. 마치 이 영화에서처럼, 미국의 서부 또는 서부의 정신(존 웨인)은 어느 날 마을로 들어와 법률을 내세우는 뜨내기 양키 동부인(제임스 스튜어트)에 의해 장악되고 사라져 갔다. 어려운 개척이 다 끝난 다음에 법률사무소나 교회나 학교를 세우며 서부를 문명화시키겠다고 들어오는 동부인들 ─ 아이러니컬하게도 서부는 바로 그런 사람들에 의해 대표되었다(이 영화에서도 동부에서 온 변호사가 서부를 대표하는 상원의원이 된다).

그러나 그러한 것들의 뒤에는 사실 언제나 침묵한 채 죽어 간 서부의 혼이 있었다. 미국 최초의 본격 소설가 워싱턴 어빙은 단편 「슬리피 할로우의 전설」에서 마을로 들어와 학교를 세우고 정착민의 애인을 빼앗으려는 코네티컷 양키를 목 없는 병사의 유령을 내세워 멀리 쫓아 버린다. 그 양키 역시 나중에 뉴욕에서 변호사 개업을 한다. 그렇다면 어떤 의미에서 20세기 영화인 『리버티 밸런스를 쏜 사나이』는 19세기의 소설 「슬리피 할로우의 전설」의 패러디라고도 볼 수 있다. 즉 후자는 미국인들의 때 묻지 않은 원래 꿈이었고 전자는 타락한 오늘날 미국의 현실이라는 것이다. 그래서 이 모든 사실을 알게 된 상원의원 제임스 스튜어트는, 마치 『위대한 개츠비』에서 닉 캐러웨이가 개츠비의 영전에 부동자세의 경례를 취하듯이 죽은 존 웨인의 영전에 경의를 표한다.

미국의 영웅 존 웨인은 그렇게 사라져 갔다. 그리고 그와 더불어 미국인들의 영웅관에도 많은 변화가 생겼다. 미국은 이제 더 이상 존 웨인 식의 영웅을 믿지 않는다. 하지만 존 웨인이 대표했던 것에 대한 향수는 아직도 미국인들의 가슴속에 살아남아 있다. 뒤틀리고 왜곡되고 더욱 단순해진 형태의 현대판 존 웨인인 '람보'가 등장해 미국인들의 박수갈채를 받는 것도 사실은 바로 그러한 이유에서다. 연약한 동부의 법률가에게 존 웨인은 말한다―"이곳에서 리버티 밸런스를 이길 수 있는 사람은 나뿐이야." 그것은 어쩌면 존 웨인이 가버리고 없는 오늘날에도 모든 미국인들의 가슴속에 살아남아 숨 쉬고 있는 은밀한 속삭임일 것이다.

미국 영화 속의 반영웅들

탈옥, 리틀 빅 히어로, 록키, 람보

사라진 '영웅시대'

존 웨인은 영화 속에서 미국의 전통적인 가치관과 이상향을 대표했던 '미국의 영웅'으로서 오늘날 미국 영화사에 한 기념비적 존재로 남아 있다. 그는 자신의 후원자였던 존 포드 감독과 더불어 에머슨적인 미국의 낭만주의와 낙관주의를 계승했던 상징적인 인물이었다. 영화 속에서 그는 언제나 약자와 선의 편에 서서 불의와 싸우는 정의의 사나이 역할을 맡았다. 그에게 있어서 그것은 곧 미국의 의무이자 존재 이유였다. 그는 자신의 그러한 신념을 자신의 작품세계인 '영화' 속에서 충실하게 구현했다. 과연 선인과 악인의 역할 모두를 훌륭하게 해낸 그레고리 펙과는 달리, 존 웨인은(게리 쿠퍼도 그랬지만) 전혀 악인의 이미지에 맞지 않는 배우였다. 그런 의미에서 건강한 '미국의 힘'을 상징했던 그는 영웅이 필요했던 시대의 '최후의 영웅'이었다.

그러나 그의 시대는 미국이 아직은 '순진성'을 잃지 않고 있었고, 비교적 단순한 코드에 의해 세상이 움직였던 미국의 서부개척 시대와 이차대전 이전까지의 시대였다. 이차대전과는 본질적으로 달랐던 60년대의 베트남전은 존 웨인의 건강하고 단순한 철학으로는 파악할 수도 또 담아 낼 수도 없는 복합적이고도 병든 전쟁이었다. 그는 워싱턴, 제퍼슨, 프랭클린의 건국이념과 링컨의 자유민주주의를 신봉했으며, 그것들을 백악관의 정책과 동일시하고 거기에 따랐던 사람이었다. 과연 그가 가장 돋보였던 영화장르인 서부극에서 존 웨인은 미합중국에 충실한 기병대 장교로서 또는 북부의 담론을 따르는 북군 장교로서 그리고 때로는 연방법을 지키는 보안관으로서 법과 질서를 수호하는 해방자의 모습을 보여 주었다. 또 그가 자주 출연했던 전쟁영화에서도 그는 일본군을 무찌르고 이오지마 섬에 성조기를 꽂는 미해병대 상사나(『유황도의 모래』), 독일을 패배시키기 위해 노르망디 상륙작전을 계획하는 미군 대령이나(『사상 최대의 작전The Longest Day, 1962』), 멕시코의 산타아나 장군이 이끄는 4000대군에 맞서 187명의 민병대를 지휘하다가 미국을 위해 장렬하게 전사하는 데이비드 크로켓(『알라모』) 같은 역을 맡고 있다.

물론 존 웨인이 신봉했던 것은 미국 행정부가 아니라 미국이란 나라가 원래 지향했던 '이상향'이었다. 그러므로 워싱턴의 정치가들이 사실은 악한이었다는 것을 알게 되는 순간, 그는 그들을 향해서도 그

커다란 주먹을 날렸을 것이다. 그러나 그는 '미국의 이상'이라는 더 큰 이념을 먼저 생각하느라, 그리고 미국의 이상을 위협하는 외부의 적들과 싸우느라 미국 정부의 잘못까지 바라볼 수 있는 여유는 갖지 못했다. 그러나 시대는 변하고 있었다. 그리고 존 웨인의 '영웅시대' 역시 베트남전과 더불어 막을 내리고 있었다.

'반영웅'들의 등장

존 웨인의 시대에 싸워야 할 적은 언제나 내부가 아닌 외부에 있었다. 그러나 시대가 복잡해지고 상황이 복합적이 되어 감에 따라 사람들은 이제 차츰 '내부의 적'을 발견하기 시작했다. 예컨대 존 웨인의 적은 인디언이나 무법자 혹은 일본군이나 독일군 또는 멕시코 군이나 베트남 군이었지, 결코 워싱턴 당국이나 미합중국은 아니었다. 그러나 새로운 시대의 사람들은 워싱턴 행정부나 미 군부나 CIA, 심지어는 자기 자신의 내부에서도 '적'들을 발견해내기 시작했으며, 미국의 영화제작자들 역시 그와 같은 새로운 인식들을 영화로 만들어내기 시작했다. 미국 영화는 이제 더 이상 존 웨인 같은 '영웅'을 필요로 하지 않게 되었다.

미국 영화는 이제 회의적이고 반항적이며 체제전복적인 소위 '반反영웅'을 필요로 하게 되었다. 그들은 더 이상 존 웨인이나 찰턴 헤스턴처럼 중후한 체격을 가질 필요도 없었고, 록 허드슨이나 로버트 테일러처럼 잘생긴 얼굴을 가질 필요도 없었다. 50년대의 반항아 제임스 딘과 고뇌하는 지성 몽고메리 클리프트의 등장은 바로 '반영웅 시대'의 시작을 알려 주는 한 계기가 되었다. 예컨대 제임스 딘은 『이유 없는 반항Rebel without a Cause, 1955』에서, 그리고 몽고메리 클리프트는 『젊은 사자들The Young Lions, 1958』이나 『지상에서 영원으로From Here to Eternity, 1953』 같은 전쟁영화에서 이미 60년대의 반문화, 반영웅 및 반전세대의 등장을 예고했다.

그러나 지배 문화나 지배 체제에 순응하지 않고 저항하는 본격적인 반영웅들이 각기 다른 특색을 갖고 양산되기 시작한 것은 아무래도 60년대 이후라고 할 수 있을 것이다. 물론 60년대에나 70년대에도 존 웨인이 주연한 서부영화는 계속 제작되고 있었다(『진정한 용기』, 『리오 로보』, 『루스터 칵번』 등). 그럼에도 불구하고 존 웨인은 나이 들었고 병들었으며, 그의 전성기는 이미 지나가고 있었다. 새로운 시대의 반영웅으로는 많은 사람들이 있겠지만, 그중에서도 존 웨인이 대표했던 이미지나 가치관과 정반대가 되는 사람들로는 폴 뉴먼, 스티브 맥퀸, 더스틴 호프만, 우디 앨런을, 그리고 존 웨인과는 반대편에서 시작했으나 궁극적으로는 비슷한 길을 간 사람으로는 실베스터 스탤론을 들 수 있을 것이다.

폴 뉴먼의 이미지는 처음부터 체제 저항적 반항아로서 시작되고 있다. 『허슬러The Hustler, 1961』를 비롯해 『헛Hud, 1963』, 『폭력 탈옥Cool Hand Luke, 1967』부터 『프라이즈The Prize, 1963』, 『엑소더스Exodus, 1960』, 『스팅The Sting, 1973』을 거쳐 『심판The Verdict, 1982』과 『컬러 오브 머니The Color of Money, 1986』에 이르기까지 뉴먼은 반체제적 반영웅의 역할을 일관성 있게 해왔다. 예컨대 『폭력 탈옥』에서 뉴먼은 술에 취해

소방전을 부순 후 경범죄로 수감된 교도소에서 폭군적 교도소장과 간수들의 억압에 반발해 끝까지 저항하다가, 결국에는 총에 맞아 죽는 희대의 반항아 루크의 모습을 완벽하게 그려냈다. 이 영화에서 물론 교도소는 우리가 살고 있는 세상을, 수인들은 우리 자신들을 그리고 교도소장과 간수는 모든 억압적인 권력집단과 지배 이데올로기를 상징한다. 뉴먼은 이 영화에서 자신의 상표인 시니컬한 미소와 비웃는 듯한 눈빛의 매력을 십분 발휘하면서 "우리가 여기서 얻은 것은 교류의 실패이다What we've got here is a failure to communicate."라는 유명한 대사를 남겼다.

스티브 맥퀸은 아마도 존 웨인이 대표하는 것과 가장 상극되는 이미지의 배우일 것이다. 『순간에서 영원으로The War Lover, 1962』나 『대탈주The Great Escape, 1963』, 『네바다 스미스Nevada Smith, 1966』, 『빠삐용 Pappillon, 1973』, 『탐 혼Tom Horn, 1980』 같은 영화에서 그는 언제나 반체제적 저항자의 역할을 맡았다. 그는 『순간에서 영원으로』에서 추락하는 비행기에서 끝내 탈출을 거부하고 산화하는 반항적인 한 파일럿의 삶을, 『대탈주』에서 독일군 포로수용소를 탈출하다가 지하 감방에 갇히면서도 끝없이 탈출을 시도하는 어느 미군 장교의 투혼을, 또 『네바다 스미스』에서는 부모의 원수를 찾아 백인 사회에 도전하는 인디언 혼혈아의 투지를, 그리고 『탐 혼』에서는 새로운 문명에 밀려 덧없이 사라져 가는 늙은 총잡이의 모습을 노련한 솜씨로 소화했다. 맥퀸은 존 웨인처럼 듬직한 거구도 아니고 록 허드슨처럼 미남도 아닌, 그저 조그맣고 평범하게 생긴 남자일 뿐이다. 그러나 그가 영화 속에서 보여 준 반영웅적 저항 정신은 관객들의 뇌리에 강렬하고도 영원한 각인을 새겨 놓았다.

스티브 맥퀸이 액션 배우로서 보여 준 것을 성격 배우로서 보여 주는 또 한 사람의 반영웅이 바로 더스틴 호프만이다. 예컨대 『미드나이트 카우보이Midnight Cowboy, 1969』나 『작은 거인The Little Big Man, 1970』, 『마라톤 맨Marathon Man, 1976』, 그리고 『졸업The Graduate, 1967』이나 『크레이머 대 크레이머Kramer vs. Kramer, 1979』, 『투씨Tootsie, 1982』 또는 『레인 맨』이나 『빌리 베스게이트Billy Bathgate, 1991』, 『리틀 빅 히어로Hero, 1992』에서 더스틴 호프만이 보여 준 모습 역시 전형적인 반영웅의 이미지다. 예컨대 『리틀 빅 히어로』에서 그는 영웅에 대한 미국인의 허상을 철저하게 패러디하는 부랑아 버니 역을 거의 완벽하게 소화했다. 이 영화에서 그는 영웅이라는 것이 얼마나 인위적이고 작위적이며 또 얼마나 우연적이고 기만적인가를 적나라하게 보여 주는데, 사실은 바로 그것이야말로 더스틴 호프만이 일생 동안 맡아 온 역을 집약시킨 정수라고 할 수 있다.

당당한 체구에 늠름한 미소가 아닌, 왜소한 체구에 어딘지 어설프고 어리숙한 모습―그것이 바로 그동안 더스틴 호프만이 영화 속에서 맡아 온 반영웅의 모습이다. 호프만은 바로 그러한 현대인의 모습을 통해 이 시대의 부조리를 추적하고 고발한다. 그에게는 존 웨인식의 믿음직스러움도 낙관적인 신념도 없다. 그는 다만 오늘의 부조리한 현실과 그 속에서 살고 있는 무력하고 왜소한 소시민인 우리들의 상황을 있는 그대로 드러내 보여 줄 뿐이다.

더스틴 호프만과 더불어 현대 미국의 반영웅을 창조해 온 또 한 사람으로 우디 앨런을 빼놓을 수는 없을 것이다. 우디 앨런은 영웅이 사라진 시대의 왜소하고 무기력한 뉴욕의 지식인 역을 주로 맡아 왔다. 그러나 『어둠의 표적Straw Dogs, 1971』 같은 영화에서 외부의 폭력에 참다못해 분노를 폭발시키는 더스틴 호프만과는 달리 우디 앨런은 단한 번도 관객들의 스트레스를 풀어 주는 액션을 하지 못한다. 심지어는『돈을 갖고 뛰어라Take the Money and Run, 1969』 같은 영화에서도 은행을 터는 그의 모습은 어설프고 바보스럽기 짝이 없다. 또 『애니홀Annie Hall, 1977』이나 『맨해튼Manhattan, 1979』에서도 그는 여성에게서 버림받거나 무시당하는 무능한 남자로 등장해 페이소스를 자아내게 한다. 『맨해튼』을 일부러 흑백영화로 만들었듯이, 그는 현대인의 상황을 화려하고 인공적인 컬러가 아닌 어둡고 우수에 찬 흑백으로 파악하고 제시한다. 그러므로 그의 궁극적인 목표는 결국 사회비판으로 귀결된다. 그의 흑백세계에는 존 웨인식의 영웅은 더 이상 존재하지 않는다.

『록키』와 『람보』 — 사이비 반영웅들

『록키Rocky』 시리즈와 『람보Rambo』 시리즈로 유명해진 실베스터 스탤론의 경우 다소 특이하고 왜곡된 방법으로 존 웨인을 계승한다는 점에서 주목을 끈다. 우선 『록키』와 『람보』는 원래 존 웨인적인 영웅이 아니라 다분히 반체제적 반영웅을 등장시키면서 시작되었다. 예컨대 『록키』에서 주인공 록키 발보아는 지배이데올로기와 중심 문화에서 소외된 뜨내기 권투선수로서 반영웅의 이미지를 강렬하게 풍기고

있다. 또 『람보』 시리즈의 첫 편인 『처음 흘린
피First Blood, 1982』에서도 주인공 람보는 그 지
방의 지배문화인 경찰에 의해 쫓기고 고통당
하는 소외계층 출신의 '반영웅'의 모습으로
등장한다.

그러나 『람보』 시리즈는 첫 작품이 대성
공을 거두자마자 곧 주인공들을 왜곡된 존
웨인식의 영웅으로 만들기 시작했다. 예컨대
『록키』는 2편에서 흑인 챔피언을 때려눕힌
후, 3편에서는 백색 문명과 상극인 아프리카
의 야성과 야만의 상징인 흑인 선수를, 4편에

『록키』의 주인공 록키 발보아는 지배이
데올로기와 중심 문화에서 소외된 뜨
내기 권투선수로서 반영웅의 이미지를
강렬하게 풍긴다.

서는 미국의 숙적인 공산주의 소련 선수를 그리고 5편에서는 자신의
옛 모습일 수도 있는 거리의 빈민 출신 선수를 각각 때려눕힌다. 『록
키』 1편은 정말 감동적이었다. 그리고 그것이 감동적일 수 있었던 이
유는 그 영화가 이 '반영웅의 시대'에 좌절하지 않고 도전해 최선을
다하는 어느 반영웅의 모습을 솔직하게 보여 주었기 때문이었다. 1편
에서 록키는 물론 챔피언이 되지는 못한다. 그것이 곧 우리의 현실이
기 때문이다.

그러나 2편에서부터 록키는 상대방을 때려눕히고 언제나 최후의
승리를 차지한다. 그가 때려눕히는 상대선수들은 미국 흑인, 아프리
카의 야수성을 가진 흑인, 소련인 또는 빈민 출신 청소년이다. 이러한
묘사는 우리를 실망시키고 그 실망은 4편에서 소련 선수를 링 위에
눕힌 다음 미국 국가가 울려 퍼질 때 그 극에 달한다. 5편에서 스탤론

은 자신을 밀어내고 새롭게 영웅이 된 빈민가의 청소년을 링도 아닌 거리에서 때려눕힌다. 그는 이제 다시 한 번 거리의 싸움꾼으로 전락한다. 그는 스스로 몰락의 길을 걷는다. 자신의 또 다른 모습이자 자신의 분신까지 때려눕힌 스탤론은 이제 더 이상 『록키』를 만들 수 없을 것이다.

결국 『록키』 속에 숨어 있었던 것은 존 웨인식의 영웅주의보다 훨씬 더 질 낮은 또 하나의 영웅주의였을 뿐이다. 록키의 승리와 관객들의 환호 뒤에 감추어져 있었던 것은 사실 왜곡된 아메리칸 드림과 인종차별주의와 우익이데올로기였다. 그리고 그와 같은 것들은 『록키』 1편에도 이미 숨어 있었다. 즉 거리의 뜨내기 권투선수가 하루아침에 세계 챔피언의 상대로 발탁되어 제도권 내로 진입하는 것―그것은 사실 현실에서는 불가능한 왜곡된 아메리칸 드림일 뿐이다. 존 웨인이 가졌던 미국의 꿈은 적어도 그렇게 단순하고 저속한 것은 아니었다. 존 웨인은 결코 워싱턴으로 돌아가 중앙의 요직에 앉지 않았다. 오히려 그는 그것을 거부하고 변경과 황야와 서부를 향해 말을 몰았다. 그러나 실베스터 스탤론이 분장했던 록키 발보아의 꿈은 지배문화와 제도권 내로 들어가 인정받고 명예와 부귀를 누리는 것뿐이었다.

그러한 패턴과 속성은 『람보』에서도 그대로 반복된다. 과연 『람보』 시리즈의 첫 편인 『처음 흘린 피』 역시 자세히 살펴보면, 그것이 결코 반영웅의 이야기가 아니라 사실은 다만 인정받지 못해 좌절한 베트남 참전 용사의 분풀이라는 것을 발견하게 된다. 람보의 문제는 베트남전의 영웅인데 영웅으로 인정받지 못하는 데 있고, 이 영화역시 그의 바로 그러한 좌절과 분노로 인해 시작된다. 그러므로 람보

처음 만나는 영화

를 제도권에서 영웅으로 인정하는 순간 『람보』 시리즈는 끝나게 되어 있다. 그러나 상업주의자들은 람보를 미국의 영웅으로 만들어 해외에 파견한다. 이제 그는 미국의 국익을 위해 싸우는 인간병기가 된 것이다.

『람보』 2편에서 람보는 베트남으로 파견된다. 미국이 가장 수치스러운 패배를 경험한 곳, 람보는 바로 그곳으로 돌아가서 한풀이를 해야만 한다. 그곳에서 그는 소련 군대를 혼자서 궤멸시키는 초인적인 힘을 발휘한다. 그는 다시 한 번 미국인들의 영웅이 된다. 3편에서 람보는 다시 미소가 대립하고 있는 아프가니스탄으로 가서 소련 군대를 격퇴시킨다. 소련을 이기는 것은 냉전시대 미국의 우파들이 갖고 있었던 왜곡된 아메리칸 드림이었다. 원래 외부인이었던 록키와 람보가 제도권으로부터 인정받고 지배문화에 편입되는 순간부터 비제도권에 소속된 '외부의 적'들과 싸우기 시작한다는 것은 대단히 아이러니컬한 사실이 아닐 수 없다. 그런 의미에서 미국의 람보는 영국의 첩보원 제임스 본드와도 같다.

과연 람보와 본드는 둘 다 혼자만의 초인적 힘으로 공산주의자들을 파멸시키고 세계평화를 회복시킨다. 차이가 있다면, 본드의 치밀한 계산과 세련된 작전이 람보에게는 필요 없다는 것이다. 그것은 곧 두 사람의 출신 성분이 각각 첩보원과 군인 또는 해군과 특수부대원이라는 점에 기인하기도 하겠지만, 그와 동시에 세련을 앞세우는 영국과, 힘을 앞세우는 미국의 차이에서 기인한다고도 볼 수 있을 것이다. 또 한 가지 흥미 있는 차이는, 본드에게는 언제나 '본드 걸'들이 있는 데 반해 람보에게는 '람보 걸'들이 없다는 것이다. 우리는 사랑에 빠진 람보를 상상할 수 없다. 과연 록키의 청혼 장면은 얼마나 어색하고 서투른가? 이와 같은 '남자들만의 세계'는 미국 문화의 특징이다. 레슬리 피들러가 말했듯이, 플로베르가 『보바리 부인』을, 그리고 톨스토이가 『안나 카레리나』를 쓰고 있을 때, 미국에서는 멜빌이 여성이라고는 단 한 사람도 등장하지 않는 소설 『모비 딕』을 쓰고 있었다는 점은 미국문화의 바로 그러한 점을 잘 나타내 주고 있다.

오늘날 미국 영화는 『록키』와 『람보』라는 두 초인을 영웅으로 갖고 있다. 미국은 초인을 좋아하는 나라다. 슈퍼맨, 배트맨, 스파이더맨, 캡틴 어벤저, 원더우먼, 캡틴 플래닛, 아이스맨 등 영웅의 수는 헤아릴 수 없이 많다. 그중에서도 슈퍼맨은 원래 메시아 사상을 갖고 있는 유태계 미국인 작가에 의해 탄생되었지만, 지금은 모든 미국인들의 보편적인 영웅이 되었다. 슈퍼맨의 목적은 지구의 평화와 인간의 안전을 지키는 일이다. 그리고 그것은 곧 이차대전 이후 미국이라는 나라가 국제사회에서 맡아 왔던 역할이기도 했다.

그러나 이제 슈퍼맨의 시대는 가고 수많은 작은 거인들 또는 반영웅들의 시대가 시작되고 있다. 미국 영화가 『록키』와 『람보』를 만들어 낸 이면심리에는 바로 사라져 가는 영웅시대에 대한 미국인들의 향수가 크게 작용했는지도 모른다. 우리는 지금 분명 반영웅의 시대 또는 '리틀 빅 히어로'의 시대에 살고 있다. 이 시대에 과연 누가 진정한 영웅이 될 수 있는가? 영웅은 없다. 그리고 우리는 이제 더 이상 영웅을 필요로 하지 않는다.

아버지와 아들

셰인, 돌아오지 않는 강, 보통 사람들,
위트니스, 아빠 만들기

아버지와 아들의 충돌과 갈등

미국 영화에는 미국 문화의 특성을 나타내 주는 여러 가지 패턴들이
발견되는데, 그중 두드러진 것 중의 하나는 아버지와 아들 간의 투쟁
과 갈등이다. 예컨대 조지 루카스 감독의 『스타워즈Star Wars』 시리즈
의 마지막 장면을 장식하는 것은 언제나 아버지(기계의 일부가 되어 버
린 악의 화신)와 아들(우주를 지키는 선의 수호자) 사이의 처절한 싸움이
다. 또 스티븐 스필버그 감독의 『인디애나 존스Indiana Jones』 시리즈
중 특히 제3편의 핵심 주제를 이루고 있는 것도 역시 아버지와 아들
간의 갈등과 상충이다.

『셰인』의 진정한 주제는 용감한 총잡이 셰인에게서 이상적인 부친상을 찾는 시골 소년과 그의 농사꾼 아버지 사이의 갈등이다.

그와 같은 부자간의 갈등은 그것이 『후크Hook, 1991』나 『러브 스토리 Love Story, 1971』 같은 현대 영화이건 『셰인 Shane, 1953』이나 『돌아오지 않는 강River of No Return, 1954』 같은 예전의 서부영화이건 간에 시공을 초월해 미국 영화의 한 중요한 주제로 사용되고 있다. 과연 『후크』에서는 직장 일에 쫓겨 아들과의 대화가 단절된 현대 아버지와 아들 사이의 갈등이, 그리고 『러브 스토리』에서는 부유한 보수적 아버지와 물질보다는 사랑을 추구하는 진보적인 아들 사이의 대립이 심각하게 펼쳐진다.

유명한 서부영화 『셰인』의 주제 역시 흔히 알려진 대로 서부의 방랑아 셰인(앨런 래드 扮)과 소년 사이의 단순한 우정이 아니라 사실은 용감한 총잡이 셰인에게서 이상적인 부친상을 찾는 시골 소년과 그의 농사꾼 아버지 사이의 갈등이다. 과연 이 영화에서 셰인과 소년의 어머니 사이에는 마치 『사랑방 손님과 어머니』 같은 애틋한 연정이 싹트고, 그래서 셰인은 그 집을 떠날 수밖에 없게 된다. 그러므로 마지막에 "돌아와요, 셰인!"이라고 소리치는 소년의 부르짖음은 단순히 정들었던 아저씨를 그리워하는 소년의 절규가 아니라 사실은 자신의 정신적 아버지의 귀환을 촉구하는 아들의 애타는 호소가 된다. 감미로운 주제가로도 유명한 마릴린 먼로의 『돌아오지 않는 강』 또한 자신의 아버지를 등 뒤에서 총을 쏘아 사람을

처음 만나는 영화

죽인 비겁자라고 생각하는 소년과 그의 아버지(로버트 미첨 扮)와의 갈등을 주제로 하고 있다. 물론 이 영화는 아버지를 구하기 위해 결국엔 자신도 악당의 등 뒤에서 총을 쏠 수밖에 없었던 소년이 드디어 부친을 이해하면서 해피엔딩으로 끝난다.

　미국인들의 이와 같은 부자간의 갈등은 사회심리학적으로 볼 때, 아버지 나라인 영국에 반란을 일으켜 나라를 세운 미국인들의 무의식적 죄의식과 반권위주의적인 복합심리에서 기인한다고 한다. 그러나 이렇게 집합적인 의식을 미국인들은 곧 개인적인 문제로 바꾸는 경향을 갖고 있다. 그래서 심지어는 아버지와의 갈등도 궁극적으로는 자신과의 투쟁으로 귀결되고 만다.『스타워즈』에서 부친과 대결하는 젊은 루크 스카이워커의 싸움은 결국 자신의 내면에 숨어 있는 악과의 싸움이고,『인디애나 존스』에서 부친과 충돌하는 인디애나의 갈등 역시 궁극적으로는 자기 자신과의 싸움으로 제시된다. 예컨대『스타워즈』의 아버지와 아들은 둘 다 '제다이 기사'들이고,『인디애나 존스』의 아버지와 아들은 둘 다 '존스 박사'이다. 더구나 아버지 존스 박사는 아들을 '주니어'라고 부른다('주니어'는 부자가 이름이 같을 때, 서로를 구별하기 위해 아들의 이름 끝에 붙이는 용어다). 이 영화에서 아버지와 아들 사이의 동일화는 두 존스 박사가 한 여인을 공동 소유함으로써 극에 달한다. 그러므로 아버지와 아들이 같은 여인과 관계를 맺는 이 비윤리적 관계는 사실 이 영화의 모티프를 나타내기 위한 필연적인 장치가 된다. 마찬가지로,『셰인』의 소년은 총잡이 셰인과 미래의 자신을 동일시하고 있으며,『돌아오지 않는 강』의 소년 역시 부친과 똑같은 일을 경험함으로써 부친과 동일시된다.

물론 미국 영화의 주인공들이 언제나 아버지하고만 충돌하는 것
은 아니다. 티모시 허튼과 메리 타일러 무어가 열연했던 『보통 사람
들Ordinary People, 1980』 같은 영화는 아들과 어머니의 정면충돌을 다루
고 있다. 그와 같은 경우 아버지는 언제나 이상하리만큼 무력하고 무
능한 존재로 그려진다. 『보통 사람들』에서도 역시 아버지는 그 존재
가 거의 느껴지지 않는다. 아내에게는 비난받고 아들에게는 무시당하
는 존재—그것이 바로 미국인 아버지들의 공통된 모습이다. 그래서
인지 미국 문학 작품 속의 주인공들도 역시 대부분 무능한 아버지의
자녀이거나 아예 부모가 없는 고아들이다. 예컨대 『모비 딕』의 이슈
마엘, 『주홍 글자』의 펄, 『허클베리 핀』의 허크와 톰, 『우리들의 시대
에』의 닉—이들은 모두 부친부재 시대의 자녀들이다. 그리고 그들은
그러한 상황 속에서의 집단적 갈등을 곧 자신의 개인적인 고뇌로 바
꾸어 놓는다.

　　이렇게 집단적인 경험이나 무의식을 사적인 차원으로 축소시키는
미국인들의 개인주의적 사고방식은 전쟁에서의 체험도 개인적인 것
으로 받아들이는 그들의 태도에서 특히 잘 나타난다. 예컨대 베트남
전 참전 미군 병사들이 정신적 충격의 후유증에서 쉽게 벗어나지 못
하는 이유도 사실은 전장에서의 살상을 곧 개인적인 책임감과 죄의식
으로 느끼는 그들 특유의 심리구조 때문이라고 생각된다. 어쨌든 미
국인들은 무수한 베트남전 영화를 만들었고, 그 대부분이 정치적 비
판과 더불어 전쟁터에서의 개인적 고뇌와 번민을 다루고 있다. 『지옥
의 묵시록』, 『디어 헌터』, 『귀향Coming Home, 1979』, 『플래툰Platoon, 1986』,
『햄버거 힐Hamburger Hill, 1987』, 『풀 메탈 자켓Full Metal Jacket, 1987』, 『7월

4일생Born on the Fourth of July, 1989』 그리고 『야곱의 사다리Jacob's Ladder, 1990』에 이르기까지 베트남전 영화들의 주종을 이루는 모티프는 전장에서 개인이 겪는 문제들이다.

한국에서는 한두 편의 홍보용 관제영화를 제외한다면 『하얀 전쟁 1992』이 본격적인 베트남전 영화로는 처음이라고 할 수 있을 것이다. 본격적인 베트남전 영화가 이렇게 늦게 나온 데에는 물론 정치적 이유가 가장 클 것이라는 것이 중론이다. 하지만 무시할 수 없는 또 하나의 이유는 바로 전쟁 경험에 대한 미국인들과 한국인들 사이의 인식 차이일 것이다. 말을 바꾸면, 전쟁터에서의 살상이 자신의 책임이라고 생각하는 심리상태와 그것을 나라를 위한 수훈이라고 생각하는 심리상태 사이에는 커다란 차이가 있다는 것이다.

『위트니스』— 개인과 사회의 문제

개인과 사회 또는 개인과 집단 사이의 문제를 '아버지와 아들'의 모티프를 이용해 다룬 영화로 『위트니스Witness, 1985』가 있다. 관객들은 이 영화를 단순한 흥미 위주의 수사 영화나 경찰의 부패를 묘사한 영화로 생각하기 쉽다. 그러나 이 영화는 '경찰'과 '아미쉬Amish'라는 각기 다르면서도 비슷한 속성을 가진 두 집단을 대비시켜, 자기가 속한 집단의 '코드'를 깨뜨렸을 때에 발생하는 개인과 사회의 문제를 다룬 고도로 복합적인 영화다.

아미쉬는 미국 펜실베이니아 주에서 살고 있는 독일계 미국인들

의 독특한 종교집단으로서, 문명의 이기를 사용하지 않고 자연 그대로의 삶을 추구하는 것이 특징이다. 그러므로 그들은 자동차 대신 마차를 타고, 검은 옷과 모자를 착용하며, 농사를 짓는 검소한 집단을 이루며 살고 있다. 그들은 소수이기 때문에 자연히 결속력이 강하고, 따라서 외부인들과는 서로 잘 어울리지 않는다. 또한 집단의 계율이 매우 엄격해서 이탈자가 나오는 것을 사전에 방지한다. 마찬가지로 경찰 역시 제복을 입고 엄격한 내부의 계율에 의해 움직이는 결속력이 강한 소수 집단이다. 다만 서로 다른 점은 아미쉬의 이데올로기가 '종교'인 데 반해 경찰의 이데올로기는 '정의'라는 점, 그리고 전자가 시골에 있는 데 반해 후자는 대도시에 있다는 점이다. 이 영화는 우선 '종교'와 '정의'라는 집단적 이데올로기가 사실은 얼마나 독선적이고 위선적이며 또 개인을 억압하는 도구로 타락하기 쉬운가 하는 것을 잘 보여 준다. 그리고 더 나아가, 그러한 상황에서 그러한 집단에 속해 있는 개인들이 자신들의 생존과 자유를 위해서 어떠한 저항과 투쟁을 벌이고 있는지를 긴박감 있게 보여 주고 있다.

『위트니스』는 최근 남편과 사별한 한 아미쉬 여인이 어린 아들을 데리고 여행하는 도중, 차를 갈아타기 위해 필라델피아 역에서 잠시 지체하면서 시작된다. 대도시에 처음 나와 본 아이는 자기가 사는 곳

『위트니스』에서 아미쉬 소년은 처음 나와 본 도시를 호기심으로 바라보며 구경을 다니던 중 화장실에 갔다가 우연히 살인사건을 목격하게 된다. 이 영화에서 정작 중요한 것은 필라델피아 강력계 형사와 아미쉬 여인 사이의 관계 그리고 그들을 둘러싼 마을 사람들의 편견이다.

처음 만나는 영화

과 모든 것이 다른 도시의 대합실을 두리번거리다가, 자기와 비슷하게 검은 옷과 모자를 착용한 유태인 여행객을 자신과 동류로 착각한다. 아미쉬가 또 다른 소수 계율집단인 유태인에게 동료의식을 느끼는 이 장면은 그 두 그룹의 인종적 배경이 독일과 이스라엘이라는 사실과 더불어 대단한 아이러니를 불러일으킨다. 바로 이러한 장면들을 통해 감독은 각기 다른 폐쇄적인 파벌과 집단을 이루며 살고 있는 인간들의 모습을 신랄한 유머로 패러디하고 있다. 새로운 세상을 호기심으로 바라보며 구경을 다니던 중(이와 같은 기회가 부친의 죽음에 의해 가능해졌다는 것 또한 중요한 의미를 갖는다.) 아이는 화장실에 갔다가 우연히 살인사건을 목격한다. 자신의 평화스러운 생활공간을 떠난 어린 아이가 도시의 범죄를 목격하는 것은 바깥세상의 거친 현실을 배우는 한 과정일 것이다. 그러나 문제는 그가 또 다른 소수집단 내부의 범죄 (경찰이 경찰을 죽이는)를 본 유일한 목격자라는 데 있다.

이윽고 현장에 나타난 필라델피아 경찰서 강력계 형사(해리슨 포드 扮)는 아미쉬 여인과 그녀의 아들을 데리고 시내로 들어간다. 경찰서에서 조사를 받던 소년은 마약반 형사의 사진을 범인으로 지목하고, 해리슨 포드는 그 사실을 자신의 상관에게 보고한다. 그러나 그 사건의 공범이었던 강력계 반장은 오히려 해리슨 포드와 목격자인 소년을 죽이려고 하고, 그때부터 숨 막히는 추격전이 벌어진다. 총격전에서 부상당한 해리슨 포드는 그들을 겨우 아미쉬 마을로 데리고 간 다음 정신을 잃는다. 상처를 치료하는 동안 해리슨 포드는 아미쉬 마을에서 숨어 지내게 되고, 그 사이에 서서히 여인과의 연정이 싹튼다. 마을의 장로들은 물론 두 사람 사이의 사랑에 반대한다. 해리슨 포드는 결국 타집단에 속한 외부인이고 그가 아미쉬로 개종하지 않는 이상 결말은 결국 비극으로 끝난다는 것이 그 이유다. 더군다나 그는 날마다 폭력을 휘두르는 경찰이라는 점이 또 하나의 걸림돌로 등장한다(아미쉬는 비폭력 종교집단이다).

이 영화가 살인사건을 다룬 단순한 수사극이 아니라는 것의 증거는, 해리슨 포드가 아미쉬 마을에 체류하는 동안 생기는 여러 가지 일들—예컨대 그와 아미쉬들 사이의 마찰과 이해 과정—이 영화의 상당 부분을 차지한다는 점이다. 그런 맥락에서 이 영화를 다시 보면, 과연 영화 첫 부분의 살인사건과 끝부분의 총격전은 단지 해리슨 포드의 아미쉬 마을 생활을 이끌어내기 위한 하나의 장치 또는 기폭제의 역할만을 하고 있다는 사실을 발견할 수 있다. 그렇다면 정작 중요한 것은 그와 여인 사이의 관계 그리고 그들을 둘러싸고 있는 마을 사람들의 편견이라고 할 수 있을 것이다. 그래서 다시 한 번 우리는 이 영화가 자신이 속해 있는 집단의 코드를 깨뜨렸을 때 벌어지는 개인과 사회의 문제라는 결론에 도달하게 된다.

예컨대 해리슨 포드는 부패한 경찰사회의 코드를 깨뜨린 결과로 그곳에서 쫓겨나 숨어 지내게 된다. 반대로 아미쉬 여인은 엄격한 아미쉬의 계율을 어기고 외부 남자를 데려와 그를 사랑함으로써 자신의 집단에서 소외된다. 그런 의미에서 두 사람은 똑같이 국외자가 된다. 그러나 그러한 상황에서 미국인들의 섭리는 언제나 집단보다는 개인을 선택한다. 그런 의미에서 강력한 자아로 귀결되는 미국인들의 개인주의는, 개인의 사적 자아를 초월하면서 시작되는 동양의 선불교 사상과는 정반대의 모습을 보여 준다. 이 영화에서 해리슨 포드를 죽이러

추적해 오는 부패한 경찰간부들과 여인을 비난하고 압력을 가해 오는 아미쉬 장로들은 궁극적으로 같은 세력으로 긴밀히 병치되고 있다. 그러나 두 사람은 당연히 결국 각각 집단의 계율에 대항해 개인의 자아를 내세움으로써 억압적이고 위협적인 그 세력을 상대로 싸움을 벌인다. 그리고 숱한 난관을 겪은 후 두 사람은 모두 그 싸움에서 승리한다.

마지막 대결투가 끝나고, 해리슨 포드는 다시 도시로 돌아간다. 여인과 더불어 가정을 이루지 않고 또 다른 모험을 찾아 마을을 떠나는 것은 물론 미국 영화 속 남자 주인공들의 전형적인 습성이다. 그들은 또한 아버지의 역할도 사양한다. 이 영화에서 아미쉬 소년은 해리슨 포드를 통해 바깥세상과 타집단에 대한 이해심과 포용력을 갖게 되고, 더 나아가 그에게서 정신적 아버지의 이미지를 찾는다. 예컨대 이 영화에서도 마치 『셰인』에서처럼 권총으로 인해 벌어지는 총잡이 아저씨와 소년 사이의 에피소드가 등장한다. 물론 두 영화에서 다 어머니는 다른 집단에서 온 남자로 인해 자기 아들이 폭력에 눈뜨게 되는 것을 강력하게 반대한다. 그리고 마치 『셰인』에서처럼 현대판 정의의 사나이인 해리슨 포드 역시 악당들을 물리친 후 시골의 소년과 여인을 떠나 도시의 정글로 되돌아간다. 자신이 속해 있는 집단과, 잠시 인연을 맺은 외부 집단에 대한 새로운 이해와 눈뜸의 과정을 경험하고, 미국 영화의 주인공은 또 다른 모험을 향해 길을 떠난다. 그리고 그러한 부단한 방랑은 그들에게 점점 더 개인주의적 사고방식을 심어준다. 또한 그러한 의식의 메커니즘 속에서 그들은 집단의 코드가 개인의 자아를 억압할 때, 언제나 전자에 도전해 후자를 수호한다. 비록 그 집단의 코드가 사회나 가정이나 아버지라고 할지라도.

『아빠 만들기』

『더티 댄싱Dirty Dancing, 1987』으로 잘 알려진 패트릭 스웨이지 주연의 『아빠 만들기Father Hood, 1993』는 우선 주인공들이 자동차로 미 대륙을 횡단한다는 점에서 『빗속의 연인The Rain People, 1969』이나 『레인 맨』 계열의 '로드 무비road movie'에 속한다. '로드 무비'의 특색은 여행을 통해 주인공이 '눈뜸의 과정'을 겪고 새로운 사람으로 다시 태어나는 것이다. 『아빠 만들기』에서도 주인공 잭 찰스(패트릭 스웨이지 扮)는 오래전 청소년 보호원에 버렸다가 우연히 다시 만난 두 자녀들과의 여행을 통해 다시 한번 '아버지'로 되돌아간다.

잭은 아내가 죽은 후 아버지의 역할을 포기하고 거리로 뛰쳐나간 부랑아 건달이다. 그리고 그러한 면에서 그는 일찍이 처자를 버리고 황야로 뛰쳐나간 서부시대의 미국 남성과도 같다. 과연 이 영화의 배경은 서부의 황야이고, 그 황야를 질주하는 주인공 역시 서부의 카우보이 이미지를 강렬하게 풍긴다. 그러나 서부로 떠났던 미국 남성들이 결국에는 다시 동부로 돌아왔듯이, 가정을 떠났던 주인공 역시 다시 자녀들에게로 돌아와야만 한다. 그러기 위해서 잭은 자신이 현재 와 있는 캘리포니아를 떠나 다시 동부로 되돌아가야만 한다. 그래서 어디로 가느냐는 아이들의 물음에 그는 서슴지 않고 "동쪽으로 간다."라고 대답한다.

그러나 자신의 근원지인 동쪽(가정)으로 다시 되돌아가는 그의 여정은 길고도 험난하다. 청소년 감호원장을 총으로 위협하고 아이들을 되찾아온 그의 뒤를 경찰과 FBI가 끊임없이 뒤쫓고 있기 때문이다.

처음 만나는 영화

그러나 아이들과 더불어 노상의 수많은 위험과 모험을 겪으면서, 잭은 비로소 오랫동안 포기해 왔던 아버지의 자리로 되돌아간다. 그러므로 잭의 험난한 동쪽으로의 여행은 바로 아이들을 되찾는 것의 어려움과, 아버지가 되는 것의 어려움을 상징적으로 보여 주기 위한 적절한 장치라고 볼 수 있다.

잭과 아이들은 드디어 목적지인 뉴올리언스에 도착한다. 그곳에서 잭은 동료와 함께 마약 밀매상을 턴 후 외국으로 도망가 여생을 편히 지내려 한다. 그러나 마지막 순간, 그는 아이들 때문에 돈 가방을 바로 눈앞에 두고서도 총을 쏘지 못한다. 그는 외국의 휴양지에서 여자와 즐기는 대신 가정과 자녀들에게로 되돌아가는 길을 택한 것이다. 여기서 잭의 '과거로의 여행'은 끝난다. 그는 이제 다시 한 번 예전의 아버지로 되돌아간다.

오늘날 아버지들은 거리에서 방황하고 있고, 이 '아버지 부재의 시대'에 아이들은 오늘도 아버지의 귀가를 애타게 기다리고 있다. 이 영화는 바로 그와 같은 사회현상에 대한 비판을 통해, 1820년대 미국 작가 워싱턴 어빙의 『립 밴 윙클』에서부터 1950년대 잭 케루악의 『길 위에서』까지 미국 문학 속에 면면히 이어지고 있는 미국 남성의 원형적 모습—즉 아버지의 역할을 거부하고 광야로 떠나가는 미국 남성들의 모습—을 제시해 주고 있다. 그러나 이 영화는 이제 미국 남성들이 다시 한 번 아이들을 덮어 주는 '후드', 그리고 아이들을 즐겁게 해 주는 '로빈 후드'로 되돌아가야만 한다고 말한다. 그것이 이 영화의 제목이 'Father Hood'로 표기되고 있는 이유다.

그런 의미에서 『아빠 만들기』는 비단 미국 남성들뿐만 아니라 날마다 거리와 술집에서 방황하고 있는 한국의 아버지들에게도 절실하게 다가오는 호소력 있는 영화가 된다. 가족용 영화이면서도 시종 긴장과 모험 속에 관객들을 몰아넣는 이 영화는 사소한 주제를 갖고도 어떻게 훌륭한 한 편의 예술작품을 만들 수 있는가를 보여 주는 좋은 예다.

처음 만나는 영화

현대 가정의 위기

나 홀로 집에, 후크, 요람을 흔드는 손, 가디언, 크러쉬, 장미의 전쟁, 헨리의 이야기

『나 홀로 집에』와 잊힌 아이들

미국 영화가 전통적으로 당대의 시대정신과 문화를 반영하고 있다는 사실은 이미 잘 알려져 있지만, 그중에서도 대성공을 가둔『나 홀로 집에Home Alone, 1990』와『후크』는 오늘날 미국 사회의 문제점을 잘 드러내 주고 있다.

　매컬리 컬킨이라는 아역 배우를 일약 유명하게 만들어 준『나 홀로 집에』는 케빈 맥칼리스터라는 여덟 살 난 소년이 우연히 홀로 집에 남겨져 겪게 되는 고독과 모험을 그린 영화다. 그의 가족들은 깜박 그의 존재를 잊어버리고 유럽으로 크리스마스 휴가 여행을 떠난다.

「나 홀로 집에」는 사실 모든 미국 어린 이들의 현실이자 모든 미국 주부들의 악몽이라고 할 수 있다.

텅 빈 집에 혼자 남겨진 그는 처음에는 자유를 즐기지만, 결국에는 고독을 느끼고 이윽고 침입해 들어오는 도둑들에 맞서 그들을 퇴치해 집을 지킨다. 그런 후에 가족들이 다시 돌아오며 영화는 끝난다(물론 가족들은 그동안 케빈에게 일어난 일들을 알지 못한다). 이 단순한 구성의 코미디 영화가 미국에서 90년도 흥행 1위를 차지한 이유의 이면에는, 그것이 현대 미국인들의 불안 심리에 호소하는 바가 컸기 때문이다. 왜냐하면 오늘날 미국 가정주부들의 대부분은 직장을 갖고 있으며, 그 결과 아이들은 '나 홀로 집에' 버려져 있는 경우가 허다하다.

미국의 아이들은 물론 처음에는 그러한 자유를 즐기고 좋아한다. 그러나 오래지 않아 그들은 고독을 느끼게 되고, 이윽고 가정을 파괴하는 위협적인 요소들(소리 없이 스며들어 집을 파괴하는 도둑들)과 대면하게 된다. 영화 속의 케빈은 다행히도 그 사악한 요소들과 대면해 싸워서 그 위협을 이겨내지만, 많은 아이들은 불행히도 악의 힘에 밀려서(예컨대 나쁜 친구, 마약, 고독, 텔레비전 등) 차츰 가정으로부터 멀어져 간다. 그러므로 『나 홀로 집에』는 사실 모든 미국 어린이들의 현실이자 모든 미국 주부들의 악몽이라고 할 수 있다. 이 영화에서 중요한 인물로 부각되는 것이 어린이 케빈과 그의 엄마라는 사실도 바로 그러한 맥락에서 이해될 수 있다(과연 이 영화에서 아버지의 역할은 거의 드러나지 않는다). 이와 같은 미국의 문제점을 다룬 영화감독의 이름이 미

처음 만나는 영화

대륙을 발견한 사람의 이름처럼 크리스토퍼 콜럼버스라는 사실은 우연이기는 하지만 대단히 시사적이다.

『요람을 흔드는 손』과 베이비시터

이와 같은 미국적인 상황은 집집마다 아이들을 돌보는 베이비시터를 필요로 하게 되고, 이번에는 베이비시터에 대한 부모의 불안이 시작된다. 사악한 베이비시터에 대한 영화는 이루 헤아릴 수 없이 많지만, 그중에서도 최근 미국에서 인기리에 상영된 베이비시터의 문제점을 다룬 영화『요람을 흔드는 손The Hand That Rocks the Cradle, 1992』은 직장 때문에 집을 비워야만 하는 어머니의 불안과 공포를 다룬 영화로서 직장주부들의 비상한 관심을 끌었다.

이러한 생활환경에서 자란 아이들은 결국 혼자 사는 데 익숙해져 커서도 독신으로 살기 쉽고, 그 결과 현재 미국에는 수많은 사람들이 '홀로' 살고 있다. 그들은 물론 독립적이고 비의존적이지만 동시에 '나 홀로 집에' 살고 있는 외로운 사람들이기도 하다. 미국인들은 어린이들에게 일찍 가정을 떠나도록 교육을 시킬 뿐만 아니라, 노인들에게도 자녀들에게 의존하지 말고 홀로 살아갈 것을 기대한다. 미국은 세계에서 가장 많은 양로원과 탁아소를 갖고 있는 나라로 알려져 있다. 이는 곧 자유와 개체성, 이동성을 그 특징으로 하는 미국 문화의 소산이라고도 할 수 있을 것이다. 그러나 미국의 그러한 사회구조와 의식구조는 결과적으로 리처드 리브스가 "거대한 미국의 질병"이라고 부른 '고독' 또는 '나 홀로being alone' 현상을 초래했다.

『나 홀로 집에』에서 케빈의 가족들은 유럽으로 여행을 떠난다. 유럽으로의 여행은 우선 미국인들의 부단한 '이동성mobility'을 상징한다. 케빈의 가족들이 급히 시켜 먹는 대형 피자와 더불어 미국에서 호황을 누리는 각종 패스트푸드는 모두 미국인들의 이동성을 잘 보여주는 모티프가 된다. 그들은 '한 입 베어 물고grab a bite' 곧 이동을 시작한다. 두 번째로, 미국인들의 유럽여행은 자신들의 과거로 되돌아가 비로소 현재의 문제점을 발견하는 과정을 의미한다. 적절하게도 케빈의 어머니는 유럽행 비행기 속에서 비로소 케빈을 집에 남겨 두고 떠나온 것을 깨닫게 된다.

『후크』와 어른이 되어 버린 피터 팬

유럽으로의 여행 모티프는 스티븐 스필버그 감독의 『후크』에서도 중요한 역할을 하고 있다. 미국에서 어느덧 중년의 변호사가 된 피터 팬은 이 영화에서 바쁜 회사일로 인해 자녀들과 가정을 소홀히 할 수밖에 없는 전형적인 현대 미국인 아버지의 모습으로 등장한다. 그는 가족들을 위해 영국으로 휴가를 떠나지만 휴대 전화로 사업상의 전화가 계속 온다. 그러한 와중에서 그의 아들이 옛날의 숙적인 후크 선장에게 납치되고(이것은 물론 '나 홀로 집에' 방치해 둔 자녀를 잃어버리는 것의 상징이다.), 피터는 아들을 되찾기 위해서는 후크가 있는 네버랜드로 날아가야 함을 알게 된다.

바로 그 순간 그는 자신이 그동안 중년이 되어 버렸고, 그래서 더 이상 날 수 없음을 깨닫게 된다. 자녀를 잃어버리고 더 이상 날 수 없게 된 자신의 발견—그것이 바로 피터가 유럽으로의 여행(과거로의 여행)을 통해 발견하게 된 커다란 깨달음이다(『피터 팬』의 저자가 영국인이고 그 배경이 런던이며 네버랜드가 아메리카를 상징하고 있다는 것을 생각해 보면 그 의미는 더 명료해진다). 중요한 것은 이와 같은 모티프—즉 과거로의 여행을 통해 현재의 문제점을 깨닫고 그 해결책을 발견하는 것—가 오늘날 포스트모던 문화와 인식의 한 전형적인 전략이라는 점이다.

다시 어린 시절의 네버랜드로 되몰아 간 피터(로빈 윌리엄스 扮)는 요정 팅커 벨(줄리아 로버츠 扮)의 도움을 받아 후크 선장(더스틴 호프만 扮)과 대면해 싸우게 된다. 그러나 그러기 위해서 그는 우선 다시 예전의 피터 팬으로 되돌아가 날 수 있어야만 한다. 그는 자신이 떠나 있는 동안 루피오가 자신의 위치를 차지해 '잃어버린 아이들'의 대장 노릇을 하고 있는 것을 발견하게 된다. 멕시코인 루피오는 미국인들이 상실한 자리를 대신 차지한 남미인이나 아시아인을 상징한다고도 할 수 있을 것이다. 이윽고 피터는 상상력의 도움으로 다시 자신의 위치를 되찾고 유색인 루피오와 손을 잡으며 날 수 있는 방법을 기억해 낸다.

드디어 피터는 사악한 후크 선장과 대면한다. 그러나 그의 아들은 이미 자신의 아버지 피터보다 후크 선장을 더 좋아하고 따르고 있다. 그런 의미에서 후크 선장은 바로 현대의 아버지들이 가장의 역할을 소홀히 하는 틈을 타서 자녀를 유혹해 가는 외부의 사악한 요소들을 상징하고 있다고 볼 수 있다. 그러나 이 영화에서 피터가 아이들에게 위험하니 창문 가까이 가지 말라고 주의를 주면서 고리(후크)로 된 자물쇠로 창문을 잠그는 장면에서 암시되고 있듯이, 사실 후크는 바로 오늘날 마음의 문을 걸어 닫고 변해 버린 피터 팬—곧 현대의 아버지들의 모습—그 자체라고도 할 수 있다. 과연 이 영화에서 변호사가 되어 버린 피터 팬은 아이러니컬하게도 해적으로 묘사되고 있다. 그렇다면 후크와의 대면은 결국 피터 팬 자기 자신과의 대면이라고도 할 수 있을 것이다.

이 영화가 미국에서 흥행 1위를 차지했던 이유는 바로 현대의 미국 문화와 사회의 문제점을 적나라하게 보여 주기 때문이다. 미국인들은 이 영화를 보면서 그동안 뒤를 돌아보지 않고 계속 앞으로만 나아갔던 자신들의 '이동성'에 제동을 걸고 비로소 뒤를 돌아보게 된 것이다. 그런 의미에서 『후크』는 곧 모든 미국 성인들이 두려워하는 현재의 은밀한 '악몽'이자, 다시 회복하고 싶어 하는 유년 시절의 '꿈'이라고 할 수 있다.

이러한 영화들은 미국 사회가 당면한 문제점들을 지적하는 한편, 미국인들로 하여금 한번쯤 뒤돌아보며 그동안 자기들이 상실해 온 것들이 무엇이었는가를 깨닫게 해준다는 점에서 중요성을 갖는다. 그것이 곧 "빨리 달려가는 것보다는 어디로 가고 있는가가 더 중요하다."라고 말한 미국의 사상가 소로Thoreau의 가르침이다. 이는 비단 미국의 영화나 문화에만 해당되는 것은 아닐 것이다. 경제성장과 첨단산업화를 위해 그동안 모든 것을 상실해 온 우리들의 경우에도 그것은 절실한 호소력을 갖고 다가오기 때문이다.

미국의 영화사 자료 보관소에는 지금까지 제작된 영화 필름들이

처음 만나는 영화

모두 고스란히 보관되어 있고, 또 그것들은 매 시대 미국의 역사와 문화를 반영하는 중요한 자료로 남아 있다. 미국의 텔레비전 역시 20년대의 무성 영화와 50년대의 드라마를 현재 제작하는 프로그램과 나란히 방영하고 있다. 불과 몇 년 전 프로그램이 녹화된 필름마저도 폐기처분하는 한국의 텔레비전 방송국들의 근시안적인 역사관을 바라보며, 우리의 충무로와 방송국에도 과연 매 시대 우리 사회와 문화를 반영하는 작품들이 과연 보관되고 또 제작되고 있는지, 자꾸만 의구심이 드는 것은 어쩔 수 없다. 우리 스스로도 한번쯤 되돌아볼 때가 되지 않았나 반성해 보아야만 할 것이다.

『가디언』과 『크러쉬』: 잃어버린 아이들

『엑소시스트 The Exorcist, 1973』의 감독 윌리엄 프레드킨이 만든 『가디언 The Guardian, 1990』 역시 베이비시터의 손에 맡겨진 우리의 아이들이 사실은 얼마나 위험한 상황에 놓여 있는지를 상징적으로 보여 주는 영화다.

이 영화에 등장하는 베이비시터는 사람이 아니라 나무의 요정으로, 부모가 모두 일하는 집에 베이비시터로 들어가 아이들을 납치한 다음 그 아이들을 나무에게 제물로 바친다. 이 영화는 표면적인 상황으로만 보면 다소 황당한 공포영화에 지나지 않을 수도 있다. 그러나 이 영화가 혹시 '아이들을 잃어 가는 현대 가정의 위기'를 그린 것이 아닌가 하고 생각해 보는 순간, 매 장면들이 의미심장하게 다가온다.

예컨대 이 영화는 아이를 빼앗긴 부모의 처절한 비명소리로 시작되고 있다. 영어로 '가디언'이란 '보호자'를 뜻한다. 그런데 오늘날 많은 부모들은 보호자의 의무를 다하지 못하고 아이들을 위험에 빠뜨리고 있다. 또 가디언이란 부모가 아닌 위탁 보호자를 뜻하기도 한다. 그런데 오늘날 우리의 아이들은 부모가 아닌 위탁 보호자, 즉 베이비시터의 손에 맡겨져 있고 그 보호자(가디언)는 오히려 아이들을 해치고 있다. 가정은 파괴되고 아이들은 사라진다. 그리고 그것은 더 이상 방관할 수 없는 우리의 심각한 현실이다.

영화『크러쉬Crush, 1993』는 그러한 상황에서 자라난 아이들이 얼마나 위험한 사춘기를 보내고 있는가를 적나라하게 보여 주는 섬뜩한 영화다. 장래가 촉망되는 잡지사 기자인 이 영화의 주인공 닉(캐리엘 위즈 扮)은 새로 방을 얻어 들어간 주인집 딸 다리엔(알리시아 실버스톤 扮)의 일방적 유혹을 거절했다가 그 사춘기 소녀로부터 끔찍한 복수를 당한다. 그러나 나중에 정신 이상으로 판명된 그 아이의 맞벌이 부모는 오히려 피해자인 주인공을 비난할 뿐 사태의 심각성을 전혀 깨닫지 못하고 있다. 즉 그들은 이미 오래 전에 잃어버린 딸과 금이 간 가정을 전혀 눈치채지 못한 채 살아온 것이다. 오늘날 직장일에 쫓겨 아이들을 등한시하고 있는 현대인의 가정에 커다란 경종을 울린다는 점에서 이 영화는 우리의 주목을 끈다. 만일 그러한 덕목을 제외한다면『크러쉬』는 단순한 서스펜스 영화에 그치고 말 것이다.

『장미의 전쟁』과 『헨리의 이야기』 : 현대 가정의 붕괴

『장미의 전쟁The War of the Roses, 1989』은 한 부부의 싸움과 그에 따르는 가정의 파탄을, 권력투쟁으로 근친 살육극을 벌였던 15세기 영국 황실의 '장미전쟁'에 빗대어 그려 나가는 영화다. 하버드 법대 출신의 엘리트 변호사(마이클 더글러스 扮)와 조그만 대학의 체육학과를 나온 그의 아내(캐서린 터너 扮)는 성격차이로 사사건건 다투다가 결국엔 별거하게 되고, 서로 집을 차지하려고 싸우는 과정에서 상대방을 죽이고 싶을 만큼 증오하게 된다. 여기에서 '집'은 한때 그 두 사람이 같이 살았던 '공동의 공간'을 의미한다. 그러나 공동의 공간인 줄 알았던 그곳은 곧 자신들의 '자아의 성'이었음이 드러난다. 그러므로 집을 빼앗기지 않으려는 이 두 부부의 싸움은 곧 '자신의 공간'을 빼앗기지 않으려는 상징적 의미를 갖게 된다. 그러나 소중한 내용물인 '가정'을 스스로 파괴한 이들이 서로 껍데기만 남은 집을 차지하려고 싸우는 것은 대단한 아이러니라 아니할 수 없다.

이 영화의 마지막에 두 사람은 싸우다가 높은 천장에 장식되어 있는 샹들리에에 매달린다. 샹들리에는 이 부부의 화려한 사랑의 꿈을 상징한다. 그러나 그 샹들리에는, 남편을 죽이기 위해 미리 줄의 일부를 잘라 놓은 아내로 인해 두 사람의 무게를 지탱하지 못하고 결국에는 바닥으로 떨어져 산산조각으로 깨진다. 그것은 곧 그들의 신혼의 꿈과 행복한 가정이 산산조각으로 깨졌다는 것을 의미한다. 샹들리에의 줄을 끊어 놓은 장본인은 바로 그들 자신이었다. 파멸은 외부에서 오는 것이 아니라 언제나 내부에서 온다. 『장미의 전쟁』은 로즈부부의 비극적 결말에도 불구하고 마지막 순간의 그들의 깨달음, 그리고 그것을 교훈 삼아 이혼을 재고하는 사람들로 인해 궁극적으로는 가정을 되찾자는 영화라고 볼 수 있다.

『헨리의 이야기Regarding Henry, 1991』는 이혼의 위기를 맞고 있는 유능하나 냉정하고 비정한 변호사 헨리(해리슨 포드 扮)가 어느 날 담배 가게에서 우연히 강도의 총에 맞아 기억상실증에 걸린 후, 점차 회복되어 가는 과정에서 비로소 자신의 과오를 깨닫고 새로운 사람으로 다시 태어나 가정을 되찾는다는 이야기를 다루고 있다. 강철같이 냉정했던 그를 다시 새로운 인간으로 만드는 것이 다름 아닌 강철같이 냉정한 총탄이라는 사실은 아이러니컬하면서도 적절하게 느껴지는 좋은 은유다(그는 가정에서 그리고 법정에서 언제나 보이지 않는 총탄으로 남들을 정신적으로 살해해 왔다).

헨리는 다시 태어난다. 그는 다시 옛 직장인 법률회사로 복귀하지만 예전과는 완전히 다른 사람이 된다. 그는 우선 자신의 잘못된 변호로 인해 피해보상을 받지 못하게 된 옛 고소인을 찾아가 사죄한다. 그리고 더 나아가, 이제는 더 이상 그러한 부당한 방법을 통해 재판에 이기기를 원치 않는다. 회사는 그러한 그의 변모를 싫어하지만 헨리는 드디어 떳떳한 삶을 살 수 있게 된다. 무엇보다도 중요한 것은 헨리가 거의 깨질 뻔 했던 '가정'을 되찾게 되었다는 점이다.

소수인종과 여성의 이미지

흑과 백, 밤의 열기 속에서,
스타 트렉, 뻐꾸기 둥지를 날아간 새,
말콤 X, 델마와 루이스

미국 영화에 나타난 인종문제

연전에 《타임》지의 한 설문에서 어느 유럽인은 "미국인들은 외부로부터의 비판에는 약하지만 스스로의 비판에는 대단히 강하다."라고 쓴 적이 있다. 미국의 문화적 자존심인 할리우드 역시 예외는 아니다. 그동안 할리우드는 우리 같으면 아예 건드리지도 않고 덮어 두었을 민감한 문제들을 주제로 영화를 만들어 미국을 비판했으며, 흥행을 위해 전 세계에 배급까지 해 왔다. 그 가운데에는 미국의 정치적 타락과 정책적 실패를 부각시킨 영화도 있고, 경찰의 부패를 다룬 영화도 있으며, 자신들의 문화에 대해 예리한 비판을 가한 반문화·반체제 영화도 있다. 그러나 그중에서 가장 뛰어난 것은 역시 미국의 인종문제를 비판한 영화들이라고 할 수 있을 것이다.

인종문제를 다룬 영화 중 이미 고전이 되어 우리에게도 친숙한 작품으로는 『흑과 백The Defiant Ones, 1958』, 『초대받지 않은 손님Guess Who's Coming to Dinner, 1967』, 『앨라배마에서 생긴 일To Kill a Mockingbird, 1962』 그리고 『밤의 열기 속에서In the Heat of the Night, 1967』 등을 들 수 있을 것이다. 잘 알려진 대로 『흑과 백』은 서로 혐오하는 백인 죄수와 흑인 죄수가 두 사람을 묶은 쇠사슬에 연결되어 같이 탈출하면서 벌어지는 갈등과 그 과정에서 비로소 눈뜨게 되는 두 인종간의 진정한 이해와 우정을 그린 영화이고, 『초대받지 않은 손님』은 인종차별의 부당성을 늘 주장해 온 어느 신문사 편집인이 어느 날 자신의 고명딸이 결혼하겠다고 데려온 남자가 흑인임을 알게 되면서 벌어지는 고민을 다룬 영화다. 『앨라배마에서 생긴 일』은 남부의 어느 조그만 마을에서 벌어지는 백인 여성에 대한 흑인 성폭행사건의 재판을 한 어린 소녀의 눈을 통해 조명한 탁월한 작품이고, 『밤의 열기 속에서』는 남부 출장 중 우연히 지나치던 어느 시골 마을의 살인사건을 맡게 되는 북부 출신 흑인 형사가 겪는 인종차별을 묘사한 영화다. 이와 같은 영화들은 그러한 민감한 문제들을 과감하게 다루고 있다는 점에서 더욱 감동적으로 다가온다.

그러나 인종문제를 직접적인 주제로 제시하는 영화 외에도 많은 미국 영화들이 백인과 유색인의 문제를 간접적인 소주제로 다루고 있다. 그리고 어떤 경우에는 그와 같은 인종문제가 너무나 교묘히 감추어져 있어서 관객이 전혀 의식하지 못하고 지나치는 경우도 많다. 면밀히 살펴보면 많은 미국 영화들에는 한 가지 공통적인 패턴이 있음을 발견하게 되는데, 백인 주인공과 유색인 주인공 사이의 극적인 모험과 긴밀한 우정이 바로 그것이다. 그리고 그와 같은 경우에 두 인종 간의 관계는 대부분 긍정적으로 묘사된다. 『미국 소설에 나타난 사랑과 죽음Love and Death in the American Novel』의 저자이자 저명한 문화비평가인 레슬리 피들러는 미국 소설에서도 바로 그와 같은 특성이 면면히 나타나고 있다고 지적하며, 그것은 곧 현실에서는 이룰 수 없는 이상을 상상의 세계 속에서나마 이루어 보고자 했던 미국 작가들의 꿈을 잘 표출해 주고 있다고 말한다.

1950년대의 유명한 미국 영화 『론 레인저The Lone Ranger, 1956』로부터 시작해 『프레데터Predator, 1987』나 『다이하드Diehard, 1988』, 『리썰 웨폰Lethal Weapon, 1987』에 이르기까지, 그와 같은 패턴은 면면히 계속되고 있는 것처럼 보인다. 예컨대 『론 레인저』에서 백인 주인공은 언제나 절친한 인디언 친구 톤토와 같이 서부의 광야에서 온갖 모험을 겪는다. 또 『프레데터』에서는 유색인의 나라 남미를 배경으로 백인 주인공과 그를 돕는 흑인 및 인디언 특전요원, 그리고 외계인(일종의 유색인)의 상호관계 모티프가 뒤섞여 있으며 『프레데터 2』에서는 아예 주인공이 흑인으로 교체되었다. 『다이하드』에서는 건물 안에 갇힌 백인 주인공과 건물 밖의 흑인 경찰관과의 끊임없는 교신이 영화의 중요한 모티프를 이루고 있고, 『리썰 웨폰』에 등장하는 백인 형사와 흑인 형사의 우정 역시 두 사람이 겪어 나가는 사건과 긴밀히 맞물려서 진행된다.

이러한 모티프는 그 외에도 수많은 영화에서 찾아볼 수 있는데,

특히 모험이나 활극에서 더욱 자주 발견된다. 예컨대 우주과학 공상 영화이자 미국인들이 가장 좋아하는 영화 중 하나인 『스타 트렉Star Trek, 1979』에서 관객들의 관심을 가장 많이 끄는 것은 바로 백인 선장 커크와 화성인(유색인) 과학 담당관 스파크의 갈등과 우정이다. 또한 『뻐꾸기 둥지를 날아간 새One Flew over the Cuckoo's Nest, 1975』에서 무엇보다 중요한 것은 백인 주인공 맥머피와 인디언 추장 빅 치프의 관계라고 할 수 있다. 중요한 것은 켄 키지가 쓴 이 영화의 원작소설에서는 인디언 추장 빅 치프가 이야기를 이끌어 나가는 화자이고, 맥머피의 모습과 행동은 다만 그 인디언의 시각을 통해 독자들에게 제시된다는 점이다. 그리고 『미드나이트 카우보이』의 중요한 모티프 중의 하나 역시 백인 주인공(존 보이트 扮)과 푸에르토리코인(더스틴 호프만 扮) 사이의 모험과 우정이다.

한편 조지 루카스나 스티븐 스필버그같이 유년기의 상상력과 공상 세계를 즐겨 영화화하는 감독들의 작품에서는 그와 같은 패턴이 다소 변형되어 나타난다. 예컨대 전자의 『스타워즈』의 경우에는 유색인 대신 긴 털의 우주인 휴이가, 그리고 후자의 『인디애나 존스』나 『구니스The Goonies, 1985』에서는 어른 대신 유색인 소년이 등장한다. 그러나 스필버그의 경우, 신비주의와 모험주의를 핑계로 간혹 동양인들을 뱀이나 벌레를 먹는 사람들로 왜곡해 영화에 등장시키거나, 서구의 식민주의가 발전시키고 합법화시킨 고고학을 과도하게 미화시키는 경향을 보이고 있는데 그러한 것들은 비판받아야만 한다(비록 인디애나 존스가 늘 "그것은 박물관에 갖다 놔야만 해."라고 말하며 도굴범들과 싸우고는 있지만, 동양이나 남미에서 발굴한 것을 서구의 박물관으로 가져간다는 것 역시

처음 만나는 영화

또 다른 형태의 도둑질이라는 사실을 스필버그는 간과하고 있다).

백인과 유색인의 모험과 우정은 비단 할리우드 영화에서뿐만 아니라 텔레비전 드라마에서도 나타난다. 예컨대『기동 순찰대C.H.I.P.s』에서의 백인과 푸에르토리코인 경찰관,『매튜 스타의 능력The Powers of Matthew Star』에서의 백인 주인공과 흑인 경호원 사이의 우정은 더 정통적인 묘사에 속하고, 최신판『스타 트렉』에서의 백인 선장과 로봇, 그리고『헌터Hunter』에서의 남자 형사와 여자 형사의 우정은 위의 형태가 다소 변형된 것이라고 할 수 있다. 그런 맥락에서 미국 영화와 텔레비전 드라마를 유심히 살펴보면 과연 많은 경우 위와 같은 패턴을 가지고 있는 것을 발견할 수 있다. 백인 형사(닉 놀티 扮)와 흑인 죄수(에디 머피 扮)의 갈등과 우정을 그린『48시간48 Hrs., 1982』, 디트로이트의 흑인 형사 액슬 폴리와 로스앤젤레스의 백인 형사들과의 모험과 우정을 그린『베벌리 힐스 캅Beverly Hills Cop』(이 경우에는 에디 머피 프로덕션의 참여로 흑인이 주연이 되고 백인들이 조연을 맡고 있지만) 등 그 예는 수없이 많다. 미국 영화에 나타나는 이와 같은 패턴의 근저에는, 어쩌면 피들러 교수의 지적대로 현실에서 이룰 수 없는 꿈을 상상의 세계 속에서나마 실현시켜 보려는 미국인들의 무의식적 소망이 깔려 있는지도 모른다.

여성 이미지의 변화

미국 남성들의 또 하나의 무의식적 소망은 문명과 교양의 억압에서 벗어나 대자연으로 들어가고 싶어 하는 것이다. 그것은 원래 유럽의 문명을 피해 신대륙으로 건너온 미국인들의 원초적인 꿈이라고 말할 수도 있을 것이다. 특히 미국 문학을 살펴보면 초기부터 지금까지 그러한 것을 추구하는 전통이 면면히 이어져 내려오고 있다는 것을 알 수 있다. 예컨대 잔소리꾼 아내의 독설을 피해 개 한 마리와 총 한 자루를 벗 삼아 캐츠킬 산속으로 들어간 워싱턴 어빙의 주인공 립 밴 윙클(이 작품이 미국 문학의 시효라는 사실 역시 상징적이다.), 집을 떠나 평생을 모히칸족 인디언 칭카치국과 더불어 광야에서 살다가 죽어 간 제임스 페니모어 쿠퍼의 내티 범포, 역시 부모를 떠나 검은 피부의 선원 더크 피터스와 함께 남극으로의 항해를 떠난 에드가 앨런 포의 아서 고든 핌, 유색인 퀴켁과 더불어 흰 고래를 쫓아 바다로 나간 허만 멜빌의 이슈마엘, 문명을 떠나 흑인 노예 짐과 미시시피 강을 뗏목으로 여행하는 마크 트웨인의 허클베리 핀, 하천에서 낚시질을 하는 헤밍웨이의 닉 애덤스, 숲속으로 곰 사냥을 떠나는 포크너의 아이작 매카슬린, 그리고 잃어버린 목가를 찾아 하천으로 떠나는 리처드 브라우티건의 주인공 등은 모두 미국인 남성들의 원초적 꿈을 잘 보여 주고 있는 좋은 경우다.

그러한 과정에서 이들이 보여 주는 두드러진 특성 중 하나가 바로 대자연 속에서 백인과 유색인이 겪는 모험과 우정이라면, 다른 하나는 바로 문명과 교화를 상징하는 여성과 가정으로부터의 떠남이다. 과연 립 밴 윙클이 가장 두려워했던 것도 바로 자기 아내였고, 허크가 가장 싫어하는 대상도 바로 자기를 입양하고 교육시키려 하는 더글러스 과부댁과 왓슨 부인이다. 그리고 포의 핌이나 멜빌의 이슈마엘이나 헤밍웨이의 노인의 세계에는 아예 여성이 등장하지 않는다. 그들은 오직 남성들만의 세계 속에서 살고 있는 것이다.

미국 문학 속의 그와 같은 패턴은 비단 문학에서 그치는 것이 아니라 『블론디』나 『간 큰 남자 앤디 캡』이나 『매기와 지그스Jiggs and Maggie』 같은 성인용 만화에서도 발견된다. 예컨대 출근하기 싫어하고 소파에 누워서 개와 더불어 낮잠이나 자고 싶어 하며 늘 아내 블론디로부터 잔소리만 듣고 사는 대그우드는 립 밴 윙클의 현대판인 오늘날 미국 남성들의 모습을 극명하게 보여 준다. 즉 대그우드는 여성과 가정을 떠나지 못하고, 다만 남성들만의 세계인 대자연을 꿈꾸며 나날을 살아가는 위축된 현대 미국 남성들의 축약된 이미지라고 할 수 있다.

그래서 그들의 꿈은 다만 상상의 세계인 영화 속에서만 이루어진다. 미국인이 만든 서부영화의 마지막 장면에는 언제나 공통적인 일이 벌어진다. 즉 드디어 자신의 용기를 증명해 보인 주인공에게 여성은 애정을 고백하고 마을에 정착해서 같이 지내 줄 것을 요구한다. 그러나 정통 서부영화의 주인공들은 한결같이 여성의 손길을 뿌리치고 말에 올라 지평선 너머로 표표히 사라져 간다. 서부의 사나이에게 여성과 가정을 꾸리는 '정착settle down'은 가장 수치스러운 악몽이기 때문이다. 그는 새로운 광야를 향해 계속 말을 달려야만 한다. 그것이 미국 남성들의 숙명이다.

그래서 미국 영화에서 여성들은 늘 혼자 남겨진다. 적극적인 미국 여성들이 아무리 남성들을 꼼짝 못하게 하는 것 같아도 결국 그들은 남성들에게 버림받는다. 남성들은 끊임없이 다른 세상을 동경하고 또 실제로 다른 세계 속에서 살고 있기 때문이다. 심지어는 미국인들이 가장 좋아하는 영화인 『바람과 함께 사라지다』의 그 억세고 똑똑한 여인 스칼렛 오하라조차도 결국에는 떠돌이 건달 레트 버틀러로부터 버림받는다.

그러나 여성들이 버림받는 곳은 프런티어―곧 서부와 남부―를 그린 영화 속에서뿐이다. 프런티어가 없어지고 남성들이 다시 동부로 되돌아갔을 때, 그들은 대자연의 추구를 포기하게 되었고 문명의 이기를 즐기게 되었으며 녹색의 꿈을 상실하게 되었다. 그리고 그 결과, 이번에는 정반대로 여성에 의해 남성이 버림받게 되었다. 예컨대 인공의 녹색을 진짜 푸른 꿈으로 착각하다가 옛 애인 데이지에게 배반당하고 죽어 간 『위대한 개츠비』의 개츠비, 직장 일에만 전념하다가 부인으로부터 버림받는 『크레이머 대 크레이머』의 크레이머, 임신한 부인으로부터 버림받는 『빗속의 연인』의 남편, 그리고 역시 어느 날 갑자기 부인이 집을 떠나 버린 것을 발견하고 경악하는 영화 『델마와 루이스Thelma and Louise, 1991』의 남편들은 모두 프런티어와 녹색의 꿈을 상실하고 뉴욕으로 돌아와 살고 있는 순치된 미국의 남성들이다. 서부영화나 남부 영화(『바람과 함께 사라지다』 같은)에서와는 달리 동부를 배경으로 하는 영화에서는 여성들이 남성들의 손을 뿌리치고 집을 떠나 지평선 너머로 사라진다. 그들은 모두 한때 레트 버틀러가 "떠나시면 나는 어떡하느냐."고 매달리는 스칼렛 오하라에게 내뱉었던 유명한 말인, "내가 알 바 없어!Frankly my Dear, I don't give it a damn!"라는 말을 자신을 붙잡는 남편들에게 내뱉으며 동부를 떠나 서부로 간다. 이러한 것을 부추긴 것은 물론 최근의 페미니즘 운동이라고 할 수 있

처음 만나는 영화

다. 그러나 한편으로는 바로 현대의 미국 남성들이 자신들의 원초적 소망과 신화를 상실해 가고 있기 때문일 것이다.

흑인 영화 『말콤 X』

얼마 전부터 할리우드에는 백인들의 영화에 대항해 흑인들의 자본과 흑인들의 시각으로 만들어낸 소위 흑인영화들이 등장하기 시작했다. 물론 그들 중의 상당수는 단순한 폭력물이나 오락물이었지만, 그래도 흑인 감독들은 거기에 흑인의 시각과 인식을 투영시키는 것을 잊지 않았다. 최근 세계적으로 고개를 들고 있는 '탈식민주의(포스트콜로니얼리즘)'에 부응해 만들어진 그러한 흑인 영화들 중 『말콤 X Malcom X, 1992』는 그 어느 백인영화에도 뒤지지 않는 단연 최상급의 성공적인 대작영화라고 할 수 있다.

흑인영화의 가장 강력한 기수인 스파이크 리 감독의 이 영화는 1965년 암살당한 60년대 미국의 유명한 흑인 민권 운동가 말콤 X의 일대기를 그린 역작이다. 인종차별 폐지 운동을 벌이던 아버지가 KKK 단원들에게 살해당하자 소년 말콤 리틀은 마약 복용과 도둑질, 백인여성들의 성적 노리개 노릇을 전전하다가 드디어 형무소에 수감된다. 그곳에서 우연히 그는 모슬렘교도가 되어 어두웠던 과거를 청산하고 출감 후 흑인들을 위한 민권운동가로 변신한다.

말콤은 "흑인들은 예전에 백인 노예 주인들이 만들어 준 이름을 거부하고 자신들의 정체성을 되찾아야만 된다."는 뜻에서 자신의 성姓

흑인 민권 운동가 말콤 X의 사진. '탈식
민주의'에 부응해 만들어진 흑인 영화
「말콤 X」는 그 어느 백인 영화에도 뒤
지지 않는 최상급의 성공적인 대작영
화다.

을 수학에서 미지수를 지칭하는 X로 바꾼다. 그런 다음 그는 백인들의 외모를 선망·모방하거나, 백인들이 제공하는 마취제인 마약이나 술, 기독교에 마비되어 있는 흑인들의 의식을 질타해 깨우는 '흑인민족주의 운동'을 일으킨다. 한때 백인처럼 보이기 원했던 흑인들로 인해 호황을 누리던 미국의 가발업종이 말콤 X의 영향으로 인해 사양길에 접어들었다는 것은 이미 잘 알려진 사실이다.

당시 기독교 목사였고 비폭력 저항을 주장했던 마틴 루터 킹과는 달리, 백인들이 싫어하는 회교도의 지도자였고 정당방위의 불가피함을 주장했던 말콤 X는 당연히 과격파로 분류되었고, 그 결과 그는 반대파에 의해 여러 차례 죽음의 위협을 당한다. 그러나 불행한 것은, 그를 죽이기 위해 그의 집에 불을 지른 사람들이나 그를 저격한 사람들이 백인이나 기독교도가 아닌 바로 동료 흑인들과 형제 모슬렘들이었다는 사실이다.

오늘날 미국은 말콤 X 대신 킹 목사의 생일을 국경일로 지정하고 있다. 그러나 비폭력을 주장했던 킹 목사 역시 1968년에 암살당했다는 것을 생각하면, 결국은 말콤 X의 가르침이 옳았는지도 모른다. 미국 흑인들의 문제는 더 나아가 지배문화와 피지배문화 또는 상류문화와 하류문화의 대립 속에서 살고 있는 우리 모두의 문제로 확대된다. 그런 의미에서 단순히 이 영화가 일본에서 선풍을 일으켰기 때문이 아니라 진정으로 커다란 삶의 깨우침을 얻기 위해 흥행한 것이기를

　　　　　　　처음 만나는 영화

바란다.

이 영화는 세 시간 십 분이 아닌 두 시간 반 정도로 편집을 했더라면 내내 『JFK 1992』 정도의 팽팽한 긴장과 속도감을 견지할 수 있었으리라 생각된다. 그러나 그것 역시 흑인의 정서를 무시한 백인들의 시각일까? 영화 초반 백인 경찰관들의 로드니 킹 구타 장면과 종반의 넬슨 만델라의 등장은, 왜 말콤 X가 아직도 눈을 감지 못하고 여전히 우리 문화 속에 살아 있어야만 하는가를 잘 보여 준다.

남성적 폭력에의 저항 『델마와 루이스』

한국 영화는 최근 충무로에서 탈피한 젊은 감독들에 의해 한층 더 다양해지고 새로운 가능성을 갖게 되었으며, 최근의 국제영화제 수상들로 인해 가일층 성숙해지게끔 되었다. 그러나 이제는 거기에서 한 단계 더 나아가, 우리 영화도 당대의 정치현실과 사회현실 또는 당대의 문화와 인식을 나타낼 수 있는 하나의 척도가 되도록 만들어지고, 그동안 제작된 작품들도 거기에 맞추어 분류될 때가 되었다고 생각한다. 그래서 예컨대 페미니즘 계열의 영화들도 일목요연하게 시대별로 분류되고, 그것을 통해 우리 문화와 인식의 변화를 조감하는 것이 가능해질 때, 비로소 우리 영화도 매 시대 문화의 대변자로서의 역할을 훌륭히 수행해 나갈 수 있을 것이라고 생각된다.

국내의 영화수입업자와 UIP 직배 회사의 분쟁으로 인해 수입이 보류되었던 리들리 스콧 감독의 명화 『델마와 루이스』는 현지 개봉

두 여인이 그랜드 캐니언의 거대한 심연 속으로 뛰어드는 『델마와 루이스』의 마지막 장면은 남성 사회에 대한 두 여인의 통쾌한 저항과 비상의 몸짓이다.

후 2년이 지난 1993년 국내에 개봉되었다. 제64회 아카데미 각본상과 제49회 골든 글로브 각본상을 받은 영화답게 『델마와 루이스』는 강렬한 주제와 치밀한 구성이 돋보이는 수작이다. 폭군적인 남편을 둔 가정주부 델마(지나 데이비스 扮)와 바람둥이 애인을 둔 식당 웨이트리스 루이스(수잔 세런든 扮)는 어느 날 차를 몰고 남편들 몰래 모처럼의 주말 여행을 떠난다. 그러나 그들의 휴가는 델마를 성폭행하는 건달을 루이스가 총으로 쏘아 죽이면서부터 갑자기 악몽으로 변한다. 살인혐의로 경찰에 쫓기게 된 그들은 멕시코로 도망치려 하지만 뜻을 이루지 못하고, 가파른 그랜드캐니언에서 경찰과 대치하게 된다. 이윽고 자신들을 포위한 수많은 경찰들의 총구 앞에서 델마와 루이스는 항복하는 대신 차의 가속 페달을 밟아 끝없는 계곡 아래로 떨어진다.

『델마와 루이스』는 우선 페미니즘적 시각으로 오늘날의 여성문제를 바라본 영화라고 할 수 있다. 이 영화는 여성들이 혐오하는 두 가지 부류의 남자—즉 폭군적인 남편과 바람피우는 애인—들에게서 탈출하는 두 여인의 여행에서 시작된다. 그리고 그 두 여인 역시 두 가지 형태의 여자—즉 순진한 여자와 똑똑한 여자, 순종적인 여자와 반항적인 여자 또는 의존적인 여자와 독립적인 여자—의 모습을 보여 주고 있다. 이 영화는 미대륙을 횡단하는 자동차 여행을 통해 바로 그 두 여인, 그중에서도 특히 순진하고 순종적이며 의존적이었던 델

처음 만나는 영화

마의 '눈뜸의 과정'을 그린 '로드 무비'다.

사건은 델마와 루이스가 여행 중 잠시 들른 어느 나이트클럽에서 일어난다. 루이스의 만류에도 불구하고 그곳 건달의 수작을 순진하게 받아 주던 델마는 루이스가 화장실에 간 사이에 주차장에서 그에게 성폭행을 당하게 된다. 순진하고 친절한 델마는 그 이후에도, 루이스의 반대를 무릅쓰고 히치하이크를 하는 카우보이 차림의 전과자를 태워 주었다가 몸과 돈 모두를 도둑맞는다. 이 카우보이 단역을 맡은 배우는 나중에 유명해진 브래드 피트였다.

물론 델마와 루이스는 정반대의 성격을 갖고 있다. 그러나 이 영화의 핵심적인 메시지는 결코 델마와 루이스의 성격 갈등이나 델마가 헤픈 여자라는 데에 있지 않다. 이 영화의 더 심층적인 주제는 오히려 여성의 순진성과 순종성과 의존성을 이용하고 악용하는 비열하고 사악한 남성들에 대한 예리한 비판이라고 할 수 있다.

루이스는 델마의 권총으로 건달을 위협해 폭행을 중지시킨다. 물론 그때까지만 해도 루이스에게는 그를 죽일 생각이 없었다. 그러나 그 건달이 여성을 심하게 모욕하는 말을 하자 그녀는 그만 방아쇠를 당기고 만다. 건달은 현장에서 즉사하고, 두 여자는 도망친다. 도망치는 그들의 차 뒤에서는 수많은 대형 트럭들이 경적을 울리며 그들을 위협한다. 이 영화에 등장하는 대형 트럭들은 물론 끊임없이 이 두 여자들을 위협하고 쫓아오는 어둡고도 강력한 '남성적 이미지'로 사용되고 있다.

그러므로 비록 남성으로부터의 도피여행을 시도하지만, 이 두 여인의 여행은 내내 남성위주 사회의 폭력구조로부터 자유로울 수가 없다. 사실 이들의 여행은 끝없는 남성적 폭력에 의해 위협받는다. 예컨대 델마를 성폭행한 나이트클럽의 건달, 거리 곳곳에서 경적을 울리며 그들의 차를 위협하는 대형 트럭들, 델마에게 접근해 그녀를 희롱하고 돈까지 빼앗아 간 카우보이, 성적 희롱을 일삼는 고속도로의 트럭운전사 그리고 제복의 경찰들과 그들이 겨눈 수많은 총구들—이 모든 것들은 두 여인을 위협하는 경직되고 폭력적인 남성의 이미지들이다. 그리고 그와 같은 남성적 폭력들은 끊임없이 두 여인을 뒤쫓아오고 있다.

델마와 루이스는 바로 그와 같은 남성적 폭력에 저항한다. 그리고 그러한 저항의 과정을 통해 그들은 비로소 눈뜸의 과정을 경험한다.

"루이스, 너 깨어났니?" 하고 델마는 고속도로에서 운전하는 루이스에게 묻는다.

"응, 난 눈을 떴어."

"난 변했어, 루이스."

"그래, 이제 너는 처음으로 스스로를 표현할 수 있게 된 거야, 델마."

두 사람의 이와 같은 대사가 단순히 운전 중의 졸음에 대한 것만이 아니라는 것은 새삼 언급할 필요도 없을 것이다.

두 여인 중에 더 순진했던 델마의 변화는 특히 놀라울 만큼 급진적이다. 믿었던 카우보이에게 모든 것을 빼앗긴 그녀는 갑자기 변하기 시작한다. 델마는 루이스에게 상의도 하지 않은 채 권총으로 남자들이 득실대는 점포를 털어 돈을 마련하기도 하고, 고속도로에서 자신들을 위협하는 경찰관을 경찰차 트렁크에 감금하기도 한다. 그리고 마지막 장면에서 루이스에게 경찰에 항복하기보다 차라리 죽음의 비상을 택하자고 말하는 사람도 역시 순진했던, 그래서 남성적 폭력에 더 쉽게 희생되었던 델마다. 그녀는 그동안의 순진과 순종과 의존에서 벗어나 이제 드디어 남성위주 사회의 폭력과 기만에 정면 대결할 '홀로서기'의 준비가 된 것이다.

델마와 루이스는 여행을 통해 그동안 자신들을 억압해 왔던 남성적 폭력에 저항하는 방법을 배운다. 남성적 폭력과 억압에 대한 그들의 조롱은 그들이 고속도로에서 만난 잘난 체하는 정복경찰을 경찰차의 트렁크에 감금함으로써 절정에 달한다. 조금 전까지도 해도 나치처럼 보이는 제복에 번쩍거리는 장신구를 달고 거드름을 피우던 경찰관이 델마가 쏜 총 소리에 놀라 울음을 터뜨리는 장면은 남성의 허세에 대한 두 여인의 조롱을 은유적으로 나타낸다.

경찰의 추적을 받는 델마와 루이스는 멕시코로 도망치려 한다. 그들에게 있어서 멕시코는 '도피처'이자 '낙원'이 된다. 하지만 멕시코에 가기 위해서는 텍사스를 지나가야만 한다. 루이스는 예전에 자신이 성폭행당한 적이 있는 텍사스를 싫어해서 그곳을 피해 가려고 한다. 카우보이들의 지역 텍사스는 그녀에게 있어서 바로 폭력적인 남성세계를 상징한다. 이 두 여성들이 가고 싶어 하는 도피처와 낙원의 길목을 가로막고 있는 것이 바로 남성적 폭력의 지역이라는 점은 대단히 시사적이다.

그러므로 거친 남성세계를 상징하는 카우보이는 이 영화에서 내내 부정적인 이미지로 등장하고 있다. 예컨대 오클라호마에서 델마를 울리는 사기꾼 전과자는 카우보이 복장을 하고 있다. 또 소떼들과 카우보이들이 길을 가로지르면서 두 여인의 차를 가로막고 주행을 방해

하는 장면 역시 그냥 지나칠 수 없는 상징적 장치로서 눈에 띈다.

텍사스의 카우보이들은 오늘날 '도시의 건달들city slickers'로 축소되어 델마의 남편 데릴처럼 기껏 가정에서 텔레비전 스포츠 중계에 몰두하거나, 아니면 루이스의 애인 지미처럼 여자들의 뒤나 쫓아다니며 살고 있다. 그런 의미에서 보면, 오클라호마로 날아온 지미가 루이스의 차 속에서 발견한 후 "이 친구는 누구냐?"고 묻는 카우보이는 사실 바람둥이 지미 자신의 모습이라고도 말할 수 있다. 그리고 나이트클럽에서 델마를 폭행했던 건달 역시 폭군적인 델마의 남편 데릴의 또 다른 모습이라고 볼 수 있다. 『델마와 루이스』는 바로 그러한 왜소한 현대 남성들에게 던져 주는 이 시대 여성들의 단호한 경고다.

이 영화에서 남성들은 그저 집에서 아내의 전화나 기다리는 무력한 인간들로 그려지는 반면, 델마와 루이스는 대륙횡단 여행을 통해 다시 한 번 서부개척을 떠나는 용감한 여인들로 묘사된다. 그녀들은 서부로의 여행을 통해 거친 남성문화와 싸우며 자신들의 운명을 개척해 나간다. 그리고 그 과정에서 그들은 자신들을 희롱하는 트럭운전사를 혼내 주고 그의 트럭을 폭파시킨다. 그들이 폭파시키는 트럭이 남성의 상징이라는 사실은 새삼 지적할 필요도 없을 것이다.

그들을 위협하는 남근의 이미지는 마지막에 그들을 포위한 경찰들이 겨눈 총신들에서도 명백하게 나타난다. 그러나 이번 여행을 통해 새롭게 눈을 뜬 델마와 루이스는 이제 더 이상 예전의 굴레와 속박으로 되돌아갈 수는 없다. 그래서 남성사회의 폭력적 위협에 굴복하는 대신 그들은 마치 '선더버드Thunderbird'(그들이 탄 자동차의 이름)처럼 그랜드캐니언의 거대한 여성적 심연 속으로 뛰어내린다. 가속기를 밟는 루이스에게 델마는 "가, 계속 가!Go! Keep going!"라고 소리 지른다. 그와 같은 의미에서 보면, 이 영화의 마지막 장면은 결코 비극적이 아니라 그들을 다시 한 번 얽매어 놓으려는 남성사회에 대한 두 여인의 통쾌한 저항과 비상飛翔의 몸짓이라고 볼 수 있다.

그래서 이 영화의 화면은 두 여인이 탄 차가 공중에 떠오르는 순간 정지하고, 영화 역시 거기에서 끝난다. 거기에, 달려가면서 그들을 애타게 만류하는 사건 담당 형사 헬 슬로컴의 모습이 마지막을 장식한다. 슬로컴은 그들을 이해하려고 노력하는 유일한 남자로 이 영화에 등장한다. 그러나 그 역시 델마와 루이스의 선택을 막을 수는 없다. 평범한 여성인 델마와 루이스는 그렇게 해서 남성세계의 속박으로부터 벗어나 대자연 속에서 영원한 자유를 얻는다.

정치 이념과 영화

하이 눈, 연방경찰, 외계의 침입자, 어 퓨 굿 맨

『하이 눈』과 '매카시즘'

프레드 진네만Fred Zinnerman 감독의 대표작인 『하이 눈High Noon, 1952』
은 서부활극으로서는 드물게 아카데미상을 수상한 서부영화의 고전
으로 알려져 있다. 숨 막힐 듯한 절박한 상황과 빠른 속도의 사건 전
개 그리고 통쾌한 피날레로 강렬한 인상을 주었던 이 영화는, 지금도
각국의 텔레비전에서 심심치 않게 재방영되고 있으며 전 세계 영화팬
들의 변함없는 사랑을 받고 있다. 특히 이 영화는 마을을 보호하기 위
해 끝까지 떠나지 않고 남아 자신의 책임을 다하는 보안관의 사나이
다운 모습(주체적 측면)과, 악당들이 도착할 시간의 촉박함을 알려 주

기 위해 부단히 재깍거리며 등장하는 벽시계의 효과적인 사용(기법적 측면)으로 인해 영화평론가들의 칭찬을 받기도 했다.

그러나 『하이 눈』이 단순한 서부활극에 그치지 않고, 사실은 당대의 미국 정치와 긴밀한 연관을 갖고 있는 정치영화라는 것을 알고 있는 사람은 그리 많지 않다. 『하이 눈』은 미국의 극작가 아서 밀러가 '제2의 마녀사냥'이라고 불렀던 '매카시즘'이 미국의 전역을 휩쓸던 1952년에 제작되었다. 매카시 상원의원을 주축으로 전국적인 좌파사냥이 시작되고, 로젠버그 사건, 히스·체임버스 사건 등 연일 굵직한 좌익 검거 사건들이 터지던 당시 할리우드 역시 우익 보수파와 좌익 급진파로 나누어져 대립하고 있었다. 『하이 눈』은 바로 그와 같은 당대의 정치상황을 서부영화의 소재를 빌어 고도의 메타포로 형상화한 기념비적 작품이다. 할리우드 인사들이 공산주의자를 색출하는 의회의 청문회에 불려갔을 때 진네만도 예외가 아니었는데, 그는 매카시즘을 정면으로 비판했던 사람이었다.

『하이 눈』은 결혼과 더불어 은퇴하려는 보안관(게리 쿠퍼 扮)이 마을을 떠나기 직전, 예전에 자신이 체포해 감옥에 넣었던 악당이 탈옥했다는 소식을 들으면서 시작된다. 그 악당은 보안관에게 복수하기 위해 마을로 돌아오고 있었고, 그냥 떠나자는 신부(그레이스 켈리 扮)의 간곡한 만류에도 불구하고 보안관은 생명의 위협을 무릅쓴 채 마을에 남아 악당과 대결하는 편을 택한다(바로 이 부분이 영화 팬들을 감동시키는 촉매가 되지만, 사실 이 영화의 포인트는 그보다 훨씬 더 복합적인 데에 있다). 보안관은 가슴에 다시 배지를 달고 마을 사람들의 도움을 요청하지만 주민들은 하나같이 그의 면전에서 문을 닫고 숨어 버린다. 그는 교회를 찾아가서 예배 중인 목사와 교인들에게도 도움을 청해 보지만 거기에서도 아무런 도움을 받지 못한다. 이윽고 악당과 그의 부하들이 도착한다. 그는 홀로 그들과 대결해 모두를 쓰러뜨린 후 그들이 타고 온 기차를 타고 마을을 떠난다.

이렇게 정통 서부극의 구성을 가진 『하이 눈』이 갑자기 한 편의 강력한 정치영화로 다가오는 것은, 이 영화가 당대의 정치적 쟁점이었던 매카시즘을 정면으로 다루고 있다는 사실을 깨달으면서부터다. 우선 이 영화에서 중요한 것은 외부로부터 침입해 들어와 평화스러운 미국의 한 마음을 위협하는 저속하고 야비한 악당들이 단순한 '악한'들이 아닌 마르크시즘이나 매카시즘 같은 이데올로기를 상징하고 있다는 점이다.

악당들(마르크시즘이나 매카시즘)은 곧 이 마을을 쑥밭으로 만들게 되어 있고, 보안관은 이 초대받지 않은 외부인들의 파괴적인 영향력으로부터 마을을 지키기 위해 자신의 신혼여행마저 취소한다. 그러나 좀 더 자세히 살펴보면 그러한 그의 결단은 공적인 것을 위한 사적인 것의 희생이라기보다는 공과 사 모두를 동시에 보호하기 위한 의도라는 것을 알 수 있다. 말을 바꾸면, 그에게 있어서 마을을 지키는 것은 곧 자신의 가정을 지키는 것을 의미한다는 것이다(왜냐하면 만일 그가 신부와 함께 피한다면 악당들은 이제 그를 추적해 그의 가정을 파괴할 것이기 때문이다). 그것이 이 영화에서 보안관과 신부와의 관계, 그리고 보안관과 마을의 관계가 그처럼 긴밀하게 병치되고 있는 이유다.

과연 마을 사람들이 보안관에게 등을 돌리는 것과 때를 같이하여 그의 신부 역시 그를 오해하고 비난하게 된다. 그런 의미에서 보면,

보안관에게 있어서 신부는 곧 마을의 상징이고, 마을 또한 신부의 상징이라고 할 수 있다. 커뮤니티도 종교도 아무런 도움이 되지 못하는 상황에서 그는 이제 스스로의 힘으로 악에 맞서 자신의 가정과 마을을 지켜야만 한다. 그것이 바로 전형적인 미국 영웅의 모습이다.『하이 눈』의 보안관은 바로 그러한 미국적 영웅의 모습을 잘 보여 주고 있다.

미국인들의 그와 같은 태도―즉 외부의 위협으로부터 가정과 사회를 지키는 것이야말로 참된 영웅이라는 태도―를 잘 보여 주는 또한 가지 예는 제임스 스튜어트 주연의『연방경찰FBI, 1959』이다. 거창한 액션 수사 영화를 기대하고 극장에 들어선 관객을 크게 실망시키는 이 영화의 절반은 이상하게도 사건 수사나 총격전이 아닌 수사관 제임스 스튜어트의 가정생활의 묘사를 위해 할애되고 있다. 그 이유는 전술한 대로, 미국인들은 사회를 보호하는 FBI 수사관의 일을 궁극적으로 외부의 위협으로부터 가정을 보호하는 일과 같다고 생각하기 때문이다. 그러므로 이 영화에서는 수사관으로서의 책무와 가장으로서의 책임이 서로 긴밀히 배치되고 있다. 제임스 스튜어트는 수사업무와 나란히 외부의 폭력에 시달리는 자녀들의 문제도 처리해 나간다(그의 아들은 자원입대해 하와이의 진주만으로 가서 전사하는데, 이 경우 외부의 폭력은 일본의 침략이다). 미국에서 FBI가 신뢰를 얻고, 에드가 후버 국장이 그렇게 오랫동안 영웅으로 군림할 수 있었던 것도 바로 미국인들의 그와 같은 의식구조 때문이었다고 볼 수 있다.

한편, 저속하고 위험한 외부로부터의 위협을 강렬한 메타포로 다루고 있는 영화로는 공상과학영화의 고전으로 알려져 있는『외계의 침입자┤Invasion of the Body Snatchers, 1956』를 들 수 있다. 이 영화에서는 우주인들이 지구로 침입해 들어와 식량으로 사용하기 위해 인간들을 납치해 가는데, 대신 그 인간과 똑같은 복제품을 만들어 놓고 진짜를 데려간다. 가공할 만한 일은 마을 사람들이 하나둘씩 복제인간으로 바뀌어도 도대체 누가 진짜이고 누가 가짜인지를 알 수 없다는 점이다. 그래서 사람들은 자신들과 가장 가까운 배우자나 자녀까지도 믿을 수 없게 되며, 외형은 같지만 내면은 전혀 다른 사람이 되어 버린 복제품 아내나 남편 또는 자녀나 친구들과 극도의 불안과 불신 가운데 살게 된다.

물론『외계의 침입자』가 단순한 공포영화가 아니고 사실은 외부로부터 침입해 평화스러운 가정과 마을을 위협하는 것들(예컨대 마르크시즘 같은 이데올로기들)에 대한 두려움을 공상과학영화의 소재와 기법을 빌어 묘사하고 있다는 사실을 알고 있는 사람은 그리 많지 않다. 그러나 외부에서 온 마르크시즘 같은 보이지 않는 정치이데올로기가 소리 없이 인간의 의식을 바꾸어 놓아 어느 날 전혀 다른 사람으로 변화시킨다는 것을 생각해 보면, 그리고 그들과는 이제 대화조차 불가능해져 가족관계나 친구관계마저 극도의 불신 속에 빠지게 된다는 것을 생각해 보면『외계의 침입자』의 진짜 주제가 과연 무엇인가를 깨닫는 것은 그리 어렵지 않다.

결국 이 영화의 마지막에 주인공은 사실은 자기 자신만 빼고 마을 주민 전체가 모두 어느새 복제인간들로 바뀌어져 있었다는 사실을 발견하고 경악하게 된다(심지어는 경찰들까지도). 1978년 리바이벌되어 컬러판으로 다시 만들어진 최신판『우주의 침입자』(도널드 서덜랜드 주연)

에서는 심지어 그동안 관객들이 믿고 있었던 주인공조차도 어느새 복제인간이 되어 있음을 영화의 마지막에 드러냄으로써 우리 사회를 잠식한 불신의 극치를 잘 보여 주고 있다.

외부의 위협과 가정의 보호

이와 같이 미국인들에게는, 자기들에게 해로운 것은 모두 '외부에서 오는 위협'으로 간주하고 그것들로부터 마을의 평화를 지키는 것을 영웅적인 행동으로 평가하는 경향이 있으며, 그러한 특성은 늘 할리우드 영화에 반영되어 왔다. 흥미로운 사실은, 외부로부터 가해지는 그러한 위협이 가시적이고 강도가 높을 때에는 미국 영화에서(특히 공상과학영화가 그렇지만) 외래인 또는 우주인들은 위험하고 사악한 존재로 그려지지만, 그러한 위협이 불가시적이거나 대수롭지 않을 때에는 자못 우호적인 존재로 묘사된다는 점이다(전자의 경우로는『에일리언Alien, 1979』,『프레데터』 같은 영화가, 그리고 후자의 경우로는『미지와의 조우Close Encounters of The Third Kind, 1977』 같은 영화를 들 수 있다. 전술한『연방경찰』이나『외계의 침입자』 또는『하이 눈』 같은 영화는 물론 전자에 속하는, 위기의 시대에 만들어진 영화의 대표적인 예라고 할 수 있다. 특히『하이 눈』은 30년대와 40년대 초반의 급진 좌파이데올로기의 위기를 겪고 난 후 보수적 성향으로 기울었던 50년대 미국인들의 의식구조를 예리하게 비판한 중요한 작품이라고 할 수 있다).

할리우드는 결코 한 가지 정치 성향만이 지배하고 있는 곳은 아니다. 예컨대 베트남전을 옹호하는 존 웨인의『그린 베레』와 베트남전

반전영화인『귀향』,『디어 헌터』,『지옥의 묵시록』,『플래툰』,『7월 4일 생』 등이 동시에 만들어지는 곳이 바로 미국의 할리우드다. 또한 1930년대까지만 해도 경찰의 부패를 묘사하는 것조차 금기로 되어 있을 만큼 보수적이기도 했지만, 오늘날에는 묘사하지 못하는 성벽이 없을 만큼 진보적인 성향을 갖고 있는 곳이 또 할리우드이다. 바로 그와 같은 전통이 60년대에 밥 호프의 베트남 미군 위문공연과 제인 폰다의 반미반전 추진 하노이 방문을 동시에 가능하게 해 준 원동력이었던 것처럼 보인다. 영화『하이 눈』을 단순한 매카시즘 비판 영화로서보다는 독특한 미국인의 의식구조와 복합적인 미국 문화의 한 표출로서 보아야만 하는 이유도 바로 거기에 있다. 그럴 때 우리는 비로소 한 편의 서부영화 속에 숨어 있는 복합적인 정치성도 꿰뚫어 볼 수 있는 통찰력을 가질 수 있게 될 것이다.

『어 퓨 굿 맨』과 극우 보수주의

'어 퓨 굿 멘A Few Good Men'이란 '소수의 정예들'이라는 뜻으로서 자신들의 프라이드를 나타내기 위해 미 해병대가 사용하는 일종의 선전 용어다. 그렇다면 '소수의 정예들'이라는 좋은 우리말을 놓아두고 왜 하필이면 무슨 말인지 알기 힘든 '어 퓨 굿 멘'이라는 말을 영화의 제목으로 선택했을까? 이유는 단 한 가지, 아마도 일본에서 그렇게 했기 때문일 것이다. 국내에서 유행했던 '신세대'라는 개념과 용어 역시 이미 오래 전에 일본에서 유행했던 '신인류'와 '신세대'에서 빌어 온 것임을 생각하면 우리의 일본 모방은 가히 맹목적이라고 할 수 있다. 왜 우리는 우리만의 '독창성'을 갖지 못하는가. 이것은 오늘날 비단 '소수 정예들의 탄식'만은 아닐 것이다.

한국인들의 '독창성' 부재에 대한 그와 같은 아쉬움은 영화『어 퓨 굿 맨1992』을 보면서 다시 한 번 절실하게 다가왔다. 사실 이 영화의 줄거리는 싱겁기 짝이 없고, 내용 역시 간단해서 이와 같은 제재를 갖고는 도저히 좋은 작품을 만들 수 없을 것처럼 보인다. 미국과 쿠바가 날카롭게 대치하고 있었던 시절, 쿠

「어 퓨 굿 맨」은 군대라는 조직사회에 대한 비판을 통해 궁극적으로 우리의 정치현실과 사회상황에 대한 경종을 울린다.

바의 관타나모 기지에 주둔하는 미 해병대 막사에서 군대생활에 적응하지 못하는 산티아고라는 해병이 동료 두 사람에게 '코드 레드code red'라는 린치를 당하다가 죽는 사고가 발생한다. 이 사건을 수사하던 해군 법무관들은 코드 레드를 명령한 사람이 그 부대의 사령관인 제섭 대령(잭 니콜슨 扮)이라는 의심을 갖게 되고, 이윽고 법정에서 그의 시인을 받아 내어 그를 체포하는 데 성공한다. 이 영화의 줄거리는 이렇게 간단하다. 그러나 이 영화를 만든 사람들은 그러한 간단한 이야기를 사용해 그 누구도 미처 생각해내지 못했던 독창성 있는 작품을 만들어내는 데 성공했다.

『어 퓨 굿 맨』이 하나의 작품으로 성공한 이유는 그것이 군대라는 조직 사회에 대한 비판을 통해 궁극적으로는 우리의 정치현실과 사회 상황에 대한 경종을 울리기 때문이다. 그 점이 바로 사회·정치적인

차원으로까지 그 의미를 확대시키지 못하고 단순한 군대영화로 끝나 버리고 마는 다른 아류 군대영화들과 이 영화를 구별 지어 주는 핵심 요인이다. 예컨대 이 영화를 지배하는 가장 핵심적인 상징은 '해병'이 다. 그리고 해병의 특징은 곧 '소수 정예'라는 엘리트의식이다. 한 사 람에 대한 집단 린치인 코드 레드는 바로 이 소수 정예 의식이 부족한 병사에게 집단이 가하는 처벌이다. 표면적으로 이 영화는 그러한 불 법적인 린치 뒤에 숨어 있는 미 해병대의 왜곡된 엘리트주의와 경직 된 극우 보수주의 이데올로기를 비판한다. 그러나 이 영화의 비판은 거기에서 그치지 않는다. 그것은 곧 자신이 소수 정예에 속해 있다는 우월감과 특권의식을 갖고 그렇지 못한 구성원들을 무시하고 린치하 는 일국의 정치가들, 그리고 더 나아가 속물적 엘리트주의에 젖어 있 는 모든 집단의 지도자들에 대한 비판으로까지 확대된다.

이 영화에 등장하는 해병들은 모두 그러한 잘못된 엘리트의식을 갖고 있다. 예컨대 코드 레드를 지시한 소대장(키퍼 서덜랜드 扮), 코드 레드를 시행하다가 동료를 죽게 한 혐의로 체포되어 재판을 받는 두 사병, 그리고 심지어는 코드 레드에 반대했던 부사령관까지도 모두 자랑스러운 소수 정예 의식을 가지고 있다. 부사령관은 자신이 진실 을 밝히는 것만이 억울하게 구속된 두 사병을 구할 수 있다는 것을 알 면서도 처음에는 도피를, 그리고 마지막에는 자살을 택한다. 왜냐하 면 같은 해병장교를 고발하는 것은 그에게 있어서 '해병의 명예'를 스 스로 실추시키는 것이기 때문이다. 물론 여기에서 그가 의미하는 해 병의 명예에는 두 사병의 운명은 전혀 고려되지 않고 있다. 즉 중요한 것은 하급 사병이 아니라 고급 장교라는 것이다. 그리고 그것은 곧 소수 정예 속에 더 가치 있는 '극소수 정예'가 있다는 것을 의미한다. 바로 그 순간, 해병을 모집하는 슬로건인 소수 정예는 허위임이 드러난다.

아이러니컬한 것은 상관의 명령을 따르다가 억울하게 구속된 두 해병조차 그와 같은 슬로건의 허위성을 모른 채 소수 정예 의식과 해병의 명예의식을 내세워 진실을 말하지 않고 침묵을 지키고 있다는 점이다. 그리고 더욱 아이러니컬한 것은, 부사령관이 번쩍거리는 멋진 해병 제복을 갖춰 입고 명예의 상징인 칼과 훈장을 찬 다음 자살한다는 점이다. 그것은 곧 그가 자살을 현실도피가 아닌 해병의 명예로 착각하고 있다는 것을 의미한다. 그것을 깨닫는 순간 관객들은 소수 정예라는 엘리트의식이 사실은 얼마나 기만적이고 독선적인가 하는 것을 깨닫게 된다.

이 영화에서 그러한 독선과 교만의 핵심인물은 잭 니콜슨이 훌륭하게 연기해낸 쿠바 기지 해병대 사령관 제섭 대령이다. 철저한 군인이자 극우 보수주의자인 그가 상징하고 있는 것은 이 세상의 모든 독선과 오만이다. 그는 자신의 신념에 대해 추호의 의심도 갖지 않으며 스스로 소수 정예라는 엘리트의식에 젖어 있는 사람이다. 그러므로 그의 눈에는 자신의 허물은 보이지 않고 오직 다른 사람의 잘못과 무능력만이 보일 뿐이다. 예컨대 그는 자신이 사관학교 동기생인 부사령관보다 진급이 빠른 것을 자신의 능력과 효율성 때문이라고 믿고 자랑스러워한다. 그는 또 죽은 해병 사병 역시 무능력과 부적응으로 인해 당연히 제 갈 길을 간 것이라고 생각한다.

그가 죽은 사병에게 배신감을 느꼈던 또 한 가지 이유는, 그 사병이 상부로 편지를 보내 부대의 전속을 탄원하면서 그렇게 해 주지 않으면 부대의 비밀(규정을 어기고 미 해병들이 쿠바인에게 먼저 발포한 것)을 폭로하겠다고 썼기 때문이다. 제섭 대령에게 있어서 그러한 행위는 소수 정예의 신의와 명예를 저버리는 용서받지 못할 죄에 해당되는 것이었다. 원래 소수 정예를 자랑하는 특권집단일수록 이탈자를 처단하는 내부의 규율이 엄격한 법이다. 그러므로 그 집단의 코드를 깨뜨린 자에게 코드 레드라는 린치를 가하는 것은 대령에게 있어서 너무나 당연한 것이었다.

제섭 대령은 또 "바로 대문 밖에 적(쿠바의 좌파 병력)의 위협이 있는데 지금 무슨 한가한 소리를 하고 있는가?"라고 자신을 심문하는 두 젊은 법무관인 대니얼 캐피 대위(톰 크루즈 扮)와 조앤 갤로웨이 소령(드미 무어 扮)을 훈계하며, 비상시에는 인권과 자유와 민주주의가 얼마든지 유보될 수 있음을 강력하게 주장한다. 사실 반공이데올로기를 앞세운 이와 같은 우파 보수주의적 사고방식은 비단 미 해병대에서뿐만 아니라 한국에서도 군부독재 시절 국민의 기본권과 생존권을 유린해 왔다. 그러나 사실 적은 외부가 아니라 바로 내부에 있었다. 그리고 그 내부의 적은 다름 아닌 그 집단의 지도자였다.

제섭 대령의 엘리트의식과 독선과 오만에 도전해 그것들을 해체시키는 사람들은 적절하게도 해병대가 아닌 해군 법무관들이다. 그중 하나는 규율과 규범에 전혀 구애받지 않는 자유주의자 캐피 대위이고, 또 하나는 피해자의 인권에 관심이 많은 여자 법무관 갤로웨이 소령이다. 그들에게는 소수 정예라는 의식이 전혀 없다. 그들은 또 둘다 전문적 직업군인상과는 거리가 멀다. 예컨대 전자는 잠시 군에서

처음 만나는 영화

실무경력을 쌓고 있는 중이고, 후자는 유능하다는 인정을 받지 못하고 있는 여성이다. 그러나 철저한 직업군인이자 노련한 정치가인 제섭 대령에 도전해 그를 파멸시키는 것은 바로 서툴고 비전문적인 이 두 사람이다.

제섭 대령은 비록 전형적인 야전군 사령관처럼 보이기는 하지만 사실은 직업군인의 탈을 쓴 정치군인에 더 가까운 인물이다. 증거는 영화의 도처에서 나타난다. 예컨대 그는 워싱턴의 국가안보위원회의 위원의 물망에 올라 있고, 재판에 증인으로 소환되어 와서도 유력한 정치가들과 만나며, 더 나아가 자신의 그러한 정치적 줄과 배경을 자랑스럽게 생각한다. 영화의 초반부터 그는 백악관에 전화를 걸어 대통령을 바꾸라고 부관에게 허세를 부리는 등 자신의 정치적 힘을 은근히 과시한다. 그렇다면 그동안 그의 진급과 출세가 빨랐던 이유도 사실은 그의 능력 때문이 아니라 그의 남다른 정치적 관점과 배경 때문이었는지도 모른다. 만일 그러한 정치군인들이 정계에 진출해 국민을 억압할 수 있는 더 큰 권력을 쥐게 된다면 과연 어떠한 일이 일어날 것인가? 이 영화는 그러한 섬뜩한 현실의 가능성을 우리들에게 보여 주고 또 경고한다.

이 영화에서 제섭 대령은 분명 독재자의 이미지로서 제시된다. 독재자에게 도전했다가 실패하는 것은 곧 도전자의 파멸을 의미한다. 이 영화에서도 제섭 대령을 이기지 못하면 캐피 대위와 갤로웨이 소령은 파멸하게 되어 있다. 그러나 쏟아져 들어오는 온갖 매력적인 회유와 협상 조건 그리고 협박과 압력을 거부하고, 강력한 독재자를 심문대에 올려 결국 그를 파멸시키는 것은 바로 그 두 젊은 해군 법무관들이다. 그렇다면 진정한 의미에서의 소수 정예는 해병 장교들이 아니라 사실은 과감하게 그 독재자를 증언대에 세워 심문하고, 결국에는 파멸시키는 데 성공한 젊은 해군 법무관들이라고 할 수 있다. 그런 의미에서 소수 정예라는 이 영화의 제목은 아이러니컬하게도 닫혀 있는 해병이 아니라 열려 있는 해군을, 곧 소수 정예의 횡포에 도전하는 용기를 가진 일부 깨어 있는 사람들을 지칭하고 있다고 볼 수 있다.

미 해병대가 스스로 자랑하고 있는 소수 정예 의식이 얼마나 가식적이고 형식적일 수 있는가를 보여 주기 위해, 이 영화는 시작부분에서 해병 의장대의 화려하고도 멋진, 그러나 다분히 경직된 사열 장면을 관객들에게 보여 준다. 그리고 그들이 내세우는 왜곡된 애국심을 상징적으로 비판하기 위해 바람에 나부끼는 미합중국의 성조기를 보여 준다. 물론 이 영화의 비판대상은 전혀 미 해병대가 아니다. 해병대는 다만 이 영화의 궁극적인 주제를 드러내 주기 위한 하나의 상징으로 사용되고 있을 뿐이다.

우리는 이 영화가 나온 뒤 미 해병대의 항의가 있었다는 말을 듣지 못했다. 그것은 미 해병대가 바보가 아니라는 것을 의미한다. 그러나 우리나라의 경우에는, 어떤 특정 직업을 다룬 영화가 나올 때마다 그 직종에 종사하는 사람들로부터 즉각적인 항의가 터져 나온다. 그것은 우리가 버려야 할 단세포적인 속성이다. 또 톰 크루즈와 드미 무어가 맡은 용기 있는 해군 법무관들의 모습 역시 과거에 독재자들에게 협조한 우리의 법관들에게 시사하는 바가 크다.

『어 퓨 굿 맨』은 비디오 대여 순위가 한때 1위로 올랐을 만큼 많은 사람들이 재미있게 보았다. 그러나 과연 이 영화를 보면서 그와 같은

처음 만나는 영화

것들을 성찰해 보는 사람들이 과연 얼마나 될는지는 알 수가 없다. 만일 우리가 『어 퓨 굿 맨』을 단순한 군대 이야기나, 아니면 톰 크루즈나 드미 무어나 잭 니콜슨의 연기가 돋보이는 영화로만 생각하고 그친다면 우리는 이 영화 속에 들어 있는 많은 중요한 것들을 놓치고 있는 셈이다.

미국의 위기와 극복
다이하드, 폴링다운

『다이하드』에 나타난 미국의 위기의식

텔레비전 시리즈였던 『블루문 특급』에서 탐정 역을 맡았던 브루스 윌리스를 일약 돈방석과 스타덤에 올려놓은 『다이하드』는 흔해 빠진 액션영화, 경찰영화, 폭력영화 또는 테러리스트영화가 어떻게 하나의 훌륭한 작품으로 새롭게 변신할 수 있는가 하는 가능성을 보여 주었다는 점에서 주목을 끈다. 이 영화를 본 사람들은 우선 예외 없이 일당백의 역할을 해내는 주인공의 영웅적 용기에 감탄을 금치 못한다. 그러나 대부분의 경우 관객들의 사유는 거기에서 그치고 말 뿐 주인공이 왜 내내 밀폐되고 고립된 공간에서 혼자 싸우도록 설정이 되어

있는지, 그리고 왜 이 영화가 수많은 비슷한
부류의 영화들과는 달리 문제작이 될 수 있
는지에 대해서는 더 이상 깊이 생각해 보려
하지 않는다.

　이 영화는 뉴욕시경 형사 존 맥클레인이
크리스마스를 맞아 로스앤젤레스에 직장을
갖고 있는 아내를 찾아오면서 시작된다. 나카
토미라는 일본인 기업에서 일하고 있는 아내
의 직장으로 찾아간 그가 잠시 화장실에 간 사
이, 독일인 테러범들이 침입해 30층에서 크
리스마스 파티 중이던 사람들을 인질로 잡고

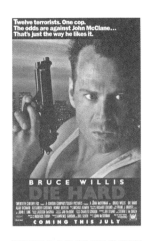

「다이하드」는 뉴욕시경 형사 존 맥클레
인 부부의 결혼생활의 위기와 인간교
류의 단절 문제, 미국의 정신적·경제
적 위기를 다룬 문제작이다.

금고 속의 돈을 요구한다. 화장실에서 돌아오다가 테러범들이 일본인
사장 다카키를 죽이는 광경을 목격한 맥클레인 형사는 위층으로 몸을
피한 다음 테러범들을 하나씩 처치한다. 자기가 죽인 테러범에게서
휴대용 무전기를 빼앗은 맥클레인은 경찰을 부르지만 경찰은 인질과
테러범들의 막강한 화력 때문에 건물 밖에서 속수무책이고, 헬리콥터
로 옥상에 착륙하려던 FBI 요원들 역시 테러범들에게 살해당하고 만
다. 그러는 동안 맥클레인은 맨 처음 현장에 도착해 건물 밖에 와 있
는 한 흑인 경찰과 계속해서 무전기로 정보를 교환한다.

　한편, 맥클레인이 뉴욕시경 형사라는 사실을 알아낸 텔레비전 기
자는 특종에 눈이 어두워 맥클레인의 가족사진을 텔레비전에 공개하
고, 그걸 본 테러범 두목 한스는 맥클레인의 아내를 인질로 삼아 건물
을 탈출하려고 한다. 이윽고 맥클레인과 한스는 여자를 놓고 마지막

대결을 벌이게 되고, 그 싸움에서 맥클레인은 한스를 쏘아 죽이고 다시 아내를 되찾는다. 건물 밖으로 나온 맥클레인은 그동안 무전기로만 대화를 나누었던 로스앤젤레스 시경의 흑인 경찰과 드디어 극적인 상봉을 하게 된다. 두 사람은 마치 오랜 친구처럼 미소를 나눈다. 맥클레인은 아내와 더불어 크리스마스를 보내기 위해 그곳을 떠난다. 그들의 머리 위로는 크리스마스 캐럴이 울려 퍼진다.

『다이하드』에서 우선 눈에 띄는 점은, 이 영화가 시간적 배경을 일 년 중에서도 크리스마스로 설정하고 있으며 개봉 역시 크리스마스 시즌으로 설정했다는 점이다. 미국에서 크리스마스는 평소에 떨어져 살던 가족들이 다시 모이는 시기다. 이 영화에서도 동부의 끝인 뉴욕과 서부의 끝인 로스앤젤레스에 떨어져 살고 있는 한 부부가 서로 재회하면서 이야기가 시작된다. 아시아 대륙만큼 큰 나라의 끝과 끝에서 서로 멀리 떨어져 살고 있는 주인공 부부를 보며, 우리는 먼저 이들의 관계가 정상적인 궤도에서 많이 이탈해 있다는 느낌을 갖게 된다. 과연 영화가 진행됨에 따라 관객들은 이 부부가 6개월 전인 지난 6월에 부인의 직장문제로 인해 크게 싸우고 사실상 별거 중임을 알게 된다. 즉 남편의 만류에도 불구하고, 존 맥클레인의 아내 홀리는 자신의 직장생활을 위해 아이들을 데리고 남편을 떠나 로스앤젤레스로 왔고, 맥클레인 역시 범인 추적을 이유로 그동안 뉴욕에 남아 있었던 것이다. 맥클레인의 이와 같은 가정문제는 공항에서부터 아내의 근무처까지 그를 태워다 준 리무진의 흑인 운전사와의 대화를 통해 자연스럽게 드러난다.

이윽고 아내의 근무처에 도착한 맥클레인은 현관 경비실에서 자

처음 만나는 영화

기 아내가 홀리 맥클레인이라는 이름 대신 홀리 제나로라는 처녀 때 이름을 사용하고 있는 것을 발견한다. 이는 두 사람의 관계가 이제는 거의 남처럼 벌어졌다는 것을 의미한다. 그리고 맥클레인은 그 회사의 국제개발 부장인 엘리스가 자기 아내에게 접근하고 있다는 것도 눈치채게 된다. 홀리는 맥클레인을 서먹서먹한 분위기에서 맞아들이면서 로스앤젤레스에 체류하는 동안 어디에서 지낼 것인가를 묻는다. 은퇴한 친구의 집에서 보낼 생각이라고 대답하는 남편에게 홀리는 그가 자신의 집에서 지내면 아이들이 좋아할 것이라고 말한다. 그러나 맥클레인은 아내도 자신과의 해후를 좋아하기를 바라며 섭섭해 한다. 이 모든 것은 이 영화의 초반부에 계속해서 반복되는 중요한 주제이자 메시지다. 그래서 예리한 안목을 가진 관객들은 벌써 이 영화의 중요한 모티프가 표면에 나타난 것처럼 악당들의 인질극이 아닌 맥클레인 부부의 결혼생활의 위기라는 것을 짐작하게 된다.

영화 속에서 갑자기 흉악한 테러범들이 등장해 상황을 극도의 위기 속으로 몰아넣는 것은 바로 그 순간이다. 그들은 전광석화처럼 나타나 순식간에 빌딩과 외부 사이의 모든 커뮤니케이션을 차단한다. 사람들은 이제 밀폐된 공간에서 철저하게 고립된다. 그와 같은 고립과 단절이 곧 맥클레인 자신의 현재 상황을 상징한다는 사실을 알아내는 것은 그리 어렵지 않다. 불경기를 모르는 일본 기업가들과 화려한 크리스마스 파티 속에서 그는 가장 긴밀한 사이여야만 하는 자신의 아내와도 단절된 채 철저하게 소외되고 고립되어 있다. 그의 가정을 위협하는 두 가지 요인이 이 영화에서 '외래의 힘' 또는 '외부의 요소'로 설정되어 있다는 점은 자못 흥미롭다. 왜냐하면 미국 영화에서 평화스러운 가정을 파괴하는 것은 언제나 '우리의 것'이 아닌 '외부의 침입자'로 묘사되고 있기 때문이다.

경제적 위기와 정치적 위기

『다이하드』에서 주인공의 가정을 파괴하는 첫 번째 외부의 위협은 '일본', 즉 '경제적 요인'이다. 맥클레인은 우선 경제적인 이유(아내의 직장)로 인해 가정의 위기를 맞는다. 미국은 당시 경제적인 어려움을 겪고 있었고, 미국인들은 그러한 어려움의 한 중요한 요인으로 일본의 경제적 침략을 지목했다. '일본인들이 이제 미국인들을 부하직원으로 거느리고 미국을 사들이고 있다'는 위기의식은 당시 미국인들의 무의식 속에 급속도로 확산되어 가고 있었다. 그리고 이 영화가 묘사하는 그와 같은 상황은 일본의 기업들이 미국의 영화사까지도 사들였다는 데에 이르면 극도의 아이러니가 된다. 그럼에도 불구하고 일본인 사장 밑에서 미국인들은 홀리처럼 독신녀 행세를 하거나 엘리스처럼 마약에 취해 있을 뿐이다. "진주만 시대는 끝났습니다. 이제 일본은 미국과 경제 파트너일 뿐입니다."라고 다카키 사장은 맥클레인에게 말한다. 그러나 맥클레인에게 있어서 다카키는 단지 자기 아내를 빼앗아 간 사람일뿐이다.

　『다이하드』에서 주인공의 가정을 위협하는 두 번째 외부의 힘은 '독일', 즉 '정치적' 요인이다. 맥클레인은 독일 테러리스트들의 침입으로 인해 이제 막 재회한 아내와 다시 헤어진다. 맥클레인 형사로 상징되는 미국(그는 마치 국제사회에서의 미국처럼 정의의 수호자이자 법의 집행자다.)이 경제적·정치적으로 어려움을 겪고 있는 이 시점에, 이차대전 때 미국의 두 적국이었던 일본과 독일이 이 영화에서 다시 한 번 '위협적이고도 파괴적인 힘'으로 제시되었다는 사실은 여러 가지로 시사하는 바가 크다. 지난 수십 년 동안 미국은 외국의 테러리스트들 때문에 국제사회에서 정치적인 위신을 심각하게 실추당해 왔다. 일본으로 표상되는 경제적 침략이 미국에게 있어서 보이지 않는 교묘한 위협이었다면, 독일로 표상되는 테러리스트들의 정치적 도전은 더 가시적이고 직접적이며 폭력적인 위협이었다. 이 영화에서도 일본인 사장은 온화하고 신사적이며 평화적인 인물로 묘사되는 반면, 독일인 테러범 두목은 거칠고 비열하고 폭력적인 인물로 그려진다. 그렇지만 두 사람이 다 외국인의 억양으로 영어를 사용하고 있음은 물론이다.

이 영화에서 테러범 두목 한스는 독일에서 추방된 극렬분자로 제시되고 있다. 그것은 곧 그를 나치와 비슷한 존재로 형상화시키는 한편 독일과의 혼동과 오해를 막기 위한 것처럼 보인다. 화장실에서 나오다가 사태를 파악한 맥클레인은 홀로 위층으로 올라가 테러범들을 유인해 하나씩 사살한다. 그때부터 수많은 테러범들을 상대로 하는 맥클레인의 고독하고 영웅적인 싸움은 시작된다. 바로 그 순간 우리는, 이 영화에서 텅 빈 건물 속을 방황하며 외부와 단절된 채 혼자 고독하게 외부의 힘과 맞서 싸우고 있는 맥클레인의 모습이 무엇을 상징하고 있는가를 깨닫게 된다. 즉 그는 사실 자기의 가정을 위협하고 자신과 아내를 강제로 갈라놓는 외부의 파괴적인 힘에 맞서 싸움을 벌이고 있는 것이다. 그러므로 그는 일본 기업을 보호하기 위해서가 아니라 자기 자신의 가정을 지키기 위해 싸우고 있다고 볼 수 있다. 또 그런 의미에서 그의 싸움은 외부의 적과의 싸움일 뿐만 아니라 자기 자신과의 싸움도 된다. 그것이 왜 그가 그토록 고독하게 불안과 고통을 견디며 밀폐된 공간 속에서 홀로 싸우고 있는가 하는 이유다.

맥클레인은 자신이 사살한 한 테러범에게서 무전기를 빼앗는다. 그리고 거기에 대고 끊임없는 독백을 시작한다. 그 독백에 응답해 준 사람은 순찰차를 타고 맨 처음 현장에 도착한 로스앤젤레스시경의 어느 흑인 경찰관이었다. 그때부터 두 사람의 인간적 교류와 교신이 시작되어 영화가 끝날 때까지 계속된다. 여기에서 우리는 또 한 번 미국의 영화와 문학에 자주 등장하는 낯익은 광경—즉 광야(이 경우에는 초대형 빌딩)에서 방랑하는 백인 남성과 유색인 동반자의 우정—을 발견하게 된다. 그런 의미에서 이 영화가 계속되는 내내 빌딩의 지하 차고에서도 또 한 사람의 흑인—리무진 운전사—이 맥클레인을 기다리고 있다는 사실 역시 그냥 지나쳐 버릴 수 없는 중요한 의미를 가진다. 백인들의 난동과 폭력에 대해서는 전혀 모른 채 충실하게 지하철에서 맥클레인을 기다리고 있는 흑인과(그는 친절하게도 맥클레인이 아내에게 쫓겨나면 잘 곳을 제공하겠다고 제의한다.), 오직 무전기에서 들려오는 목소리만 듣고 맥클레인을 신뢰하며 빌딩을 떠나지 않는 흑인—이 두 사람은 절대고독에 처한 맥클레인에게 남겨진 유일한 인간적 교류를 의미한다. 비록 서로 얼굴은 모르지만 한 사람은 안에서, 그리고 또 한 사람은 밖에서 끊임없이 주고받는 대화—바로 그것이 절망 속의 맥클레인을 지탱해 주는 유일한 힘이 된다.

맥클레인은 경찰이지만 경찰조차도 그의 보고를 믿지 않는다. 시

처음 만나는 영화

시각각으로 닥쳐오는 위험과 절대적인 고립 속에서 맥클레인은 비로소 인간 교류의 중요성을 깨닫는다. 이제 그는 쓸데없는 자존심을 버리고 아내와의 진정한 교류를 다시 한 번 시도할 준비가 된 것이다. 외부와의 간절하고도 절실한 교류, 그 사이사이에 테러범 한스의 교신도 끼어든다. 맥클레인과 한스는 정면 대결한다. 그리고 그 두 사람은 영화가 계속되는 내내 기지와 용기와 인내의 싸움을 벌인다. 한편 현대의 비정하고 왜곡된 커뮤니케이션의 상징인 냉혹한 텔레비전은 특종기사를 위해 맥클레인의 신분을 밝힘과 동시에 그의 아내가 홀리 제나라는 사실도 공개하고 만다. 그녀는 이제 비로소 처녀 때의 이름도 위험으로부터 자신을 보호해 줄 아무런 방편이 되지 못한다는 것을 깨닫는다. 한스는 홀리를 인질로 붙잡고, 금고에서 꺼낸 채권을 탈취해 빌딩을 탈출하려고 한다.

한편, 빌딩 밖에는 경찰이 도착한다. 경찰 책임자는 먼저 와 있던 흑인 경찰의 말을 듣지 않고 무모한 공격을 벌이다가 사태만 더 악화시킨다. 그 경찰 책임자는 흑인 경찰에게 "한 번도 보지 못한 사람의 말을 믿을 수 있느냐?"라고 반문하며 더 이상 고집을 부리면 파면시키겠다고 위협한다. 그러나 흑인 경찰은 파면의 위협을 무릅쓰면서까지 맥클레인을 옹호한다. 현장에 도착한 두 명의 FBI 수사관들 역시 경찰 책임자의 수사권을 빼앗고 무모한 작전을 벌인다. 헬리콥터로 옥상에 내리려던 FBI 요원들은 테러범들이 헬리콥터를 격추시키는 과정에서 폭사한다. 결국 타자와의 커뮤니케이션을 무시하고 자신의 고집만을 주장하던 사람들은 모두 파멸한다.

인간교류에 대한 영화 『다이하드』

영화는 드디어 클라이맥스로 진입한다. 드디어 최후의 순간, 맥클레인은 아내를 끌고 가는 한스와 정면 대결한다. 맥클레인은 아내를 위해서 무기를 버린다. 이윽고 한스가 그를 비웃으며 죽이려는 찰나 맥클레인은 등 뒤에 감추어 놓았던 권총으로 한스를 사살한다. 그리고 위기의 순간에 나타난 지하 차고의 리무진 운전사의 도움으로 나머지 잔당들도 모두 처치한다. 평화와 질서는 다시 회복되고 맥클레인은 아내 홀리의 사랑을 되찾는다. 다만 진정한 교류를 왜곡시키거나 거부했던 자들만이 파멸을 맞는다. 예컨대 외국인들에게 아부하는 교활한 엘리스는 한스에게 아부하다가 오히려 살해당하고, 텔레비전 기자는 맥클레인의 아내에게 얻어맞으며, 경찰 책임자는 수모를 당하고, FBI 요원들은 폭사한다.

그러나 맥클레인은 살아남는다. 그가 살아남는 이유는 바로 이 영화의 제목처럼, 그가 '다이 하드'—즉 '포기하지 않고 최후까지 버티기'를 했기 때문이다. 그리고 그를 최후까지 버틸 수 있게 해주었던 것은 바로 외부(타자)와의 교류를 통한 인간적 신뢰였다. 그런 의미에서 영화 『다이하드』는 크게 보아 '인간교류'에 관한 영화라고 할 수 있다. 고립된 인간에게 진정한 인간교류가 얼마나 절실하고 중요한 것인지를 상징적으로 보여 주고 있다는 점에서 『다이하드』는 분명 잘 만들어진 영화다. 이 영화에는 수많은 메시지들이 곳곳에 숨어 있다. 그리고 영화를 보면서 그러한 숨겨진 메시지들을 찾아내는 작업은 관객들에게 커다란 즐거움을 준다.

예컨대 인간교류(커뮤니케이션) 문제, 텔레비전의 왜곡보도 문제, 흑백문제, 남녀문제, 결혼문제, 가정문제, 경제문제, 이념문제, 권력기관의 문제, 관료주의 문제 그리고 자신과의 투쟁 문제 등은 이 영화의 도처에서 서로 긴밀하게 맞물린 중요한 모티프들이다. 그리고 그와 같은 것들을 드러내기 위해 단 하나의 대사도 아무런 의미 없이는 말해지지 않는다. 이 영화를 제대로 보기 위해서는 전반부의 맥클레인 부부의 갈등과 후반부의 테러범들과의 싸움을 나란히 병치시켜 바라보는 접근법이 필요하다. 왜냐하면 그 둘은 결국 같은 성격의 것을 달리 제시해 주고 있기 때문이다. 그런 의미에서 이 영화는 주인공 프레더릭 헨리 중위의 사랑과 전쟁을 나란히 병치시키며 이야기를 진행시켜 나가는 헤밍웨이의 『무기여 잘 있어라』와 그 기본구조가 비슷하다고 할 수 있을 것이다.

자칫 한 편의 오락성 폭력영화에서 그치고 말 수도 있었을 영화를 이렇듯 좋은 작품으로 만들어낼 수 있었던 것이 할리우드의 역량 때문인지, 원작의 우수함 때문인지, 감독의 능력 때문인지, 아니면 배우들의 연기력 때문인지는 알 수가 없다. 물론 할리우드의 자금동원력, 로더릭 소프의 원작소설의 수준, 존 맥티어난 감독의 솜씨 그리고 브루스 윌리스의 연기력―이 모든 것이 결집해서 한 편의 좋은 영화가 만들어졌다고 보는 것이 타당할 것이다. 물론 이 영화에는 오락성도 있고 편견도 있다. 그럼에도 불구하고 『다이하드』가 하나의 작품으로서 보기 드물게 잘 만들어진 영화라는 데에는 반론의 여지가 없다. 그리고 그것은 우리를 부럽게 한다. 과연 충무로에서 만든 한국의 폭력영화에서도 이와 같은 중후한 주제들을 찾아낼 수 있을 것인가? 안타

깝게도 거기에 대한 대답은 부정적이다. 영화 『다이하드』는 바로 그러한 면에서 우리 모두가 다시 한 번 주의 깊게 성찰해 보아야 할 영화라고 생각된다.

『폴링다운』─ 과연 한국 교포들을 모욕한 영화인가?

조엘 슈마허 감독의 『폴링다운Falling Down, 1993』은 주인공 디 펜스D. Fens(마이클 더글라스 扮)가 전화 걸 동전을 바꿔 주지 않는 한국 교포 상점 주인을 쓰러뜨리고 발로 가슴을 짓밟는 장면 때문에 재미 교포들의 분노를 샀던 미국 영화다. 이 영화에서 디 펜스는 본인은 미처 깨닫지 못했겠지만, 한국인으로서는 도저히 참을 수 없는 두 가지 심각한 잘못을 저지른다. 첫째, 그는 야구방망이로 그 한국인 교포의 가게를 박살내는데, 그것은 그동안 숱한 고생과 남다른 근면으로 이루어 놓은 교포들의 업적을 일거에 부수는 상징적인 행위로서 한국인들에게는 용서할 수 없는 죄가 된다. 둘째, 그는 상점 주인을 쓰러뜨리고 가슴을 짓밟는데, 그것 역시 집단의식이 강한 한국인들에게는 전 한국인의 자존심을 짓밟는 치명적인 모욕이 된다. 그러므로 『폴링다운』은 한국인들에게는(적어도 교포들에게는) 비난받아야 마땅하고, 또 더 나아가 항의와 관람거부 운동까지도 벌여야 하는 그런 영화인지도 모른다.

그러나 그러한 감정적 차원을 떠나서 한 편의 작품으로서 이 영화를 다시 보면, 『폴링다운』이 결코 디 펜스의 편을 들어서 한국 교포들

을 비난하는 단순한 시각과 구조를 갖고 있
지 않다는 것을 쉽게 발견하게 된다. 그동안
국내 언론들은 이 영화가 스트레스 속에서
살아가는 한 전형적인 미국인의 하루를 그린
영화이며, 한국 교포 상점의 불친절은 보통
미국인을 기분 나쁘게 하는 하루의 일과 중
하나라고 보도했다. 우선, 한국 교포 상점의
불친절이 보통 미국인을(적어도 로스앤젤레스
에 사는 미국인들을) 기분 나쁘게 하는 일상사
중의 하나로까지 부각되었다는 데에 대해서

MICHAEL DOUGLAS

FALLING DOWN
A Joel Schumacher Film

「폴링다운」의 주인공 디 펜스는 출근할
직장도 돌아갈 집도 없는 '자신의 영토
를 상실한 실패한 미국인'이다.

재미교포들은 깊이 반성해야만 할 것이다. 사실 한국 교포 상점들의
바가지 횡포와 불친절이 얼마나 악명이 높았으면 할리우드 영화에까
지 등장하게 되었겠는가?

그럼에도 불구하고 이 영화의 핵심은 사실 그러한 표피적인 것으
로부터 멀리 떨어져 있다. 우선 주인공 디 펜스는 결코 '전형적인 보
통 미국인'이 아니다. 그는 실직해서 지난 몇 달째 놀고 있는, 그래서
극도로 불안하고 의기소침해 있으며 자포자기적인 심리상태에 놓여
있는 매우 특이한 상황의 미국인이다. 그리고 더 나아가 그는 아내로
부터도 이혼당해 직장뿐 아니라 가정까지도 잃어버린 사람이다. 즉
그는 출근할 직장도, 퇴근해 돌아갈 집도 없는 '자신의 영토를 상실한
사람' 또는 '자신의 영역에서 쫓겨난 사람'이다.

그러한 그에게 자신의 영역을 침범하고 자신을 쫓아내는 사람들
로 한국인과 히스패닉인(남미인)들이 등장하게 된다. 디 펜스는 딸의

생일선물을 들고 옛 가정을 찾아가려고 공중전화에서 전화를 걸지만, 막상 자기를 싫어하는 옛 아내가 전화를 받자 말을 못하고 있다가 전화가 끊긴다. 동전이 필요해진 그는 근처의 상점에 들어가 1달러짜리 지폐를 내고 동전교환을 부탁하지만, 불친절한 한국인 주인은 물건을 사야만 동전을 바꾸어 주겠다고 한다. 화가 난 디 펜스는 콜라 캔을 꺼내 이마에 대고 열을 식히는데, 가게주인은 이번에는 한술 더 떠 그를 도둑이 아닌가 하는 의심스러운 눈초리로 바라본다(이 장면은 모든 고객을 일단 도둑으로 의심해 보는 한국인 상점 주인들에 대한 비판처럼 보인다). 이윽고 콜라를 사려는 디 펜스에게 상점주인은 85센트의 바가지 요금을 요구한다. 전화를 하려면 25센트가 필요하기 때문에, 디 펜스는 상점 주인에게 50센트를 갖고 50센트만 거슬러 달라고 사정해 보지만 주인은 막무가내로 "85센트!"만을 반복해 외친다. 그러는 동안에도 두 사람은 내내 의사소통이 제대로 되지 않는다.

화가 난 디 펜스는 "너희들 중국인들은 이 나라에 와서 살면서도 영어조차 배우지 않을 만큼 미국을 무시하느냐?"고 말하며 발걸음을 돌린다. 그때 가게 주인은 "나는 중국인이 아니야. 난 한국인이야."라고 대꾸한다. 디 펜스는 나가다가 말고 다시 돌아와 "한국인이라고? 미국이 너희 나라에 얼마나 많은 경제적 원조를 해 주었는지 알고나 있냐?"라고 묻는다. 이에 상점주인은 "얼마나 해 주었냐? How much?"라고 되묻는다(이 경우도 역시 가게 주인의 영어의 미숙으로 인해 오해가 생긴 것으로 보인다. 왜냐하면 상점주인은 진짜로 궁금해서 그렇게 물어 보았을 수도 있겠지만 미국인의 귀에는 그것이 조롱으로 들리기 때문이다).

디 펜스의 목소리가 커지고 위협적으로 변하자 상점주인은 숨겨

처음 만나는 영화

놓았던 야구방망이를 집어 들고 몸싸움을 벌이다가 디 펜스에게 빼앗긴다(이 장면 역시 의심 가는 고객에게 쉽게 무기를 휘두르는 한국인 주인들에 대한 비판처럼 보인다). 화가 난 디 펜스는 상품의 가격을 하나하나 물어보며 바가지요금이라고 생각될 때마다 진열대를 때려 부순다. 여기에서 디 펜스를 화나게 한 요인은, 남의 나라에 와서 살고 장사를 하면서도 도대체 의사소통에 필요한 영어를 배우려고 하지 않는다는 점, 불친절하다는 점, 바가지요금을 씌운다는 점, 게다가 고객에게 무기를 휘두른다는 점 등이다. 여기에서 중요한 것은 디 펜스에게 있어서 가게주인은 비단 한국인뿐만 아니라 미국과의 불공정 무역거래로 비난받고 있는 일본인과 중국인을 포함한 동양인 전체를 상징하고 있다는 것이다(이 영화에서 한국인 역을 맡은 사람은 마이클 첸이라는 중국인이며, 일본인 형사 역을 맡은 사람은 스티브 박이라는 한국인이다).

자신의 영역을 빼앗긴 디 펜스에게 다가오는 두 번째 위협적인 존재는 히스패닉인들이다. 경제적인 위협이 되는 동양인들과는 달리 히스패닉들은 미국인들에게 신체적인 위협이 된다. 왜냐하면 많은 대도시의 범죄들(예컨대 강탈, 강도, 마약, 폭행, 살인 등)이 대부분 히스패닉들에 의해 저질러지고 있기 때문이다. 동양인 거리를 떠난 디 펜스는 이제 히스패닉들의 거리에 접어든다(그는 마치 더블린의 거리를 헤매는『율리시즈』의 주인공 스티븐 디달러처럼 하루 동안 로스앤젤레스의 거리를 헤매며 자신의 상황을 재발견하는 새로운 경험을 하게 된다).

그가 잠시 걸터앉아 쉬고 있을 때, 두 명의 히스패닉 불량배들이 그에게 시비를 걸어온다. 이유는 물론 디 펜스가 자기들의 영역을 침범했다는 것이다. 미국인은 이제 타국인들에 의해 자신들의 영토에서

조차 쫓겨나게 된 것이다. 적어도 디 펜스는 그렇게 생각하고 분노한다. 조금 전에도 자기 영역인 줄 알았던 곳을 어느새 동양인이 점령하고 행패를 부리지 않았는가? 그런데 이번에는 히스패닉들이 자기를 쫓아내려 하고 있지 않은가? 도대체 미국은 누구의 나라인가? 그래서 그는 아까 동양인에게서 빼앗은 야구방망이로 그 두 히스패닉들을 두들겨 패고 그들의 무기를 빼앗는다(도널드 트럼프를 대통령으로 선출한 사람들도 바로 디 펜스 같은 사람들이다).

미국의 '오발탄' — 디 펜스

그 이후 사태는 급속도의 진전을 맞는다. 디 펜스가 옛 아내에게 전화를 걸고 있는 동안 아까 그에게 맞은 두 히스패닉들이 복수하기 위해 달리는 차에서 그에게 총기를 난사하지만, 디 펜스는 다치지 않고 수많은 무고한 사람들이 대신 총에 맞는다. 디 펜스는 전복된 차 속에서 중상을 입고 신음하는 히스패닉에게서 총기가 가득 든 가방을 빼앗아 그 자리를 떠난다. 흥미로운 것은 그의 방황과 모험이 계속되어 감에 따라 그의 무기도 점점 본격화되어 간다는 점이다(야구방망이에서 칼로, 그리고 다시 칼에서 총으로). 또 한 가지 중요한 점은 그가 휘두르는 무기가 사실은 모두 자신을 해치려고 했던 사람들로부터 빼앗은 것으로서, 어떤 점에서는 미국인을 해치려는 자들에 대한 '정당방위'의 성격을 띠고 있다는 것이다. 그리고 그것은 곧 그의 이름과 자동차 번호판이 '디 펜스'라는 점과 상통하고 있다.

디 펜스가 분노를 터뜨리는 대상은 비단 동양인과 히스패닉에 국한되지는 않는다. 그는 동료 미국인들에 대해서도 분노를 폭발시킨다. 예컨대 그는 단지 1, 2분이 넘었다고 해서 아침식사를 팔지 않는 햄버거집의 지배인을 총으로 위협해 아침을 내오도록 함으로써 땅에 떨어진 고객의 권리를 주장한다(이것은 융통성 없는 서구의 합리주의에 대한 비판처럼 보인다). 그는 또 광고용 그림과 그들이 실제로 팔고 있는 빈약한 햄버거 사이의 차이점을 지적하며 그런 것들을 항의하지 못하고 침묵하고 있는 소비자들에게도 화를 낸다.

디 펜스는 또 단지 예산을 타내기 위해 쓸데없는 도로공사를 벌여 차량소통을 막는 회사나 당국의 관료주의에도 항의하며, 무반동 총으로 도로에 설치된 차단물을 날려 보낸다. 그렇다면 영화의 초반에 도로 공사로 인해 끝없이 밀려 있는 차 속에서 느끼는 디 펜스의 분노는 교통 체증에 대한 도시인의 단순한 스트레스가 아니라 허위공사를 벌여 놓고 미국인들의 진로를 막고 있는 기업체나 정부 당국에 대한 분노라고 할 수 있다. 사실 지난 수년 동안 국방부 산하 방위산업체에서 미국을 보호하는 일을 해온 후 오랫동안 자신이 헌신했던 바로 그 미국에 의해 버림받은 디 펜스의 상황은, 오늘날 미국 사회가 당면한 심각한 문제점을 보여 주고 있다는 점에서 다분히 상징적이다.

그러나 전술한 대로 디 펜스는 전형적인 미국인의 모습은 아니다. 그는 직장과 가정 모두로부터 버림받고 아무 데도 갈 데가 없는『오발탄』의 철호 같은 인물이다. 그는 자신의 불운을 동양인과 히스패닉 같은 소수인종들에게 화풀이하는 극우파 미국인을 대표한다고 볼 수 있다(그의 짧은 머리는 바로 그러한 그의 정치적 성향을 잘 표출해 주고 있다). 그러나 그는 실직한 미국의 애국적 소시민일 뿐, 결코 네오 나치는 아니다. 그것이 왜 그가 방랑 중에 만나 동지가 될 것을 권유하는 네오 나치를 때려눕히는가 하는 이유다. 또 그는 백인 우월주의자들의 모임인 컨트리클럽도 풍비박산으로 만든다. 다시 말하자면 그는 다만 경제적으로 어려워진 우파 미국인일 뿐, 결코 정치적인 이유로 인한 파시스트나 인종차별주의자는 아니라는 것이다.

미국인의 '추락'

이 영화가 빛을 발하는 이유는 디 펜스의 이야기와 시종일관 긴밀하게 맞물려 진행되고 있는 강력계 형사 프리오더가스트(로버트 듀발 扮)의 이야기 때문이라고 보아도 크게 틀리지 않는다. 프리오더가스트는 디 펜스의 경우와는 또 다른 면에서 추락하는 실패한 미국인의 모습을 보여 주고 있다. 그는 그가 사고로 죽을 것을 두려워한 아내의 권유로 은퇴하기로 결심한다. 그는 직장에서도 소심하다는 이유로 별로 인정을 받지 못하는 무능한 경찰관이다. 직장에서의 마지막 날, 그는 디 펜스가 일으키고 다니는 사건의 소식을 듣게 되고 갑자기 그 사건에 비상한 관심을 갖게 된다.

이 영화에서 프리오더가스트 형사는 여러 가지 면에서 디 펜스와 대조·비교되는 인물로서 제시되고 있다. 예컨대 이 영화가 계속되는 동안 내내 디 펜스는 가정으로 돌아가려 하지만 옛 아내로부터 거절당해 끝내 돌아가지 못한다. 그러나 프리오더가스트는 반대로 영화 내내 아내로부터 곧 집으로 돌아오라는 전화를 받는다. 또 디 펜스는 성격이 불같이 급하지만, 프리오더가스트는 온순하고 침착한 사람이다. 그리고 디 펜스는 법을 깨뜨리고 있는 반면, 프리오더가스트는 법을 수호하고 지키는 사람이다.

그렇다면 어떤 의미에서 프리오더가스트는 반항하지 않고 체제에 순응해 살아온 디 펜스의 늙은 모습이라고도 볼 수 있을 것이다. 그렇다면 그 결과는 무엇인가? 우선 그는 아내로부터 당장 집에 돌아오라는 강요에 하루 종일 시달린다. 그는 디 펜스에 대해 급박한 전화를 받는 상황 속에서도, 한쪽 전화선에는 부인의 전화가 와 있어 두 개를 교대로 받는 일을 내내 계속하고 있다. 그가 무능하다는 평을 받게 된 것은 아마도 직장 일까지 사사건건 끼어드는 그의 아내 때문이라고 보아도 크게 틀리지 않을 것이다. 딸이 있으되 만나지 못하는 디 펜스와는 달리 그의 딸은 오래 전에 죽고 없다. 그러므로 그의 가정 역시 화목하거나 완벽한 안식처는 되지 못한다.

프리오더가스트는 디 펜스의 모습에서 또 다른 자기 자신의 모습을 발견하고 그를 뒤쫓는다. 집요한 추적과 도주 끝에 드디어 두 사람은 바닷가에서 조우하게 된다. 설득하는 프리오더가스트의 말을 듣지 않고 총을 꺼내던 디 펜스는 전자의 총에 맞아 바다로 떨어져 죽는다. 영화는 디 펜스의 '폴링 다운—추락'을 감동적으로 보여 주고 있다. 그러나 디 펜스가 꺼낸 총이 장난감 물총이었음이 밝혀지면서 프리오더가스트의 '디펜스defence—즉 정당방위'는 전혀 정당방위가 아니었음이 드러난다. 그는 다시 한 번 은퇴를 눈앞에 두고 조롱당한다.

이 영화는 주인공 두 사람 모두가 비극적 종말을 맞는 슬픈 영화다. 자신의 실패한 늙은 모습이 쏜 총탄에 의해 죽어 가는 디 펜스와, 자신의 젊은 모습을 쏘아 추락시키는 프리오더가스트는 둘 다 실패한 이 시대 '아메리칸 드림'을 상징한다. 광야의 모험을 위해 가정과 여성의 안락함을 과감히 뿌리치고 떠났던 미국인들의 후손들이 이제는 디 펜스처럼 오히려 여성과 가정에게 버림받고 도시의 정글을 방황하거나, 또는 프리오더가스트처럼 광야의 모험까지도 여자의 간섭으로 인해 모두 망친 채 힘없이 가정으로 되돌아가는 모습은 우리를 슬프게 한다. 또 원래 위험한 광야에서 언제나 동반자가 되어 주었던 유색인들이 이제는 미국인들의 의식 속에서 오히려 미국인들의 영토를 빼앗는 '적'이 되어 버렸다는 사실 또한 우리를 슬프게 한다.

이 영화는 결코 한국인을 비난하기 위해 만들어진 영화가 아니다. 디 펜스는 범법자이고, 결국에는 경찰의 총에 맞아 죽는다. 그는 차츰차츰 전락해 가다가 결국에는 '추락(폴링 다운)'하는 사람이다. 만일 한국인들이 이 영화에 대해 항의한다면 히스패닉인들, 기업체들, 도로 공사장 인부들, 정부 당국, 컨트리클럽, 그리고 햄버거 집들 또한 모두 항의해야만 할 것이다. 그러나 그것보다도 더 중요한 것은 이 영화가 오늘날 미국 사회의 문제점들을 설득력 있게 묘사하고 있으며, 그러한 면에서 한 편의 영화로서 탄탄한 성공을 거두고 있다는 점이다.

02

영화에 반영된
시대정신

영화에 나타난 제국주의

왕과 나, 마지막 황제, 콰이 강의 다리, 매쉬, 람보, 인디애나 존스

『왕과 나』에 나타난 제국주의

90년대 초, 세계적으로 '탈식민주의post-colonialism'의 바람이 불었다. 92년도 노벨문학상과 평화상이 각각 탈식민주의 계열의 시인과 운동가에게 수여되더니, 92년도 프랑스의 콩쿠르상 역시 서인도제도 출신의 탈식민주의 소설가에게 돌아갔다. 또 미국의 유수 대학들에 주어지는 록펠러 재단의 1991년도 연구비도 '소수인종 문제 연구'를 위해 지급되었다.

이와 같은 경향은 바로 탈식민주의적 인식의 범세계적 확산을 잘 반영한다. 탈식민주의는 제국의 지배로부터 독립한 후에도 여전히 남아 우리를 괴롭힌 불가시적인 식민지의 잔재를 인식하고 저항하며 대처하자는 지적 움직임이다. 탈식민주의는 포스트모던 시대에 다시 식민지 시대 이전의 과거로 되돌아가는 것은 불가능하지만, 현재에 스며들어 와 있는 제국주의의 잔재만큼은 드러내 비판해야만 한다고 주장했다. 그러한 인식의 구체적인 구현으로 '탈식민주의' 계열의 작가들은 문학작품들을 다시 읽고 다시 쓰는 작업을 했다. 예

80년대 초 미국 전역을 순회하며 『왕과 나』를 공연해 갈채를 받은 율 브리너

컨대 그들은 셰익스피어의 『태풍』을 캘리반의 시각으로 다시 쓰거나, 샬롯 브론테의 『제인 에어』를 로체스터의 미친 아내의 시각으로 다시 씀으로써 독자들에게 그동안 당연하게 여겨 왔던 것들에 대한 새로운 인식과 새로운 해석을 제공해 주고 있다. 그런 의미에서 탈식민주의는 민족주의 운동이지만 복합적인 인식과 전략을 채택했다는 점에서 단순한 반외세적·국수주의적 성향을 띠었던 종래의 민족주의 운동과는 성격을 달리한다.

이와 같은 탈식민주의적 시각으로 서양 영화들을 다시 보면 지금까지 미처 깨닫지 못했던 사실들을 발견하게 된다. 율 브리너와 데보라 카가 열연했던 음악영화 『왕과 나The King and I, 1956』는 한 좋은 예다. 로저스와 해머스타인의 뮤지컬을 영화에 담은 이 작품은 그해 네 개 부문에서 아카데미상을 수상했으며 지금도 많은 영화팬들의 기억 속에 남아 있는 명작으로서, 하이파이 비디오로 제작되어 출시될 만큼 많은 사람들의 사랑을 받았다.

이 영화는 1860년대에 애나라는 한 영국인 여선생이 한 동양 국가의 왕자를 위한 가정교사로 초빙되어 샴(지금의 태국)에 도착하면서 시작된다. 그리고 곧 이어 그녀의 눈에 비친 이국의 신기한 풍물들과 문화적 차이에서 발생하는 이상한 사건들이 영상을 가득 채우며 재미있게 전개된다. 이윽고 국왕과 만난 그녀는 몇 차례의 갈등과 충돌을 통해 드디어 사랑의 감정까지 느끼게 되지만 국왕은 갑자기 중병에 걸려 죽고 만다. 이제 그녀의 가르침을 받은 왕자가 샴의 새 왕이 되어 노예제도를 폐지하고 비록 초보단계이긴 하지만 민주국가를 수립하게 된다. 그와 같은 해피 엔딩을 축으로 해서 벌어지는 흥미 있는 동서 문화의 갈등, 어리숙한 것 같으면서도 재치 있는 국왕의 유머, 그리고 데보라 카와 율 브리너의 명연기가 감미로운 노래들과 어우러져 두 시간 십삼 분을 순식간에 지나가게 한다.

그러나 탈식민주의적 시각으로 이 영화를 다시 보면 그러한 재미와 감동 속에 가려진 서구 제국주의적 사고의 잔재들을 발견하게 된다. 우선 이 영화는 영국의 일개 백인 여성 한 사람이 동양의 국왕을 꾸짖어 교화시키고, 더 나아가 한 나라의 풍습을 뒤바꾸어 놓는다는 대단히 방만한 소재를 다루고 있다. 그녀는 왕국의 권위주의와 노예제도를 야만적인 것으로 규정하고, 그러한 풍습을 폐지하기 위해 왕과 정면충돌한다. 그녀는 그릇된 풍습을 고쳐 주는 것이야말로 자신의 의무라고 생각한다. 그녀의 그러한 사고와 행동 뒤에는 물론 문명인으로서의 사명감이 자리 잡고 있다. 그러나 그녀의 사명감이야말로—사실은 위장된 우월감일 뿐이지만—곧 서구 제국주의와 식민주의를 부추겼고 합리화시켰던 핵심적인 요인이었다.

처음 만나는 영화

자신을 교화시키려는 서양 여성의 방만함을 유머감각을 가지고 여유 있게 받아들이는 쪽은 오히려 샴의 국왕이다. 그는 왕의 권위로 그녀의 항의를 묵살할 수도 있지만, 결국 그녀의 권유를 받아들인다. 영화의 마지막에 그가 갑자기 죽는 이유는 분명치 않다. 그러나 구시대를 대표하는 그의 죽음과 더불어 전제주의 왕정은 막을 내리고 이제 샴은 새로운 민주적 근대국가로 탈바꿈한다. 서양의 교육이 드디어 그 결실을 맺게 된 것이다. 우리는 여기에서 근대화가 곧 서구화를 의미했던 동양 국가들의 공통적인 숙명을 본다. 영국의 특사가 방콕을 방문하자, 샴의 왕은 자기 나라가 야만국가라는 인상을 주지 않기 위해 부심하고 애나와 그 대책을 상의한다. 그것은 분명 샴을 야만국이라고 지칭하는 그녀의 영향 때문인 것처럼 보이지만 한 나라의 군주로서 결코 떳떳한 태도는 아니다. 그 결과, 왕은 영국 특사 앞에서 세련된 것처럼(즉 서구화된 것처럼) 보이려다가 그만 오히려 우스꽝스러운 행동만을 연출하게 된다.

　샴의 국왕 역을 맡았던 율 브리너는 80년대 초에 폐암으로 죽기 전 미국 전역을 순회하며 『왕과 나』를 공연해 갈채를 받았다. 애나 역은 데보라 카가 아닌 다른 여배우가 맡았으며, 샴의 왕자들과 공주들은 공연 도시에서 살고 있는 동양계 어린이들 중에서 뽑아 현지 조달을 했다. 그가 뉴욕 주 버펄로에서 공연했을 때에는, 어느 한국 유학생의 딸이 공주로 뽑혀 율 브리너의 뺨에 키스하는 사진이 그곳 신문에 실리기도 했다. 나도 그때『왕과 나』에서 열연하는 율 브리너의 마지막 모습을 볼 기회가 있었다. 비록 25년 전에 찍었던 영화에서보다는 훨씬 더 주름 잡힌 얼굴과 몸매였지만, 그의 목소리는 아직도 우렁

찼고 그의 눈매는 아직도 빛나고 있었다. 그리고 물론 그때도 그는 웃통을 벗고 있었다. 웃통을 벗은 왕—실제 샴의 국왕이 그랬는지는 알수 없지만—그것은 서구인들의 눈에는 분명 야만의 상징이었을 것이다(태국인들은 이 영화가 태국을 심각하게 왜곡하고 있다고 비판한다).

물론 『왕과 나』를 남성들의 쇼비니즘에 저항하는 여성의 이야기인 페미니즘 계열의 영화로 해석하는 것도 가능할 것이다. 그러나 그 모든 다른 가능성에도 불구하고, 그리고 또 전제주의와 노예제도가 결코 자랑스러운 일은 아님에도 불구하고, 일국의 국왕을 한 영국 여인이 "야만인"이라고 불렀다는 사실은 『왕과 나』를 관람한 후 오랜 세월이 지난 지금도 기억에 남아 있다.

『마지막 황제』와 『콰이 강의 다리』

『왕과 나』의 영국인 가정교사 애나의 모습은 『마지막 황제The Last Emperor, 1987』에서 황제 푸이의 영국인 가정교사(피터 오툴 扮)에게서도 발견된다. 예컨대 황제 앞에서도 자국의 예법을 주장하여 무릎을 꿇지 않는 오만함, 황제에게 서구 문물을 가르치며 교화시키려는 태도 그리고 황제와의 우정—이러한 것들은 모두 『왕과 나』에서 애나가 이미 보여 주었던 것들이다. 적절하게도 샴의 국왕을 교화시키려는 영국 여인과, 중국 황제를 문명화시키려는 영국 남자는 둘 다 교사다. 그리고 그들은 모두 전제주의 왕정이 붕괴되고 근대국가가 탄생하는 과도기에 동양을 서구화시키는 작업을 맡게 된다. 그리고 그 두 사람은 나중에 영국으로 돌아가서 동양에서의 자신들의 경험을 기록한 자서전을 출간함으로써, 에드워드 사이드가 말하는 서구인들의 '오리엔탈리즘' 형성에 일익을 담당하게 된다(두 사람은 실제 인물이다).

　동양에서의 오만한 영국인의 모습은 『콰이 강의 다리The Bridge on the River Kwai, 1957』에서도 발견된다. 『콰이 강의 다리』에 나오는 영국군 포로들의 지휘관(알렉 기네스 扮)은 자신의 자존심을 살리기 위해 부하까지도 죽음에 빠뜨릴 수 있는 고지식한, 그러나 전형적인 영국인의 모습을 잘 보여 준다. 예전의 관객들은 폭군적인 일본군 지휘관에 맞서 끝내 기개를 굽히지 않는 이 영국군 지휘관에게 찬사와 박수를 보냈다. 그러나 탈식민주의적 시각으로 이 영화를 다시 보면, 그의 그러한 태도는 단지 귀족적 오만에서 나온 것일 뿐 결코 찬사의 대상이 될 수 없다. 이 영화에서 고뇌하고 양보하는 쪽은 오히려 폭군적인 제왕으로 제시되고 있는 일본군 지휘관이다. 그런 의미에서 그 일본군 장교는 샴의 국왕을 연상시킨다. 이 영화가 특별히 재미있는 것은 형식과 명분을 중요시하는 영국과 일본이라는 두 제국주의 국가의 정면충돌과, 그 둘을 바라보는 실용주의적 국가인 미국의 태도를 잘 형상화하고 있기 때문이다. 그런 의미에서 두 지휘관은 각각 영국과 일본을, 그리고 교량 파괴 임무를 띠고 파견된 미국인(윌리엄 홀든 扮)은 미국을 대표하는 상징적인 존재들이라고 할 수 있다.

　『콰이 강의 다리』는 일본을 점령국으로, 그리고 영국군을 패전국으로 설정하고 있다. 그러나 사실 이 영화에서 승자와 패자는 처음부터 존재하지 않는다. 거기에는 다만 서로 비슷한 두 제국주의자의 자존심의 대결만이 있을 뿐이다. '콰이 강의 다리'는 바로 그 두 사람(나라)의 자존심이 충돌하는 상징적인 구축물이다. 그것을 파괴하는 것은 미국의 실용주의다. 다리를 폭파하러 온 미국인 윌리엄 홀든은 형식과 체면을 위해서 사람까지도 죽이려 드는 일본군 지휘관과 영국군 지휘관을 똑같이 '미쳤다'고 생각한다. 그러나 그중에서도 그는 야만적인 일본군 지휘관을 교화시키려는 영국군 지휘관의 오만한 태도를 더 싫어한다. 영국인의 그와 같은 태도가 자신의 작전을 망칠 수도 있기 때문이다. 결국 다리는 폭파된다. 그리고 그것과 더불어 제국주의자들의 충돌과 갈등도 붕괴된다. 그런 의미에서 '콰이 강의 다리'는 연결의 다리가 아닌 단절의 다리가 된다.

『매쉬』에 나타난 한국에 대한 편견

제국주의적 사고방식은 비단 동양 속의 영국인을 다루는 영화에서만 발견되는 것은 아니다. 그와 같은 것은 동양 속의 미국인들을 다루는 영화에서도 심심치 않게 발견된다. 예컨대 한국전쟁 때의 '미군 야전병원'의 일화를 다룬 희극영화 『매쉬M☆A☆S☆H, 1970』는 또 다른 방식으로 서구의 제국주의적 태도를 드러내 보여 준다. 『매쉬』는 앨런 알다 주연의 텔레비전 드라마가 대히트를 하자 영화로 만들어진 것으로서, 역시 세계적인 흥행에 성공했다. 문제는 시청률이 높았던 이 영화나 드라마가 한국을 심각하게 왜곡시켰다는 데 있다. 우선 이 작품에 등장하는 한국인들의 의상이 대부분의 경우 한복이 아니었으며, 한국말 대사 역시 한국어가 아닌 경우가 많았다. 때로는 베트남 의상과 모자에 베트남어 같은 대사가 흘러나왔으며, 또 많은 경우 한국인들은 범죄자나 빈자로만 등장하거나 묘사되었다.

그러한 것은 곧 이 영화와 드라마의 제작팀의 눈에 한국이 별 중요성을 갖지 못했다는 것을 의미한다. 즉 그들에게 있어서 한국은 미국인들이 모험을 겪는 원시의 광야일 뿐, 그 이상의 의미를 갖지 않았다는 것이다. 그와 같은 태도는 실제로 식민정책을 폈던 제국주의 국가였던 영국과는 또 다른 미국 특유의 자기중심적인 시각을 잘 보여주고 있다. 즉 미국인들에게는 미국을 제외한 다른 나라들을 변두리 지역으로, 또는 원시적인 광야로 보는 정신적 제국주의의 성향이 있다는 것이다(물론 유럽은 여기에서 제외된다).

몇 년 전에 미국의 '쇼 타임'이라는 케이블 텔레비전에서는 미국인 주인공이 동양인 사이비 교주와 그 추종자들을 일망타진하는 활극 영화를 방영한 적이 있었다. 그런데 마지막에 동양인 교주가 전혀 알아들을 수 없는 말로 욕을 하자, 스크린에는 갑자기 "한국어로 '나쁜 놈'이라는 뜻"이라는 영어 자막이 나왔다. 그러나 그것은 결코 한국어가 아니었다. 더군다나 그 영화에는 한국은 사이비 교주의 나라라는 편견이 들어 있었다. 또 영화 『퍼시픽 하이츠Pacific Heights, 1990』에서는 주인공이 수상한 백인에게 아파트를 세내어 주면서 "히스패닉이나 흑인이나 아시아인 부랑자들보다는 차라리 수상한 백인이 더 낫다."라고 말하는 장면이 나온다. 물론 그 영화는 집주인들의 편견을 비판하는 영화이기는 하지만 동시에 그와 같은 제국주의적·인종차별적 인식이 실제로 미국인 집주인들 사이에 은밀하게 퍼져 있다는 것을 시사한다고도 볼 수 있다.

『람보』, 『인디애나 존스』의 오만과 편견

동양에서의 미국인이 갖는 제국주의적 편견의 또 다른 대표적 예는 『람보』와 『인디애나 존스』 시리즈라고 할 수 있다. 아직 람보라는 제목이 붙지 않았던 제1편인 『처음 흘린 피』를 제외하면, 람보의 활동무대는 언제나 베트남이나 아프가니스탄 같은 동양 국가들이다. 그곳에서 그는 천하무적의 인간병기가 되어 수많은 적들을 단숨에 쳐부수는 영웅적인 과업을 수행한다. 평소에는 그렇게도 논리적인 미국인들이건만, 논리적으로 도저히 불가능한 람보의 종횡무진 활약에는 웬일인지 아무도 이의를 제기하지 않는다. 미국을 대표하는 슈퍼스타 람보에게 있어서 베트남이나 아프가니스탄은, 다만 모험을 위한 광야의 역할을 할 뿐 그 이상의 의미를 갖지 못한다. 그의 관심은 오로지 동료 미국인을 구하거나 아니면 자신의 조국인 미국의 국익을 위하는 것뿐이다.

『람보』에 나타난 제국주의적 시각이 단순하고 직접적인 것이라면, 『인디애나 존스』 시리즈에 나타나고 있는 제국주의적 편견은 더 미묘하고 간접적이다. 사실 스티븐 스필버그의 낭만적 상상력이라는 것도 사실은 비록 본인은 느끼지 못할는지 몰라도 상당 부분 제국주의적 속성을 갖고 있다. 예컨대 '잃어버린 성궤의 약탈자들raiders of the lost ark'이라는 부제가 붙은 제1편은 남미의 보석 탈취에서 시작해 성궤의 추적과 발굴에 대한 이야기로 끝난다. 이 영화에서 스필버그는 인디애나가 어렵사리 습득한 남미의 보석과 중동의 성궤를 가로채는 나치들과 그들의 앞잡이인 고고학자를 나쁜 놈들로 몰아 비난하는 한

편, 인디애나 존스를 정의의 고고학자로 미
화시킨다. 그러나 남미나 중동의 보물을 발
굴해 미국의 박물관에 갖다 놓는 것이나 독
일의 박물관에 갖다 놓는 것이나, 남미인이
나 중동인들의 눈에는 아무런 차이가 없다.
그것은 결국 둘 다 똑같은 도둑질일 뿐이다.
하지만 스필버그의 유년 시절의 공상 속에서
인디애나는 미국의 영웅으로 등장한다.

결국 스필버그의 상상 속에서 동양은 보
물이 숨겨져 있는 환상과 모험의 장소로만 존
재한다. 그곳에서 서구인들은 끈질긴 탐색과
추적으로 보물을 찾아내고 약탈해 간다. 그것
이 바로 콜럼버스의 꿈이었고, 콜럼버스의 꿈
은 결국 미국을 발견해냈다. 그런데 이제는
미국이 제국이 되어 영화 속이기는 하지만 다
시 한 번 동양의 보물을 약탈해 가고 있는 것
이다. '인디애나 존스와 파멸의 신전 Indiana
Jones And The Temple of Doom'이라는 제목의

『람보』에 나타난 제국주의적 시각이 단
순하고 직접적인 것이라면 『인디애나
존스』에 나타난 제국주의적 편견은 더
미묘하고 간접적이다.

제2편의 무대 역시 중국과 티베트 근처의 동
양이다. 이 영화에서도 동양은 이교도의 나라, 벌레와 뱀을 먹는 나라,
그리고 신기한 보물의 나라로 왜곡되어 묘사되고 있다. '인디애나 존
스와 최후의 성전Indiana Jones And The Last Crusade'이라는 제목의 제
3편에서도 그와 같은 신비화는 계속된다. 예컨대 성배(원래는 동양의

것이었지만 후에 기독교의 전설이 된)를 지키는 기사가 성배의 물을 마시고 아직 살아 있는 것이나, 죽어 가는 사람을 살리는 성배의 신기한 치유력 등은 그와 같은 신비화의 한 좋은 예다.

동양에 대한 서양의 이와 같은 신비화는 얼핏 별로 나쁠 것이 없어 보인다. 더구나 동양에서 어떤 치유력을 가진 보물을 찾는 것도 크게 기분 나쁜 일은 아닌 것처럼 보인다. 인디애나 존스는 세 편의 영화 속에서 각각 성궤와 성스러운 돌과 성배를 찾아 나서는데, 그 세 가지는 다 치유력을 가지고 있다. 그러나 바로 그러한 낭만화와 신비화로 인해 동양은 그동안 서구 제국주의의 각축장이 되어 왔으며, 부단히 수탈과 착취를 당해 왔다는 사실을 잊어서는 안 될 것이다. 그리고 그러한 낭만화와 신비화가 그동안 동양의 참모습을 왜곡시키고 변형시켜 왔다는 사실도 잊어서는 안 될 것이다. 신비의 대상은 그 신비가 사라지면 매력을 잃고 버려지는 법이다. 그런 의미에서 동양에 대한 『인디애나 존스』식의 낭만적 신비화는 이제 중단되어야만 한다. 그럴 때에야 비로소 동양과 서양은 서로의 참모습을 바라볼 수 있을 것이며 진정한 이해 속에서 서로 만날 수 있을 것이다.

대재난영화의 심층의미

킹콩, 에어포트, 포세이돈 어드벤처

『킹콩』과 『타잔』 — 훼손당한 자연의 반격

할리우드 제작진이 즐겨 만들어내는 '대재난 영화disaster movies'는
70년대를 축으로 해서, 그 이전에는 자연의 파괴적 힘에 의한 재난을
다룬 영화로, 그리고 그 이후에는 문명의 이기에 의한 재난을 다룬 영
화로 나누어지고 있다. 예컨대 전자의 경우에는 『킹콩King Kong』이나
『타란툴라Tarantula, 1955』 같은 자연 속의 거대한 괴수들이 인간의 문명
을 파괴하고 있고, 후자에는 『포세이돈 어드벤처The Poseidon Adventure,
1972』의 배, 『타워링The Towering Inferno, 1974』의 빌딩, 『에어포트Airport,
1977』의 비행기 같은 문명의 이기가 인간의 삶을 위협하고 있다. 이와

자기가 좋아하는 여자를 살리고 자신은 죽어 가는 킹콩의 인간적인 모습은 인간들의 잔인함과 저속함을 비판하는 역할을 한다.

같은 갑작스러운 변화의 이면에는 70년대를 정점으로 해서 사람들의 위기의식에 근본적인 변화가 있었다는 것을 말해 주고 있다. 즉 그 이전에는 주로 초자연적인 힘에 대한 두려움을 가졌던 사람들이 70년대부터는 인류 문명의 미래에 대한 두려움을 갖게 되었다고 볼 수 있다.

예전의 위기의식과 대재난 영화를 대표하는 영화 『킹콩』(1933년 제작, 데이비드 셀즈닉 감독, 페이 레이, 로버트 암스트롱 주연)은 미국인들이 유난히 좋아해서 나중에 컬러영화로 리바이벌되었고(1976년 제작, 존 길러민 감독, 제프 브리지스, 제시카 랭 주연), 그 후 1986년에 다시 속편까지 만들어졌다. 이 영화는 석유탐사선의 단원들이 안개에 싸인 어느 원시의 섬에서 거대한 고릴라인 '킹콩'을 발견하면서 시작된다. 그들은 거대한 유인원을 생포해 문명의 중심지인 뉴욕으로 데려와 브로드웨이의 쇼에 동원시킨다. 그러나 섬에서 만났던 백인 여자를 좋아하는 킹콩이 무대 옆에 서 있는 그 여자를 발견하고 쇠사슬을 끊자, 극장은 겁에 질린 관객들로 아수라장이 된다. 이윽고 도망친 여자를 찾아 뉴욕 시내를 헤매면서 킹콩은 초자연적인 힘으로 달리는 지하철을 전복시키고 빌딩을 부수는 등 온갖 재난을 초래한다. 드디어 여자를 찾아낸 킹콩은 여자를 손에 든 채 엠파이어스테이트 빌딩(1977년에 제작한 리바이벌

처음 만나는 영화

영화에서는 '세계무역센터 빌딩')을 기어 올라가 꼭대기에 도착한다. 자신을 죽이기 위해 공군기가 출동하자 킹콩은 여자를 안전한 곳에 내려놓은 다음 비행기의 기총소사를 받고 지상으로 추락해 죽고 만다.

이 영화의 중요한 모티프는 우선 문명에 의한 자연의 훼손과 손상당한 자연의 반격이다. 석유탐사 자체가 에너지를 얻기 위해 자연을 파손하는 행위이기도 하지만, 그들의 더 큰 잘못은 원시림 속의 킹콩을 문명세계로 데려오는 것, 그리고 더 나아가 그것을 상업적인 목적으로 이용하는 것이다. 물론 그러한 행위는 자연(킹콩)의 반발로 인한 대재난을 부르고 문명(도시)은 파괴된다. 인간들은 신성한 대자연을 훼손함으로써 스스로의 파멸을 초래한 것이다. 이 영화의 그와 같은 주제는 대자연의 상징인 킹콩이 문명의 극치인 엠파이어스테이트 빌딩을 기어 올라가는 장면에서 절정을 이룬다(리바이벌 영화에서는 킹콩이 세계무역센터 빌딩을 기어 올라감으로써 인간의 상업주의 문명에 도전하고 있다). 킹콩의 그와 같은 행위는 인간의 기계문명에 대한 도전이자 동시에 자연으로 되돌아가고 싶어 하는 기구를 상징한다고 볼 수 있다. 적절하게도 리바이벌 영화에서 킹콩은 쌍둥이 빌딩인 뉴욕의 세계무역센터 빌딩을 자신이 살던 원시림의 두 산봉우리로 착각하고 기어 올라간다. 바로 그 장면에서 문명의 극치와 원시의 정점은 서로 만나고 있다. 그러나 그것은 킹콩의 환상이었을 뿐, 결국 킹콩은 인간의 파괴적 테크놀로지인 전투기에 의해 살해당한다.

이 영화의 또 하나의 중요한 모티프는 자기가 좋아하는 여자를 살리고 자신은 죽어 가는 킹콩의 인간적 행동이다. 바로 그 점이 왜 괴물의 죽음에 관객들이 강렬한 비애를 느끼게 되는가 하는 이유다.『미녀와 야수』에서는 미녀의 진정한 사랑에 의해 야수는 예전의 모습인 멋진 왕자로 되돌아온다. 그러나 킹콩은 다만 미녀를 살리고 자신은 처참하게 죽어 간다. 이 영화에서 킹콩은 야만적이고 추한 괴물이지만 오히려 인간보다도 더 따뜻한 면을 가진 존재로 등장함으로써, 인간들의 잔인함과 저속함을 비판하는 역할을 효과적으로 수행한다. 즉 문명인으로서 우월감을 갖고 있는 인간들이 사실은 자기들이 무시하고 이용하다가 결국에는 살해하는 야만적인 괴물보다도 더 야만적이라는 점을 이 영화는 지적하고 있다.

영화『킹콩』을 칼 융의 심리학에 비추어 다시 보게 되는 것은 바로 이 순간이다. 다시 말해, 사람들이 원시림에서 붙잡아 온 킹콩은 어떤 의미에서 문명화되기 이전의 인간의 모습―즉 태곳적 인간의 그림자일 수도 있다는 것이다(그것이 왜 킹콩의 섬이 강렬하게 선사시대의 분위기를 풍기고 있는가 하는 이유일 것이다). 융의 이론에 의하면, 사람들은 바로 문명화되기 전의 자신의 어두운 모습을 본능적으로 싫어한다. 그러므로 킹콩은 악의 화신이라는 누명을 쓰고―사실은 선량하지만―자기 자신의 어두운 모습을 보기 싫어하는 인간들에 의해 죽임을 당할 수밖에 없다. 그렇다면 그것은 곧 유색인들과 원시인들에게서 자신들의 감추어진 모습(융의 용어로 '그림자')을 발견하고 그들을 무의식적으로 싫어하고 그들을 문명화시키려는 백인들의 이야기로 확대된다. 영화『킹콩』이 어떤 의미에서 백인들의 유색인관과 제국주의적 원주민관을 비판적으로 표출해 주고 있다고 말할 수 있는 이유도 바로 거기에 있다.

1921년에 이미 무성영화로 제작되었고, 그 뒤로도 수없이 만들어진 『타잔Tarzan』과 더불어 『킹콩』이 아직도 미국인들의 뇌리에서 사라지지 않고 있는 이유도 사실은 바로 그런 이유 때문일 것이다. 『타잔』은 물론 대재난 영화에는 속하지 않지만 문명과 자연의 대립이라는 주제에 있어서만큼은 『킹콩』과 많은 유사점을 가지고 있다. 타잔은 백인 유인원으로서 밀림과 동물들을 지배한다. 그와 같은 설정은 물론 백인을 문명세계의 지배자뿐만 아니라 자연세계의 지배자로까지 설정하고 있다는 점에서 백인 위주의 사고방식과 백인 우월주의에 대한 비판의 대상이 될 수도 있을 것이다. 그럼에도 불구하고 미국인 작가에 의해 쓰인 이 소설에서는 타잔이 언제나 밀림모자를 쓴 문명인들인 영국 탐험대들(제국주의자들)에 맞서 밀림과 원주민들을 지키는 반제국주의적, 반문명적 수호자로서 제시되고 있다는 점을 간과해서는 안 될 것이다. 또한 타잔의 가장 친한 친구가 침팬지 치타라는 사실 역시 '백인과 유색인의 광야에서의 우정'이라는 미국 소설의 원형적 패턴을 잘 보여 주고 있다.

『에어포트』와 『포세이돈 어드벤처』 — 문명의 합사

70년대에 들어서면서 할리우드는 갑자기 새로운 형태의 대재난 영화를 만들어내기 시작했고, 그것들은 또다시 위기의 시대에 살고 있다고 느꼈던 수많은 사람들로부터 열렬한 환영을 받았다. 예컨대 『에어포트』 시리즈는 예기치 않은 비행기 사고를, 『대지진Earthquake, 1974』은 로스앤젤레스 지진을, 『타워링』은 대형빌딩 화재를, 그리고 『포세

이돈 어드벤처』는 여객선의 침몰을 각각 소재로 삼아 극한상황과 대
재난 속에서의 인간들의 각기 다른 반응을 각자의 과거에 대한 '플래
시백flashback' 수법으로 보여 주고 있다. 미국의 극작가 손톤 와일더
의 소설『샌 루이 레이 다리』에서 그 시효를 찾을 수 있는 이와 같은
대재난 드라마의 특징은 각기 다른 문제점들과 사연을 가진 여러 사
람들이 모인 장소에서 대형 재난이 일어나고, 그들은 각기 그 재난과
의 대면을 통해 자신들의 문제점들을 해결하는 하나의 실마리를 찾는
다는 점이다.

　　당시에 쏟아져 나온 많은 대재난 영화 중에서 속편이 가장 많이 나
온 것은『에어포트』였는데, 그건 아마도 한때 유행처럼 번졌던 비행
기 납치사건 및 폭파사건의 영향 때문이라고 볼 수 있을 것이다. 예컨
대 1970년 버트 랭카스터, 딘 마틴, 재클린 비셋, 헬렌 헤이스 등이 출
연한『에어포트』에서는 눈보라, 폭탄, 테러리스트, 엔진 고장이, 1977년
잭 레몬, 리 그란트, 올리비아 드 하빌랜드, 조셉 코튼, 제임스 스튜어
트, 조지 케네디, 크리스토퍼 리 등 초호화 캐스트가 출연한『에어포
트 '77』은 테러범들에게 납치된 비행기가 물속에 가라앉는 상황이 대
재난의 원인이다. 이『에어포트』시리즈는 후에 알랭 들롱이 조종사로
출연한 초음속 콩코드의 재난을 그린 영화로 마무리되었고, 80년대
에 들어서서는 피터 그레이브스와 레슬리 닐슨이 주연한 코미디영화
『에어플레인Airplane, 1980』과 역시 피터 그레이브스와 윌리엄 섀트너가
주연한『에어플레인 2Airplane 2, 1982』로 패러디되었다. 1975년에 만들
어진 조지 스코트와 앤 밴 크로프트 주연의『힌덴버그The Hindenburg』
나, 후에 텔레비전 영화로 만들어져 호평을 받은『샌프란시스코 국

제공항San Francisco International Airport, 1970』같은 영화도 역시 그 근원을 향해 거슬러 올라가면 1970년의 『에어포트』에서 그 원류를 찾게 된다.

비록 속편은 단 한 번밖에 나오지 않았으나 당시 대재난 영화 중 질적인 면에서 가장 수작으로 평가받았던 것은 『포세이돈 어드벤처』였다. 1910년에 침몰한 타이타닉호 사건을 연상시키는 『포세이돈 어드벤처』는 선전효과와 항해기록을 올리려는 선주의 욕심으로 무리한 운항을 계속하다가 폭풍우 속에서 전복되는 초호화 여객선이 주 무대다. 이와 같은 재난영화들의 공통점은 재난이 일어나고 있는 장소를 하나의 소우주, 즉 우리가 살고 있는 세계의 축소판으로서 제시하고 있다는 점이다. 그러므로 재난영화에서는 비행기, 대형빌딩, 기선 등이 곧 인간세계의 무대가 된다. 『포세이돈 어드벤처』에서는 물론 대양을 항해하는 대형 여객선이 우리 사회와 지구의 역할을 대신한다. 거기에는 배(지구)를 운전하는 선장과 항해사가 있다. 그러나 그들은 선주(회사)의 상업주의에 밀려 결국에는 배를 전복시키고 승객들을 파멸로 이끈다.

이 영화의 한 강력한 은유는 바로 그와 같은 지도자들의 잘못과 그로 인한 세상의 전복이다. 전복된 배에서 사람들은 살아남기 위해 배의 밑바닥으로 내려간다. 그러나 배가 뒤집어진 상황에서 그것은 곧 위로 올라가는 것을 의미한다. 그러므로 이 영화에서는 내려가는 것이 곧 올라가는 것이 되고, 올라가는 것은 곧 내려가는 것이 된다. 그것은 전도된 상황 하에서의 리얼리티를 상징적으로 보여 주는 은유라고 할 수 있다. 이 영화에서 전복되는 것은 비단 기선뿐만은 아니다. 세상(기선)이 전복되는 순간 모든 가치관 역시 전도된다. 예컨대 법과 질서의 상징인 전직 경찰관 어니스트 보그나인은 배가 전복되는 순간 이기적이고 탐욕스러운 무법과 무질서의 화신으로 변신한다. 반면 타락한 성직자로 낙인 찍혀 오지의 교회로 유배를 가던 진 핵크만은 재난이 시작되는 순간, 오히려 위험을 무릅쓰고 사람들을 인도하다가 승객들을 위해 자신의 목숨까지도 희생하는 진정한 지도자의 모습을 보여 준다.

배가 전복되기 전 승무원들이 닥쳐오는 폭풍으로 인해 위기를 맞고 있을 때에도, 승객들은 다가오는 재난을 조금도 알지 못한 채 화려한 신년 파티를 열고 있다. 그것은 곧 자기 나라나 세상의 멸망을 조금도 알지 못한 채 오늘도 먹고 마시며 즐기는 인간들의 상태를 나타내는 훌륭한 은유다. 이윽고 거대한 파도가 배를 덮쳐 순식간에 여객선은 아수라장이 되고 배는 거꾸로 뒤집힌다. 배가 전복됨에 따라 파티장의 거대한 크리스마스 트리도 구원이 사라진 현대의 상황을 나타내는 상징으로 거꾸로 서 있게 된다. 인생이란 결국 기나긴 항해이고, 그 과정에서 수많은 파도와 좌초와 침몰이 있을 수 있다는 것을 생각하면 『포세이돈 어드벤처』야말로 인생을 은유적으로 다루고 있는 훌륭한 영화라고 할 수 있을 것이다.

이 영화 속에서 살아남은 사람들은 물속에서 다시 태어나는 경험을 하게 된다. 그런 의미에서 이 영화의 사건들이 내내 물속에서 일어나고 있다는 사실은 중요한 의미를 갖는다. 문학에서 흔히 물은 익사가 아니면 재생의 모티프로 사용된다. 이 영화에서도 죽는 사람과 다시 태어나는 사람들이 있다. 다시 태어나는 사람들은 자신이 살고 있던 아집의 두터운 각질―즉 여객선의 표면―을 뚫고 밖으로 나와야만 한다. 과연 적절하게도 이 영화의 마지막은 두꺼운 철판―곧 배의 바닥이자 꼭대기―을 뚫는 장면을 위해 할애된다. 진 핵크만은 마지막 순간에 자신의 목숨을 바쳐 자신이 이끌어 온 사람들을 배의 바닥의 표면까지 데려다 준다. 그러므로 이 영화에서 자신의 희생 또는 자아의 포기는 곧 타인의 구원과 생명을 의미한다.

대재난 이후의 축복

미국인들이 크리스마스 때 만드는 영화는 언제나 감상으로 가득 차 있어 대부분의 경우 예술성이 크게 손상되고 있다. 그들이 '크리스마스 스피릿'이라고 부르는 '용서하고 용서받는' 주제가 이때만큼은 너무 표면에 드러나 그만 과도한 감상주의를 부르기 때문이다. 대재난 영화에서도 물론 그러한 감상주의는 발견된다. 예컨대 이혼을 결심한 부부가 재난을 겪은 후 다시 결합한다든가 하는 것이 너무 감상적으로 처리되는 것이 바로 그렇다. 그러나 『포세이돈 어드벤처』에는 그러한 류의 센티멘털리즘이 배제되어 있고, 그것이 이 영화에 무게를 더해 준다.

만일 한국에서 대재난 영화를 만든다면, 아마 무엇보다도 협동정신과 단결이 강조될 것이다. 그러나 미국의 대재난 영화들은 단순한 집단의식보다는 역시 개인적인 문제들을 우선적으로 부각시킨다. 특히 어떤 공동체를 다룰 때면 미국 영화들은 언제나 집단 속에서의 개인의 문제, 그리고 공동사회와 개인과의 관계 등을 통해서 더 큰 문제들에 접근하는 방식을 취한다. 그러므로 대재난도 한 집단이 공동적으로 겪는 것으로 묘사되기보다는 각기 다른 개인이 각기 다른 방식으로 겪는 것으로 그려진다. 커다란 사건을 축으로 각 개인의 과거가 방사선을 이루며 서로 얽히는 것이 대재난 영화의 특색이다.

개인의 문제에 대한 관심과 더불어 대재난 영화에서 중요한 또 하나의 모티프는 '가정의 수호'다. 사실 대재난 영화에 등장하는 사람들의 상당수가 재난을 겪은 후 한때는 파경의 위기를 맞았던 가정으로 다시 돌아가게 된다. 그런 의미에서 재난은 그들에게 가정을 되찾게 해주는 중요한 계기를 마련해 준다. 사실 대재난 영화의 열기가 식은 후에는 가정에 대한 영화가 많이 만들어 졌다. 예컨대 예전에 제작된 『스타팅 오버Starting Over, 1979』나 『크레이머 대 크레이머』, 그리고 『나홀로 집에』, 『장미의 전쟁』, 『헨리의 이야기』, 『후크』 등은 모두 가정의 파괴와 회복을 주제로 다룬 영화들이다.

모든 대재난 영화의 살아남은 사람들에게 있어서 '재난'은 궁극적으로 축복이 된다. 왜냐하면 그들은 모두 재난을 통해 새로운 사실을 깨닫는 새로운 사람으로 다시 태어나기 때문이다. 헨리 제임스의 '금그릇The Golden Bowl'처럼 깨지기 직전이었던 사랑과 가정은 재난으로 인해 다시 예전의 상태로 회복되고, 예전에 미처 몰랐던 사실들도 재난을 겪은 후에 더 명료하게 다가온다. 물론 그 재난 속에서 죽어 가는 사람들도 있다. 그럼에도 불구하고 결과는 꼭 비극적인 것만은 아니다. 그것이 바로 대재난 영화가 우리에게 주는 교훈이다.

정보기관의 음모와 불신시대

007 시리즈, 프레데터, 더 패키지, 노 웨이 아웃, 펠리컨 브리프

『007』 시리즈의 퇴조와 냉전시대의 종식

세월이 무상해서 지금은 잊혀 가고 있지만, 60년대에 혜성처럼 등장해서 대단한 인기를 끌었던 첩보물 『007』 시리즈를 모르는 사람은 아마도 많지 않을 것이다. 60년대에 우리나라에 들어오기 시작했던 『007 살인번호Dr. No, 1962』, 『007 위기일발From Russia with Love, 1963』(국내에서는 이것이 맨 먼저 개봉되었다.)을 위시해서 『007 골드 핑거Glod Finger, 1964』, 『007 선더볼 작전Thunderball, 1965』, 『007 다이아몬드는 영원히Diamonds Are Forever, 1971』 등은 스코틀랜드계 영국 배우 숀 코네리를 일약 세계적인 배우로 만들었다. 그러나 그가 더 이상 제임스 본드 역

60년대 스코틀랜드계 영국 배우 숀 코네리가 출연해 인기를 끌었던 『007』 시리즈는 아직도 다양한 버전으로 제작되고 있다.

을 하지 않겠다고 선언하자, 그의 뒤를 이어 조지 레젠비가 『007과 여왕For Her Majesty's Secret Service, 1969』에서 한 번 본드 역을 맡았고, 이어서 『황금총을 가진 사나이The Man with the Golden Gun, 1974』, 『007 죽느냐 사느냐Live and Let Die, 1973』, 『007 문레이커Moonraker, 1979』, 『007 옥토퍼시Octopussy, 1983』, 『007 유어 아이스 온리For Your Eyes Only, 1981』, 『007 뷰 투 어 킬A View to a Kill, 1985』 등에서 숀 코네리를 계승한 로저 무어가 한때를 풍미했지만, 80년대에 접어들면서 이미 『007』 시리즈는 사양길에 접어들기 시작했다.

80년대 초에 로저 무어 역시 제임스 본드 역의 은퇴를 선언하자, 이번에는 티모시 달튼이 그 뒤를 계승해 『007 리빙 데이라이트The Living Daylights, 1987』와 『007 살인면허Licence to Kill, 1989』에 본드 역으로 출연했다. 그리고 숀 코네리 역시 80년대 초에 『네버 세이 네버 어게인Never Say Never Again, 1983』이라는 비정통 제임스 본드 영화에서 다시 한 번 주역을 맡긴 했지만 007 영화는 이제 더 이상 예전의 인기를

처음 만나는 영화

누리지 못하고 있다.

영국 작가 이언 플레밍이 쓴 소설들을 각색한 『007』시리즈가 그 당시 폭발적인 인기를 얻었던 데에는 물론 소련과 서방세계의 '냉전시대'라는 정치적 배경이 자리 잡고 있었다. '냉전시대'는 스파이 시대의 문을 열었고, 스파이 시대는 곧 첩보전 시대의 도래를 의미했다. 즉 실제 전쟁 대신 소련의 KGB나 미국의 CIA, 영국의 MI6의 스파이들이 벌이는 눈에 보이지 않는 첩보전쟁 시대, 또는 냉전 시대가 시작된 것이다. 이언 플레밍은 바로 그러한 순간을 잘 포착한 재능 있는 작가였다.

이언 플레밍은 제임스 본드의 투쟁 대상으로 비단 소련의 KGB만을 선택하지는 않았다. 무슨 이유에서였는지 그는 '스펙터'라는 제3세계의 국제 테러조직을 만들어냈고, 세계의 평화를 위협하는 그 조직의 두목을 영국 첩보원 제임스 본드의 숙적으로 만들었다. 사실 그가 소련을 구체적이고 가시적인 적으로 제시하지 않았던 것은 여러 가지로 현명한 처사였다. 만일 그가 소련만을 타도의 대상으로 삼았더라면, 그의 소설은 우선 소련이나 공산권의 독자들로부터 외면당했을 것이다. 물론 이언 플레밍의 의도는 그러한 현실적인 것은 아니었을 것이다. 그는 차라리 국제평화를 위협하는 적이란 사실 '스펙터'(이 명칭은 '유령 또는 환영'이라는 뜻을 갖고 있다.)처럼 불가시적이고, 또 도처에 편재해 있다는 것을 독자들에게 말해 주고 싶었던 것처럼 보인다.

그런 의미에서 플레밍의 혜안은 한 시대를 앞섰다. 그러나 그는 결국 냉전시대의 작가였다. 그리고 그는 냉전시대의 이데올로기를 충실히 따랐다. 우선 그는 제임스 본드가 소속되어 있는 영국 정보부의 신뢰도를 단 한 번도 의심하지 않았다. 그는 본드의 상관인 M을 비록 무뚝뚝하지만 언제나 성실하게 본드를 도와주는 인물로 그리고 있으며, 본드 역시 영국인의 유머로 상관을 놀리고는 있지만 실제로는 M을 대단히 신뢰하는 인물로 묘사하고 있다. 그러므로 영국의 첩보기관이 혹시 자신을 옳지 못한 일에 이용하고 있지나 않는지, 또는 비밀을 너무 많이 알고 있는 자신을 제거하려고 하지는 않는지 하는 의심은 적어도 제임스 본드의 머릿속에서는 한 번도 일어나지 않는다. 그는 명령을 하달받으면 충실하게 그 명령을 수행할 뿐 자기가 수행하는 일의 도덕적 의미에 대해서는 전혀 관심이 없다. 그런 의미에서 그는 아마도 역사상 가장 낙천적인 스파이처럼 보인다.

그에게는 임무수행 중 필요하면 누구라도 죽일 수 있는 '살인면허'가 주어진다. 그리고 일이 끝나면, 소위 '본드 걸'이라고 불리는 예쁜 여자와 휴가가 주어진다. 영화의 마지막이나 시작에는 미인과 같이 쉬고 있는 그에게 언제나 상관 M으로부터 무전호출이 온다. 영국은 다시 그를 필요로 하고, 그는 다시 출동해야만 한다. 그런 의미에서 그가 명령에 따르는 해군 중령 출신이라는 점은 적절한 설정인 것처럼 보인다. 처음에 본드는 모처럼의 휴식을 방해받지 않으려고 무전기를 끄거나 대답을 하지 않는다. 그러나 결국 그는 국가의 부름에 대답하고 다시 출동한다. 휴가는 취소된다. 그리고 그는 세계평화를 유지하기 위해 다시 한 번 임지로 떠난다.

바로 거기에서 『007』시리즈의 두 번째 특징이 등장한다. 『007』시리즈에서는 놀랍게도 단 한 사람 제임스 본드의 활약으로 거뜬히 세계질서가 회복되고 세계평화가 유지된다. 영국 정보부는 위기 지역에

처음 만나는 영화

그를 급파하기만 하면 된다. 그런 의미에서 제임스 본드는 아직도 영웅들이 활동하던 '영웅시대'에 속해 있는 사람이다. 하지만 영웅소설인 『007』 시리즈에서 미국의 CIA와 그 요원 펠릭스는 영웅과는 거리가 먼 서투른 어린애와도 같은 존재로 묘사되고 있다. 그것은 물론 미국의 CIA보다 영국 정보부가 훨씬 더 역사가 깊기 때문이기도 하겠지만, 그와 동시에 미국을 제치고 국제질서의 회복과 평화의 유지를 다시 한 번 맡아 보고 싶은 영국의 은밀한 욕망이 표출되었다고도 볼 수 있을 것이다.

로저 무어에 이어 피어스 브로스넌이 제임스 본드 역을 맡으면서부터는 영국정보부에 대한 불신을 다루기 시작했다. 『007 골든 아이 Golden Eye, 1995』가 그 좋은 예로, 시대가 복합적으로 변화하면서 영국정보부가 과연 옳은 일을 하는지, 또 영국정보부 내에 이중첩자는 없는지 하는 회의가 시작된 것이다. 즉 007 영화도 시대의 변화를 수용하게 되었다.

그러나 제임스 본드의 시대는 갔다. 그리고 그에 따라서 『007』 시리즈 영화의 특징도 사라졌다. 이제는 단 한 사람의 영웅적인 힘으로 세계질서가 유지되거나 세계평화가 유지된다고 믿는 사람은 아무도 없다. 또 이제는 제임스 본드처럼 정보기관을 완전히 신뢰하는 사람도 없다. 왜냐하면 그동안 많은 제임스 본드들이 정보기관에 의해 이용당한 후 제거되었으며, 그 결과 이제는 정보기관의 도덕성 자체가 의심받고 있기 때문이다. 우리는 지금 누가 우리의 적이고, 또 누가 우리의 친구인지 구별하기 어려운 '불신시대'에 살고 있다. 우리의 현실은 점점 더 불가시적이 되어 가고 있으며, 우리의 상황은 점점 더 불가해해져 가고 있다. 만일 이 시대에 제임스 본드가 다시 나타난다면, 과연 그는 누구를 쏠 수 있을 것인가? 바로 그 질문이 본드를 영원히 사라지게 한 마법의 주문이었을 것이다.

　그러나 본드는 다니엘 크레이그의 모습으로 다시 돌아왔다. 하지만 이언 플레밍의 소설을 읽은 사람이라면, 플레밍이 창조한 제임스 본드의 이미지―검은 빛 얼굴에 진한 눈썹, 유머감각 있고 여성에게는 친절하지만 약간 냉혹한 표정―는 숀 코네리였지, 다니엘 크레이그는 전혀 아니라는 것을 알 수 있다(『007 카지노 로얄Casino Royale, 1967』의 데이빗 니븐도 마찬가지였다). 과연 크레이그가 분장한 제임스 본드는 원작소설 속의 인물과는 거리가 먼, 심각하고 분노에 차서 시종일관 마구 파괴하고 사람을 죽이는 냉혈한이다. 그래서 크레이그가 주연하는 007 영화는 다른 액션 영화들과 전혀 다르지 않다. 즉 크레이그의 영화에는 군이 007이라는 제목을 붙일 필요가 없다는 것이다. 어차피 원작소설도 없이 만들어진 그의 영화에 007 상표를 붙이는 이유는 단지 상업적인 목적에서일 것이다.

『프레데터』― 내부의 적과 외부의 적

존 맥티어난 감독이 1987년에 제작해 대히트를 한 『프레데터』는 그동안 많은 사람들에 의해 단순한 오락영화로 오해받아 왔다. 사실 근육질의 아놀드 슈왈제네거가 특공대장으로 나와 종횡무진 자동소총과 수류탄을 난사하는 이 영화는 어찌 보면 흔해 빠진 군사 특공대 영화 같기도 하고, 또 어찌 보면 그저 재미있는 폭력영화 같은 느낌을 주기도 한다. 그리고 외계인의 등장은 이 영화를 또 일종의 공상과학 영화로 만들어 주기도 한다.

그러나 이 영화의 그러한 표면 속에는 『프레데터』를 단순한 오락 영화가 아닌 격조 있는 예술작품으로 만들어 주는 심오한 메시지가 들어 있다. 그리고 숨겨져 있는 심층구조를 찾아내는 작업은 이 영화를 보는 즐거움을 배가시켜 준다. 중요한 것은 그러한 심층구조를 가지고 있는 영화들은 언제나 흥행에도 성공하지만, 그러지 못한 영화들은 필연적으로 관객의 외면을 당한다는 점이다. 『프레데터』의 기록적인 성공에도 불구하고 1991년에 제작된 『프레데터 2』가 실패했던 이유도 그것이 전편에서 찾아볼 수 있었던 문제의식과 작품성을 심각하게 결여하고 있었기 때문이라고 할 수 있다. 오락영화에 무슨 심오한 의미가 있느냐며, 혹시 이 영화를 억지 춘향전 식으로 과대포장해서 해석하는 것이 아니냐는 의구심을 갖는 사람들에게는 1985년에 짐 토머스와 존 토머스가 쓴 원작소설 『헌터』를 읽어 보길 권하고 싶다. 미국영화는 대부분 엄선된 탄탄한 원작소설에 근거해 제작되기 때문에 원작이 좋으면 영화에도 중후한 메시지가 들어가기 마련이다.

『프레데터』는 두 가지의 구조를 갖고 시작된다. 첫 번째 것은 중남미에서의 인질구출 작전이다. 영화가 시작되면, 특수임무 전문가 더치 소령(아놀드 슈왈제네거 扮)이 중남미 좌파 게릴라들에게 인질로 잡혀 있는 그 나라의 장관을 구하라는 명령을 받고 작전의 지휘를 맡은 CIA 요원(칼 웨더스 扮)과 부하들을 데리고 현지로 떠난다. 중남미에 도착해 게릴라들의 은신처를 향해 이동하던 그들은 자기들 이전에 이

미 그린 베레 출신의 특공대들이 파견되었으며, 그들이 누군가에 의해 무참하게 살해당했다는 사실을 발견하게 된다. 그때부터 더치 소령은 자신의 임무에 어떤 수상한 흑막이 있다는 것을 눈치챈다. 이윽고 게릴라들의 본거지에 도착한 더치 소령은 게릴라들이 백인 포로한 사람을 사살하는 장면을 목격한다. 더치 소령 일행은 곧 신속하고도 강력한 구출작전을 펼치지만, 인질로 잡혀 있다는 장관은 아예 처음부터 존재하지도 않았고 대신 조금 전에 사살당한 백인 포로만 게릴라들에게 억류당해 있었다는 사실을 발견하게 된다. 항의하는 더치소령에게, 마침 그곳에서 찾아낸 기밀문서를 들고 좋아하던 CIA 요원은 이 영화의 가장 핵심적인 주제인 다음과 같은 중요한 말을 내뱉는다. "우리들은 모두 소모품일 뿐이야."

그가 그 말을 하는 바로 그 순간부터 이 영화의 두 번째 구조, 즉 특공대와 외계인(장 끌로드 반 담 扮)과의 처절한 사투가 시작된다. 게릴라 기지로부터 철수하던 특공대원들은 갑자기 나타난 정체 모를 괴물에 의해 하나둘씩 처참하게 살해당한다. 그들은 왜 자기들이 죽어야만 되는지 이유도 알지 못한 채 보이지 않는 어떤 존재에 의해 죽임을 당한다. 그들은 외계인을 죽이기 위해 가지고 있는 모든 화력을 동원하지만 비상한 두뇌와 가공할 만한 파괴력을 가진 외계인을 이기지는 못한다. 외계인은 아무런 이유도 없이 사람들을 죽인다. 그에게 있어서 생명체를 죽이는 것은 철저히 기계적이다. 예컨대 그는 자신의 열 감응장치에 의해 주위 생물의 체온이 감지되면 즉시 그 생명체를 공격해 죽인다. 이윽고 모든 대원들이 다 살해당하자, 더치 소령은 포로로 잡은 원주민 여자를 구조 헬리콥터가 오는 곳으로 보내고, 자신은 외계인을 다른 곳으로 유인해 최후의 결전을 벌인다. 힘으로는 그 외계인을 당할 수 없음을 깨달은 더치 소령은 자신이 만들어 놓은 덫으로 그를 유인해 드디어 그 괴물을 죽이는 데 성공한다. 그리고 겨우 헬리콥터가 기다리고 있는 곳까지 달려가 여자와 더불어 헬기에 오르고 영화는 막을 내린다.

그렇다면 이 영화에서 첫 번째 구성과 두 번째 구성은 서로 어떤 연관을 갖는 것일까? 우선 첫 번째 구성은 특공대와 눈에 보이지 않는 CIA 사이의 관계로 이루어져 있다. 더치 소령은 중남미에의 자신의 임무가 CIA에 의해 철저히 조종당하고 또 조롱당하고 있다는 사실을 깨닫는다. 그는 CIA의 거짓 정보를 믿고 자신과 부하들의 생명을 걸고 밀림 속으로 들어간다. 그러나 그가 거기에서 발견한 것은 자신보다 앞서 간 사람들의 시체뿐이었다. 그리고 그것은 곧 자신과 부하들의 임박한 죽음을 의미하는 것이기도 했다. 그렇다면 CIA는 곧 밀림 속에 숨어 그들의 목숨을 노리는 보이지 않는 죽음의 힘이라고 할 수 있다.

그러한 사실을 깨닫자마자 더치 소령과 대원들은 곧 밀림 속의 어떤 보이지 않는 힘에 의해 치명적인 공격을 받고 한 사람씩 쓰러져 간다. 그렇다면 아무런 이유 없이 소모품처럼 인간을 죽이고 있는 이 영화의 외계인은 역시 그들을 소모품으로 생각하고 죽이고 있는 냉혹한 첩보기관을 상징하는 강력한 은유의 역할을 한다고 볼 수 있다. 사실 그것이 왜 외계인에게 쫓기면서 더치 소령이 "우리는 모두 소모품일 뿐이야."를 계속해서 중얼거리는가 하는 이유일 것이다.

이 영화의 첫 번째 구조가 두 번째 구조와 자연스럽게 맞물려 가는 것은 바로 그러한 맥락에서다. 그리고 그 과정에서 CIA와 외계인 사이에 공통점이 발견된다. 우선 외계인은 CIA처럼 눈에 보이지 않는 존재로 등장한다. 그래서 그것은 특공대들의 삶의 터전인 '밀림'의 도처에 편재해 있다는 느낌을 준다. 적절하게도 그것은 때로는 투명하게, 또 때로는 보호색으로 자신의 정체를 위장함으로써 CIA처럼 거짓 정보로 대원들을 속이고 기만한다. 그것은 또 대원들을 완벽하게 조종하고 조롱한다. 밀림 속에 갇힌 채 더치 소령과 부하들은 단 한 발자국도 마음대로 움직이지 못한다. 또 외계인은 온몸을 철갑으로 감싸고 있으며 전신이 치명적인 무기가 되는데, 그것 또한 마치 비인간적이고 냉정한 CIA의 모습을 연상시킨다.

외계인과 CIA의 유사성을 드러내는 또 한 가지 적절한 예는 두 존재가 다 눈이 있으되 적절하게 사용하지 못함으로써 실제로는 눈이 멀었다는 점이다. 예컨대 외계인은 전자감응장치를 통해 생명체의 따스한 체온을 감지함으로써만 인간의 존재를 파악할 수 있다. 그러므로 그것은 온몸에 진흙을 바른 더치 소령이 바로 옆에 있어도 그를 찾아내지 못한다. 마찬가지로 CIA 역시 눈멀었고 인간을 있는 그대로 바라보지 못한다. 그리고 그 두 존재는 모두 따스한 인간성을 파멸시키는 속성을 가지고 있다. 외계인의 용모 또한 CIA만큼이나 추악하다. 마지막에 가면을 벗은 외계인의 얼굴을 바라보며 더치 소령은 "넌 정말 추악한 놈이구나!"라고 소리 지른다. 그것은 곧 인간의 생명을 파리 목숨으로 여기는 추악한 CIA에 대한 더치 소령의 최후의 평가와도 같다.

외계인의 신체를 이루는 최첨단 무기의 파괴적인 힘은 상상을 초월한다. 자신의 테크놀로지로는 그를 이길 수 없음을 깨달은 더치 소령은 이제 원시의 모습으로 돌아가서 가장 원초적이고 가장 인간다운 방법으로 외계인과 대면한다. 그래서 그는 벌거벗은 몸에 진흙을 바르고 활을 쏘며, 드디어는 커다란 바위로 외계인을 짓눌러 죽인다. 더치 소령이 죽인 것은 어떤 의미에서 그동안 삶의 밀림에서 자신을 조종하고 조롱해 온 가공할 만한 괴물—곧 CIA—이다. 그는 그 외계인alien이 외부에서 온 존재가 아니라 사실은 지구의 자기 나라, 자기 편, 그리고 자기 속에서 살고 있는 존재라는 것을 깨닫는다. 우리의 생명을 노리는 '프레데터'는 외부나 타자 속에 있었던 것이 아니라 사실은 우리 내부에 있었던 것이다. 그런 의미에서 중남미는 더치 소령에게 커다란 깨달음과 교훈을 가져다 준 텍스트가 된다.

더치 소령은 이제 더 이상 정보기관에서 인정하는 능력 있는 특공 대원이 되지 않을 것이다. 처음 중남미에 도착했을 때의 그와 죽음의 모험을 겪고 그곳을 떠날 때의 그는 결코 같은 사람이 아니다. 그는 이제 현실에 눈을 뜨게 된 것이다. 대원들을 모두 잃은 대신 중남미의 한 원주민 여자를 살려 데려가면서, 더치 소령은 미국과 중남미, 백인과 유색인, 그리고 남자와 여자의 문제들을 새로운 시각으로 바라보게 될 것이다. 그것이 왜 이 영화가 중남미를 배경으로 흑인, 인디언과 원주민 여자를 등장시키며, 철저하게 섹스를 배제하는 이유이다. 그리고 왜 이 영화의 제목이 '외계인'이나 '특공대'가 아니고 육식동물이자 약탈자를 의미하는 '프레데터'인가 하는 이유일 것이다.

『노 웨이 아웃』과 『더 패키지』 — 정보기관에 대한 불신

『프레데터』의 CIA는 물론 미 중앙정보부뿐만 아니라 우리를 '감시하고 포식하는' 모든 정보기관이나 지배 권력을 지칭하는 대명사가 될 수도 있다. 개인을 조종하고 조롱하며, 인간의 존엄성을 짓밟는 정보기관이나 지배계층의 음모와 횡포에 대한 불신은 그동안 이루 헤아릴 수 없이 많은 영화의 주제가 되어 왔다. 그중에서도 대표적인 영화를 꼽아 보면 『콘돌Three Days of the Condor, 1975』(미 CIA 내부의 부패를 그린 이 영화는 제작된 지 수년 후에야 국내에서 최신작인 것처럼 개봉되었는데 늦게 수입된 이유가 정치적인 압력 때문이었는지는 분명치 않다.), 『노 웨이 아웃No Way Out, 1987』, 『더 패키지The Package, 1989』 등을 들 수 있다. 그중 『노 웨이 아웃』은 관객을 철저히 속이는 데 성공한 수작으로서, 누가 과연 진짜이고 누가 가짜이며, 누가 우리 편이고 누가 적인가를 알 수 없는 오늘날 우리의 현실을 포스트모던적 시각으로 제시한다.

진 핵크만 주연의 『더 패키지』는 『프레데터』의 연장선상에서 군 정보기관의 음모를 파헤치는 영화다. 베를린에 주둔하는 미군 순찰대의 상사 자니(진 핵크만 扮)는 상부로부터, 말썽을 부려 영창에 갇힌 육군상사 한 사람을 미국의 헌병대로 호송하라는 명령을 받는다(그가 배달해야 하는 '패키지'는 바로 그 죄수를 지칭한다). 그는 그 상사를 데리고 미국에 도착하지만 공항의 화장실에서 그만 그를 놓치고 만다. 도망친 상사의 부인을 찾아간 자니는 놀랍게도 자기가 호송해 온 사내가 그 여자의 남편이 아니고 사실은 전혀 다른 사람이라는 것을 발견한다.

사건은 여기에서부터 급속도로 진행된다. 그러나 그와 동시에 사건은 점점 더 미궁으로 빠져들어 간다. 중령으로 근무하고 있는 자신의 옛 아내 아일린을 찾아간 자니는 자신이 호송해 온 남자의 신원 확인을 부탁한다. 그러나 그 확인 작업을 도와주던 중위가 살해당하고, 아일린 중령 역시 경찰을 사칭한 수상한 자들에 의해 납치당할 뻔하며, 자니 또한 억울하게 조작된 살인 혐의로 헌병대에 억류된다. 이러한 사건의 배후에 군 정보기관의 거대한 힘이 작용하고 있음을 눈치챈 자니와 아일린은 가까스로 헌병대를 탈출한 다음, 드디어 군 정보기관에 의한 대통령의 암살시도라는 엄청난 음모를 밝혀낸다.

즉 자니는 미소간의 핵무기 폐기 협정에 반대하는 미소 군 정보부의 보수파 장교들이 양국 대통령의 암살 음모를 꾸미게 되고, 저격수를 아무런 출입국 기록 없이 독일에서 미국으로 보내기 위해 자신을 이용했음을 밝혀낸다. 그 결과 저격수는 실제 독일에서 근무하는 어느 상사의 이름을 빌려 미국에 잠입했고, 그 상사 역시 군 정보부의 명령으로 미국에 돌아왔음이 밝혀진다. 이들은 모두 미소 정상회담이 열리는 시카고로 모이게 되고, 군 정보부는 나중에 대통령 저격범의 누명을 씌우기 위해 저격 현장에서 멀지 않은 곳으로 진짜 상사를 불러내어 살해한다. 이제 가짜 상사인 저격수는 대통령을 살해하고 유유히 사라지기만 하면 되는 것이다.

드디어 양국 대통령이 도착하고 저격수가 막 방아쇠를 당기려는 찰나, 자니는 그를 사살한다. 대통령 암살은 실패로 돌아간다. 그리고 자니의 폭로로 군 정보부의 음모는 만천하에 드러난다. 그러나 군 정보부는 책임을 인정하지 않는다. 그들은 다만 그 일의 실패에 대한 책임을 물어 사건을 총지휘했던 한 대령만을 암살한다. 그동안 음모의 성사를 위해 수많은 살인을 자행했던 군 정보부는 이제 또 하나의 살인을 저지름으로써 스스로의 책임을 회피한다. 군 정보부는 앞으로도 또 그런 음모를 계획하고 실행할 것이다. 그리고 그러한 와중에서 우리 모두는 아무것도 모른 채 언제라도 그들의 음모에 말려들어 가거나 희생될 수도 있다. 그것이 바로 이 영화가 우리에게 주는 메시지다.

이분법적 사고의 해체

이와 같은 종류의 영화들은 모두 우리들에게 오늘날 우리가 신뢰하고 있는 정보기관의 음모가 사실은 얼마나 복잡하게 얽혀 있고 얼마나 사악하게 진행되고 있는가를 잘 보여 준다. 그것은 목적을 위해서는 수단과 방법을 가리지 않으며, 사람들이나 군인들을 다만 덧없는 소모품으로만 취급할 뿐이다. 유능한, 그러나 평범한 군인이었던 더치 소령과 자니 상사가 우연히 그 무서운 음모에 휘말려 들어갔듯이, 우리 모두도 언제 어디에서 그러한 음모의 희생자가 되는지는 아무도 모른다.

그러한 영화들은 또 우리들에게 오늘날 과연 누가 우리의 적이고 누가 우리의 친구인가를 구별하는 것이 얼마나 어려운 일인지를 잘 보여 준다. 『더 패키지』에서 소련이 자신의 적이라고 생각했던 사람들은 사실 적이 바로 미국의 내부에 있었다는 것을 발견하고 경악하게 된다. 누가 우리의 적인가를 모르고 사는 것—그것은 진정 끔찍한 일이다. 왜냐하면 만일 그렇게 되면 서로를 의심하는 불신풍조가 세상을 온통 뒤덮게 될 것이기 때문이다.

우리는 지금 그러한 불신시대에 살고 있다. 정말이지, 우리 주위에 지금 『노 웨이 아웃』의 케빈 코스트너 같은 이중첩자가 살고 있는지 누가 알 수 있으며, 또 우리가 어느 날 갑자기 『콘돌』의 로버트 레드포드 같은 상황을 당하게 되는지 누가 알 수 있는가? 더치 소령과 자니 상사는 둘 다 유능한 직업군인이었다. 그러나 그들을 죽음의 문턱에까지 몰고 간 것은 아이러니컬하게도 그들이 그렇게도 충성을 바쳤던 '군대'와 '정보기관'이었다.

그러나 이 모든 것에도 불구하고, 이런 영화들은 우리로 하여금 너와 나, 아군과 적군, 그리고 외부와 내부 사이의 이분법적 구별과 편견을 없애 준다는 점에서 궁극적으로는 긍정적인 시각을 제공한다. 예컨대 『프레데터』나 『더 패키지』 같은 영화들은 '나는 다 옳고 남은 다 틀렸다.'는 식 또는 '우리나라는 다 좋고 다른 나라는 다 싫다.'라는 식의 단순한 사고방식에 제동을 건다는 점에서 우리에게 좋은 교훈을 제공한다. 진짜 무서운 적은 언제나 우리 내부에 있는 법이다. 그리고 불가시적인 내부의 적을 인식하는 것이 가시적인 외부의 적을 경계하는 것보다 훨씬 더 절박한 법이다. 영화 『프레데터』와 『더 패키지』는 바로 그와 같은 중요한 메시지를 우리에게 전해 주고 있다.

『펠리컨 브리프』 — 권력기관의 음모

『펠리컨 브리프The Pelican Brief, 1993』는 『야망의 함정』의 작가 존 그리샴

의 동명소설을 원작으로 『소피의 선택Sophie' s choice, 1982』과 『모두가 대통령의 사람들All the President's Men, 1976』의 앨런 J. 파큘라가 감독하고 『귀여운 여인Pretty Woman, 1990』의 줄리아 로버츠와 『말콤 X』의 덴젤 워싱턴이 주연을 맡은 수준 높은 스릴러영화다.

『펠리컨 브리프』는 어느 이름없는 법대생의 통찰력과 한 언론사 기자의 용기가 죽어 가는 펠리컨들, 곧 우리 자신을 얼마나 훌륭하게 살려낼 수 있는지를 감동적으로 보여 준다.

어느 날 로젠버그와 젠슨이라는 두 명의 미국 대법원 판사가 살해당한다. 뉴올리언스의 법대생인 다비 쇼(줄리아 로버츠 扮)는 그 두 판사의 살해 동기와 연관성을 추적해 보는 가상의 보고서를 써서 캘러한 교수에게 제출한다. 캘러한 교수는 별 생각 없이 그 논문을 FBI의 자문위원으로 있는 자신의 친구 개빈 비락 변호사에게 보여 주고, 비락은 그 보고서를 FBI 국장에게 제출하며, FBI 국장은 다시 그것을 백악관에 보고한다. 그리고 그때부터 다비 쇼는 정체를 알 수 없는 사람들의 추적을 받아 쫓기게 된다.

'펠리컨 브리프'는 바로 다비 쇼가 쓴 간단한 보고서에 붙여진 이름이다. 그러나 그 보고서는 백악관을 뒤흔들고 FBI와 CIA까지 동원해 쫓고 쫓기는 추격전을 벌이게 만든다. 그리고 그 와중에서 보이지 않는 권력기관의 음모, 암살, 정경 유착의 비리 등이 얽히고설켜 영화의 재미를 더해 주고 있다. 법대생 다비 쇼가 쓴 펠리컨 브리프는 빅터 마티스라는 유전개발업자와 그의 재정적 후원으로 현 대통령의 재선을 노리는 백악관이 결탁해 그 두 대법원 판사를 제거할 충분한 이

처음 만나는 영화

유가 있다는 것을 지적하는 보고서다. 그 보고서는 마티스가 개발하려는 지역이 펠리컨들이 서식하는 환경보호구역이라는 이유로 법정 소송이 벌어져 현재 대법원에 계류 중이기 때문에, 마티스와 백악관은 개발에 반대하는 대법관들을 제거하고 대신 자기편을 그 자리에 임명하고 싶어 할 충분한 이유가 있다고 지적한다. 백악관은 물론 펠리컨 브리프가 언론에 유출되는 것을 막기 위해 전력을 기울인다.

바로 그러한 상황에서 믿음직스러운 《워싱턴 헤럴드》 기자인 개리 그랜섬(덴젤 워싱턴 扮)이 등장한다. 쫓기는 다비 쇼는 그랜섬에게 전화를 걸어 사건의 중요성을 알려 주고 두 사람은 온갖 위험을 무릅쓰고 공동으로 사건의 진상을 파헤치게 된다. 그리고 그 과정에서 두 사람은 펠리컨 브리프의 내용이 단순한 추측이 아니라 사실은 정확한 사건의 진상이었음을 알게 된다.

결국 모든 것은 신문에 폭로되고, 대통령의 재선 계획은 수포로 돌아가고 만다. 또한 법률회사와 대기업과 백악관은 음모와 부패의 상징으로 제시된다. 대통령 수석 보좌관과 CIA 국장과 FBI 국장 역시 서로 권력 다툼을 벌이는 믿을 수 없는 인물들로 묘사되고 있다. 그중에서도 특히 백악관수석 보좌관인 콜의 횡포와 음모는 대통령의 무능함과 더불어 최고 권력기관의 부패를 잘 드러낸다.

그리고 이 모든 것은 결국 돈과 권력에 맞서 힘없는 '펠리컨'들을 보호하고 그들의 서식처를 보호하려는 용감한 사람들의 이야기로 귀결된다. 이 영화는 환경보호와 생태계 보존 문제가 근저에 깔린 살인 사건을 다루고 있다. '펠리컨'은 결국 개발과 금력과 권력에 밀려 점차 서식처를 잃어 가는 현대인들의 상징이다. 이 영화는 시골의 어느 이름 없는 법대생의 통찰력과 한 언론사 기자의 용기가 죽어 가는 펠리컨들—곧 우리 자신들을—얼마나 훌륭하게 살려낼 수 있는지를 감동적으로 보여 주고 있다.

전쟁과 영화

야곱의 사다리, 지옥의 묵시록, 디어 헌터, 플래툰, 7월 4일생

『야곱의 사다리』 ― 전쟁의 악몽과 후유증

92년도 칸 영화제 수상작인 『야곱의 사다리』는 일견 무섭고 허황되며 의미를 파악하기 어려운 영화인 것처럼 보인다. 그것은 이 영화 속에서 주인공 제이콥(야곱) 싱거의 현실과 환상, 그리고 현재와 과거가 구별하기 어려울 만큼 서로 긴밀하게 맞물려 뒤섞이고 있기 때문이다. 사실 이 영화를 다 보고 나면, 관객들은 그동안 현실인 줄 알았던 것이 사실은 제이콥의 환상이었고, 환상인 줄 알았던 것이 사실은 그의 현실이었음을 알고 놀라게 된다.

베트남의 악몽과 교통사고로 죽은 이들에 대한 죄의식에 시달리

 「야곱의 사다리」는 주인공 제이콥의 현실과 환상, 현재와 과거가 서로 긴밀하게 맞물린 뛰어난 심리영화다.

는 제이콥(팀 로빈스 扮)은 뉴욕의 우체국에 근무하는 집배원이다. 그는 언제부터인가 악마 형상을 한 이상한 존재들이 자신을 미행하며 때로는 죽이려고 한다는 것을 발견한다. 베트남전 동료들과 만난 제이콥은 그들 역시 자신과 같은 환상에 시달리고 있음을 발견하고 그러한 현상에 대해 군 당국의 해명을 요청하려고 한다. 그러나 그들의 베트남전 복무기록은 감쪽같이 없어지고, 그들의 담당 의사였던 칼슨 박사와 동료 하나가 살해당한다. 그 과정에서 제이콥은 베트남전 참전 중 자신의 부대가 미군 당국에 의해 '사다리'라고 불리는 환각제의 실험대상이 되었다는 것을 발견한다. 그리고 환각 속에서 동료들끼리 살육전이 벌어졌으며 자신 역시 동료의 총검에 복부를 찔렸다는 것을 알게 된다.

이 영화의 표면적 주제는 물론 베트남전과 그 후유증에 대한 비판이다. 그것이 왜 이 영화의 시작과 끝을 베트남전이 장식하고 있으며, 왜 주인공의 삶과 죽음이 한결같이 베트남전과 연결되어 있는가 하는 이유다. 그러나 더 심층적인 주제는 아마도 인간을 실험의 대상으로 삼고 그것을 은폐하려는 모든 조직(여기에서는 미 국방부와 미합중국)의 '정치적 음모'에 대한 인식과 비판일 것이다. 그런 의미에서 제이콥이 제대 후에도 인간과 인간 사이의 교류를 통제하고 있는 미합중국 우체국의 집배원으로 일하고 있다는 사실은 대단히 상징적이다(군인과 집배원은 둘 다 정부의 유니폼을 입으며, 60년대 미국의 우체국에는 베트남파병

징병 포스터가 붙어 있었다). 그러나 이 영화의 가장 궁극적인 주제는 '인간의 존재와 죽음'인 것처럼 보인다. 예컨대 베트남전의 악몽적 상황은 뉴욕에서도 그대로 재현되며, 그런 의미에서 인간의 교류가 단절되고 불신과 폭력이 지배하는 '출구 없는' 뉴욕은 제이콥에게 있어서 또 하나의 베트남이 된다. 그 속에서 제이콥은 아들의 죽음과 가정의 상실을 괴로워한다.

성서에서 야곱은 고독과 번민 가운데 잠들어 하늘까지 이르는 '사다리'의 꿈을 꾼다. 신은 그에게 "지금 네가 누워 있는 땅을 내가 축복하여 너의 자손을 번창하게 하리라."라고 말한다. 그러나 디스토피아에서 살고 있는 현대판 제이콥의 '사다리'는 환각제가 되고 그의 아들은 죽고 없을 뿐이다. 영화의 마지막에 제이콥은 죽은 아들 게이브(신의 사자 '가브리엘' 천사의 애칭)의 손을 잡고 하늘로 향하는 층계(사다리)를 올라간다. 그리고 바로 그 순간, 관객들은 두 시간 동안의 영화가 사실은 동료의 총검에 찔린 후 베트남의 한 야전병원 수술실에서 죽기 직전까지의 짧은 순간에 이루어진 제이콥의 환상이었다는 것을 발견하게 된다. 그러나 제이콥의 환상은 곧 오늘날 우리들 모두의 현실이다. 그것이 이 영화가 우리에게 주는 메시지다.

현실과 환상의 자리바꿈

『야곱의 사다리』는 베트남전으로 시작해 베트남전으로 끝나고 있지만, 영화의 내용 자체는 베트남전이 끝난 지 20여 년 후의 뉴욕을 다루고 있다. 우선 영화의 타이틀백이 시작되면 배경으로 베트남에 가 있는 제이콥의 부대가 등장한다. 야전에서 담배를 피우며 담소하고 있던 그들은 갑자기 나타난 정체를 알 수 없는 적들의 공격을 받고 죽어 간다. 평화롭던 그들의 일상이 순식간에 아비규환의 지옥으로 변하는 순간, 그들은 이상한 환각을 경험한다. 그러한 와중에서 제이콥은 누군가의 칼에 찔려 정신을 잃는다.

그로부터 20여 년 후, 제이콥은 텅 빈 뉴욕의 야간 지하철에서 눈을 뜬다. 때는 칠흑 같은 어둠이 내려 덮인 한밤중, 장소는 인간들의 교류가 철저히 단절된 뉴욕의 지하세계, 배경음악은 달리는 지하철의 금속성 굉음—바로 그러한 상황에서 제이콥은 의식을 되찾는다. 애드리안 라인 감독은 바로 이와 같은 상황설정을 통해 20여 년 전의 베트남과 현재의 뉴욕을 연결시킨다. 제이콥은 주위를 둘러본다. 그러나 몇 안 되는 승객들은 모두 지치고 무표정한 얼굴로 허공을 바라보고 있을 뿐 아무도 제이콥에게 관심을 갖지 않는다. 끝없는 고립과 고독 속에 소외된 제이콥의 시야에 이윽고 한 여인의 꼬리가 들어온다. 자신이 괴물들에 둘러싸여 있다고 느낀 제이콥은 기겁을 하고 지하철에서 내린다. 그러나 한밤중 그가 내린 역에는 출구가 없다. 그것은 제이콥의 악몽이자 오늘날 우리 모두의 악몽이다.

제이콥은 미합중국 우체국의 집배원이다. 미국의 상징인 독수리가 달린 제복을 입고, 그는 오늘도 인간과 인간 사이의 교류를 위한 편지를 분류하고 배달한다. 60년대에 미합중국의 명령으로 베트남전 징집 통지서를 배달했던 사람들이 바로 집배원들이었다는 점을 생각하면, 제이콥의 직업은 마치 허만 멜빌의 「필경사 바틀비」의 주인공

바틀비처럼 이중의 아이러니를 갖는다. 철학박사이자 베트남에서 '교수'라는 별명을 갖고 있던 그가 하필 집배원이 되었다는 사실 역시 시사적이다.

그는 낡은 아파트에서 같은 우체국에 근무하는 여자 동료와 동거하고 있는데, 밤마다 악몽에 시달려 그녀를 깨운다. 제이콥의 악몽을 통해 관객들은 그가 자신의 부주의로 인해 교통사고로 죽은 아들에 대해 죄의식을 갖고 있으며, 그로 인해 예전 부인과도 헤어졌다는 것을 알게 된다. 관객들은 또 제이콥이 아마도 베트남에서 입은 상처의 후유증임에 틀림없을 관절의 통증으로 인해 고통 받고 있다는 것도 알게 된다. 제이콥을 치료하는 신비스러운 척추교정사는 그에게 "죽음을 두려워하지 말라. 죽음과 대면하는 용기를 가질 때 죽음에 대한 두려움은 없어진다."고 가르친다.

그러는 동안에도 제이콥은 계속해서 악마들의 환상을 본다. 악마는 거리에서도, 또 파티장소에서도 나타나 그를 죽이려 위협한다. 그러던 어느 날 그는 옛 전우로부터 전화를 받고 비로소 그 부대원도 자신과 비슷한 환각에 시달리고 있다는 사실을 발견한다. 그는 드디어 그 전우를 만나게 된다. 그러나 그 직후 그 사람이 자동차 폭파사고로 죽자 제이콥은 누군가가 자기들을 죽이려 한다는 사실을 깨닫는다. 그때 예전에 군에서 화학무기를 담당했던 어떤 사람이 나타나 그에게 옛날 베트남에서 그의 부대원들이 미 국방부의 약물실험 대상이 되었다는 사실을 알려 준다. 그러나 미군의 전투의욕을 고취하기 위해 만들어진 그 약은 인간의 정신을 파괴시켜 아군들끼리 서로 죽이게 되었고, 미 국방부는 그동안 그 사실을 은폐해 왔다는 것이었다.

화가 난 제이콥은 옛 전우들을 규합해 국방부를 상대로 소송을 제기하려 하지만, 자신들의 베트남 복무기록이 완전히 말소되었다는 사실을 발견하고 경악한다. 이제 그들이 베트남전에 참전했다는 증거조차 완전히 없어진 것이다. 그 순간부터 제이콥의 환각 속에 등장하는 정체를 알 수 없는 얼굴 없는 괴물들은 그를 미행하고 죽이려는 미 국방부의 비밀 요원과 동일시된다. 이 시점에서 관객들은 또 한 번 제이콥의 환상이 사실은 현실이었음을 깨닫게 된다.

그러나 제이콥의 현실 또한 환상이었다는 것이 곧 드러난다. 제이콥은 이제 그동안 막연하게 자신을 괴롭혀 온 얼굴 없는 악몽의 실체를 뚜렷이 볼 수 있게 된다. 즉 그는 베트남에서 자신을 총검으로 찌른 상대가 적군이 아닌 아군 동료였다는 것을 드디어 생각해낸 것이다. 그 순간 그는 택시를 타고 자신의 옛 집으로 돌아간다. 아파트의 경비는 "싱거 박사님, 그동안 어디에 가 계셨습니까?" 하고 인사를 한다. 이윽고 실로 오랜만에 자신의 옛 집에 들어간 제이콥은 그곳에서 오래 전에 사고로 죽은 자신의 아들을 다시 만난다. 이층에서 손짓하고 있는 아들을 향해 층계를 올라가자 층계는 환하게 빛나는 사다리가 된다. 그리고 바로 그 순간, 베트남의 한 야전병원에서 제이콥 싱거는 죽는다. 그의 얼굴을 시트로 덮으며 군의관들은 중얼거린다―"참 안됐군, 그렇게 살려고 노력했는데. 야, 당번병, 시체 하나 추가."

그리고 바로 그 순간, 관객들은 지금까지의 모든 것들은 현실이 아니라 사실은 베트남의 한 야전병원에 후송되어 숨이 끊어지는 순간까지 살려고 노력했던 제이콥 싱거의 무의식 속에서 일어났던 '환상'이었다는 것을 깨닫게 된다. 그러나 관객들은 감독에게 철저히 조롱당했다는 생각 대신 오히려 숙연하고 처절한 느낌을 갖고 자리에서 일어나게 된다. 왜냐하면 제이콥의 현실과 환상의 자리바꿈은 사실 오늘날 우리 모두의 실제 상황과 심리상태를 너무나도 절실하게 표출해 주고 있기 때문이다.

우리에게 베트남전은 아직도 미완의 과제로 남아 있다. 그러나 더 중요한 것은 베트남전의 상황이 오늘날 우리 현실에서도 계속되고 있다는 점이다―즉 인간의 교류가 서로 단절된 가운데 같은 편끼리 죽이고 죽는 상황, 또 인간을 실험대상으로 삼은 다음 그 사실을 은폐하느라 또 다른 사람들을 죽이는 권력기관의 음모. 그런 의미에서 우리 모두는 마치 제이콥처럼 날마다 정체를 알 수 없는 괴물들에 둘러싸여 살아가고 있다고 볼 수 있다. 그 결과, 우리는 오늘도 우리의 가정을 잃어 가고 있으며, 우리의 아들들을 우리의 실수로 죽이고 있다.

광야에서 죽음의 공포에 두려워 떠는 야곱에게 구약성서의 신은 천국으로 향하는 사다리를 보여 준다. 제이콥 역시 그 사다리를 타고 아들이 있는 천국으로 간다. 그러나 오늘날 우리에게 주어진 '사다리'는 더 이상 그러한 구원의 사다리가 아니다. 그것은 다만 일시적으로 고통을 잊게 해 주는 '사다리라 불리는 환각제'일 뿐이다.

『야곱의 사다리』는 마치 뱀브로우스 비어스의 유명한 단편 「올빼미 하천에서 생긴 일」처럼, 죽기 직전 수초 동안 한 인간의 환상 속에 일어 난 일을 다루고 있는 뛰어난 심리극이다. 그런 의미에서 이 영화는 직접적으로 베트남을 다루는 『지옥의 묵시록』이나 『디어 헌터』, 『플래툰』 같은 영화와는 또 다른 강력한 기법과 문제의식으로 전쟁과 인간의 문제를 성찰하고 있다.

『지옥의 묵시록』 ― '어둠의 핵심'으로의 여행

『야곱의 사다리』나 『7월 4일생』이나 『귀향』(제인 폰다, 존 보이트 주연)
이 베트남전의 상처와 후유증을 다룬 간접적인 반전영화라면, 『지옥
의 묵시록』이나 『디어 헌터』나 『플래툰』은 베트남전 자체의 문제점을
다룬 더 직접적인 반전영화들이라고 할 수 있다. 베트남을 다룬 영화
는 물론 이들 외에도 『풀 메탈』이나 『햄버거 힐』, 존 웨인의 『그린 베
레』나 척 노리스의 『대특명 Missing in Action』 시리즈 그리고 텔레비전
시추에이션 드라마였던 『머나먼 정글』(이 제목은 원래 미국 작가 존 도스
패소스의 이차대전 종군작가 보고서의 제목에서 빌려 온 것이다.) 등 헤아릴 수
없이 많지만, 그래도 『지옥의 묵시록』과 『디어 헌터』와 『플래툰』이 가
장 대표적인 베트남 영화로 꼽힌다.

　540일의 제작일과 3,050만 달러의 제작비를 투입해 필리핀에서
제작한 프랜시스 포드 코폴라 감독의 『지옥의 묵시록』은 군 정보부의
지시로 그린베레 출신의 커츠 대령을 제거하러 캄보디아 국경지대로
가는 특수부대 소속 윌러드 대위의 '눈뜸의 과정'을 통해 베트남전에
근본적인 회의를 제시하는 수작이다. 커츠 대령(말론 브란도 扮)은 유능
한 그린베레였으나 베트남전의 잔혹상에 회의를 느끼고 캄보디아 국
경지대로 탈영한 다음, 원주민 추종자들의 왕 같은 존재로서 살고 있
다. 그의 그러한 변절이 미군들의 사기에 커다란 악영향을 끼친다고
판단한 미 정보부는 특수부대 대위(마틴 쉰 扮)를 파견해 그를 제거하
기로 결정한다(이 특수부대 대위 역은 원래 스티브 맥퀸으로 섭외가 되었으나
맥퀸이 거절했다고 알려져 있다).

커츠 대령을 암살하기 위해 캄보디아로 떠나는 윌러드 대위는 여행 과정에서 베트남전의 온갖 문제점과 부조리를 몸소 경험하면서 서서히 '눈뜸의 과정'을 경험한다. 예컨대 그는 미군 순찰선을 타고 가다가 만난 나룻배 속의 민간인을 미군들이 실수로 죽이는 장면을 목격한다. 베트콩이나 무기인 줄만 알고 총을 난사해 죄 없는 민간인들까지도 죽게 했던 것이 사실은 동물이었음이 밝혀지자, 미군들은 이번에는 비밀보안을 위해 나머지 생존자까지도 죽여야만 되는 상황을 경험

「지옥의 묵시록」은 변절한 커츠 대령을 암살하러 떠나는 여행을 통한 특수부대 소속 윌러드 대위의 '눈뜸의 과정'을 보여 준다.

한다. 그는 또 전쟁과 파괴를 취미로 자행하면서 클래식 음악을 틀어놓고 헬기의 기총소사로 민간인들을 학살하는 킬고어 대령(로버트 듀발 扮)의 광기를 목격하며, 언제 죽을지 모르는 군인들에게 살아날 수 있는 '호프(희망)' 대신 '밥 호프' 같은 위문단만을 보내는 미합중국의 위선도 목도한다. 여자와 가수로 소음과 광란의 쇼무대만을 꾸미는 그러한 위문단은 위기의 순간에는 순식간에 헬기를 타고 떠나 버리는 거품과도 같은 것일 뿐이다.

그러한 과정에서 윌러드 대위는 과연 정말 미국이 옳고, 군 정보부가 옳으며, 자신이 옳은 것인지 회의하기 시작한다. 그리고 그는 커츠 대령이 왜 전장을 떠났는지 차츰 이해하기 시작한다. 지금까지의 가치관이 무너진 그는 이제 극도의 혼란과 당혹에 빠지게 된다. 그는 커츠를 만나면 자신의 의문이 풀리게 될 것이라고 생각한다. 그러나

커츠가 있는 곳—곧 어둠의 핵심이자 진리의 중심—에 가까이 가면 갈수록 안개는 더욱 짙게 내려 덮이고 모든 것은 점점 더 흐려진다. 이러한 것은 어떤 것의 핵심에 근접해 갈수록 점점 더 불확실해진다는 현대물리학의 '양자론'과, '베일에 싸인 진실'을 주장하는 현대문학의 '해체이론'과도 상통한다.

드디어 그는 커츠 대령과 대면하게 된다. 커츠 대령은 그에게 자신이 목격한 전쟁의 참상을 말해 주면서 "그 끔찍한 공포, 그 끔찍한 공포!The horror, the horror!"라고 속삭인다. 그러나 비록 지금은 그 끔찍한 공포에 회의를 느끼고 그것으로부터 떠나 있기는 하지만, 한때는 바로 그가 그 끔찍한 일을 가장 유능하게 해냈던 장본인이었으며, 현재도 원주민들에게 신처럼 군림하고 있다는 점에서 커츠는 결국 제거되어야만 했다. 커츠는 어쩌면 악의 화신이면서도 동시에 미국이 베트남에서 저지른 모든 죄를 대신해 제거되어야만 하는 '속죄양'인지도 모른다. 과연 그의 방에는 바로 그러한 의식을 다룬 제임스 프레이저의 책 『황금가지』가 놓여 있고, 그의 죽음 역시 고대의식의 검은 희생소의 죽음과 병치되어 처리된다.

윌러드 대위는 커츠 대령에게서 자기 자신의 모습을 본다. 그러므로 커츠 대령을 죽이는 그의 행위는 곧 자기 자신을 죽이는 상징적 행위가 된다. 이윽고 커츠 대령을 죽인 그는 자신도 역시 커츠처럼 다시는 부대로 돌아가지 않는다. 비디오에서는 이 부분이 잘려 나갔지만 원래 영화의 마지막에는 그가 "나는 다시 부대로 돌아가지 않았다."라고 말하는 장면이 나온다. 그런 의미에서 이 영화를 다시 보면, 어둠의 핵심으로의 이번 여행을 통해서 그가 대면한 것은 사실 다름 아닌 자기 자신의 어두운 자아였다고 볼 수 있다. 그가 자신이 그동안 베트남에서 해온 일들에 대해 회의에 빠져 있다는 증거는 이미 "사이공, 나는 아직도 여기에 있다. 매일 아침 잠에서 깰 때마다 나는 다시 정글로 돌아가 눈을 뜬다."라는 영화 초반부의 독백에서부터 여실히 드러나고 있다. 그러므로 자신의 어두운 자아를 제거한 후 그는 다시 부대로 돌아갈 수 없게 된다. 앞에서 잠시 지적한 대로 『지옥의 묵시록』은 커츠 대령을 텍스트로 한 윌러드 대위의 '눈뜸과 배움의 과정'에 대한 영화다. 그러므로 여행이 끝난 후 그는 이미 예전의 윌러드 대위가 아니다. '어둠의 핵심'으로의 이번 여행을 통해 그는 이제 새로운 세계에 눈뜬 성숙한 인간이 된 것이다.

이 영화에서 프랜시스 포드 코폴라 감독은 아프리카에 대한 서구의 제국주의를 비판하는 조셉 콘래드의 소설 『암흑의 핵심』, 그리고 마크 트웨인의 『허클베리 핀의 모험』의 주제와 기법을 패러디하면서 동시에 차용한다. 특히 이 영화는 콘래드의 『암흑의 핵심』을 기본 골격과 주제로 사용함으로써 베트남전을 기본적으로 식민지에 대한 서구 제국주의 전쟁으로 파악하고 있다는 점에서, 우리의 시선을 끈다. 더 나아가 『지옥의 묵시록』은 존 웨인의 『그린베레』에 대항하여 베트남전을 부정적인 측면을 비판적으로 그리되, 풍부한 문학적 상징을 동원했다는 점에서 베트남전을 다룬 최고의 영화 중 한 편으로 오래 기억될 것이다.

『디어 헌터』— '순진'에서 '경험'의 세계로

『디어 헌터』는 펜실베이니아 주의 철강공장에 다니며, 휴가철에는 사슴 사냥이나 즐기는 세 명의 미국 시골 노동자들의 삶이 어느 날 날아온 갑작스러운 징집통지서와 베트남전 참전으로 인해 어떻게 변질되어 가고 파멸되어 가는가를 그린 영화다. 세 시간 삼 분짜리인 이 영화는 베트남전 장면이 나오기 전까지 지지부진한 시골의 일상사가 너무 지루하게 처리되고 있는 단점이 있지만, 일단 베트남전으로 무대가 바뀌면서부터는 시종 강렬한 충격과 박진감으로 화면을 장식한다.

이 영화의 핵심 모티프는 물론 '사냥'이다. 베트남에 가기 전까지 이들은 아무런 생각 없이 사슴사냥을 한다(숲이 많은 펜실베이니아는 사슴으로 인한 교통사고가 많아서 해마다 사슴사냥 시즌을 만들어 사슴의 수를 줄이고 있다). 그들에게 있어서 사슴사냥은 그저 소일거리이자 재미이고 게임일 뿐 사슴의 입장은 아예 관심 밖이었다. 그러나 베트콩에게 포로로 잡힌 그들은 이번에는 반대로 사슴의 입장이 된 자신들을 발견하게 된다. 그들을 잡은 베트콩들은 그들에게 '러시안 룰렛' 게임을 강요한다. 러시안 룰렛 게임은 자신의 머리에 한 발의 총알이 든 권총을 대고 쏘는 목숨을 건 도박이다. 베트콩들에게 그것은 심심풀이 소일거리이자 게임일 뿐이지만, 미군 병사들에게는 견딜 수 없는 고문이자 목숨이 오가는 절체절명의 순간이 된다.

결국 그들은 베트콩들을 죽이고 그곳을 탈출하는 데 성공한다. 그러나 이제 그들은 더 이상 사슴사냥을 하지 못한다. 왜냐하면 이제 그들은 펜실베이니아 숲속의 순진한 사슴에서 그들 자신의 모습을 보기 때문이다. 그리고 자신들이 사실은 그동안 베트콩과 똑같은 잔인한 짓을 동물들에게 해 왔다는 것을 깨닫게 된다. 물론 그들의 경험은 그들을 성숙하게만 만들지는 않는다. 예컨대 그들 중 하나는 정신파탄을 겪고, 베트남에 남아 러시안 룰렛 게임 전문가가 되어 밤마다 자신의 목숨을 놓고 도박을 벌이다가 결국 죽고 만다.

그러한 면에서 『디어 헌터』는 순진한 미국인들이 충격적인 경험을 겪은 후 성장하거나 파멸하는 과정을 그린 영화라고 할 수 있다. 60년대에 베트남에 파견된 미국의 젊은이들이 특히 전쟁의 참상에 대단한 충격을 받았던 이유는, 그들이 부유하고 곱게 자란 '연약한 세대the Soft Generation'였기 때문이다. 『여성의 신비』의 저자인 베티 프리단 여사는, 경제공황을 겪은 미국의 어머니들이 자식들만큼은 고생을 시키지 않겠다는 일념에서 직장생활을 포기하고 가정에 남아 곱게 기른 세대들이 바로 60년대에 베트남에 차출되어 갔다고 말한다. 그리고 그들은 『디어 헌터』의 세 젊은이들처럼 갑작스럽게 목도하고 경험한 전장의 끔찍한 참사에 몸서리쳤던 것이다.

1979년 이 영화가 개봉된 미국의 극장 앞에서는 부상당한 베트남전 참전 장병들의 데모가 있었다. 그러나 대표적인 반전 영화인 『디어 헌터』에서 이상하게도 베트남에서의 전투장면은 간단하게 몇 장면 나올 뿐이다. 대신 이 영화는 펜실베이니아 사슴사냥 모티프를 통해 상징적으로, 그러나 그 어떤 영화보다도 더 강력하게 베트남전을 비판하는 데 성공했다는 평을 받는다. 이는 꼭 직접적인 전투장면을 많이 다루지 않아도 얼마든지 훌륭한 반전영화를 만들 수 있다는 것을 잘 보여 준다.

『7월 4일생』— 누구의 책임인가?

직접적인 전투장면을 거의 다루지 않으면서도 반전영화로서 성공한 작품으로 올리버 스톤 감독의 『7월 4일생』을 빼놓을 수는 없을 것이다. 이 영화는 전쟁 자체에 대한 비판보다는 아무것도 모르는 고등학생들을 멋진 군복과 그럴싸한 애국심으로 유혹해 전쟁터로 끌고 간 미합중국과 국방부, 그리고 기성세대의 허위와 기만에 대한 신랄한 비판이자 고발로 점철되어 있다.

이 영화에서 그와 같은 것은, 학교를 찾아온 모병관들의 감언이설에 속아 대학 진학 대신 미 해병대 입대를 선택해 파병된 주인공의 삶을 통해 제시된다. 아직 젊은 나이에 전쟁터에서 두 다리가 잘리고 성불구가 되어 돌아온 주인공(톰 크루즈 扮)은 비로소 자신을 그렇게 만든 것이 단지 실패한 미국의 외교정치와 극우 보수주의 이데올로기였다는 사실을 깨닫는다. 이 영화에서 두 다리가 잘리고 생식능력을 상실한 주인공의 모습은 물론 기성세대들의 무책임한 결정과 경직된 이념에 의해 불구가 되어 버린 미국의 모든 젊은이들을 상징하고 있다. 그리고 자신의 어머니에게 퍼붓는 주인공의 격렬한 비난과 저주는 바로 미국의 기성세대를 향한 베트남전 세대의 비판과 단죄를 상징한다.

비단 이 영화의 주인공뿐만 아니라, 사실 베트남에서 영문도 모르고 나라를 위해서 죽어 갔거나 부상당한 젊은이들은 모두 정신적인 7월 4일생들이라고 할 수 있을 것이다. 하지만 미국과 더불어 태어난 그들에게 미국이 해 주었던 것은 과연 무엇이었던가? 이 영화는 바로 그러한 문제에 대한 근본적인 회의와 질문을 던지고 있다. 나라를 위해 모든 것을 희생한 애국자인 주인공은 단지 반전시위에 가담했다는 이유로 경찰에게 무차별 구타를 당하고 휠체어에서 굴러 떨어지기까지 한다.

이 영화의 마지막에 주인공은 경찰이 투입되어 수많은 반체제 인사들을 연행했던 저 유명한 민주당 시카고 전당대회에 참여해 자유주의를 부르짖는다. 아마도 바로 이 마지막 장면으로 인해 국내의 젊은이들은 이 영화가 "미국의 가치를 옹호한 영화"라고 비판하는 글들을 썼던 것처럼 보인다. 그러나 그러한 성급한 단견은 올리버 스톤이 어떤 정치성향을 가진 사람인가, 그리고 이 영화가 도대체 어떤 영화인가, 더 나아가서는 미국의 역사가 어떠했는가를 잘 모르는 데에서 비롯된 것이라고 생각된다. 그러한 사람들은 우선 이 영화가 결코 단순히 공화당의 우익 보수주의에 반대해 민주당의 자유주의적 이념이나 가치를 옹호하자는 뜻에서 만들어진 것이 아니라는 점을 깨달아야만 한다. 그리고 더 나아가, 당시 시카고에서 열린 민주당 컨벤션이 어떤 정치적 의미를 갖고 있는가에 대해서도 충분한 사전지식을 갖고 글을 써야만 할 것이다.

그와 같은 것은 올리버 스톤 감독의 『플래툰』에 대한 국내의 비판에도 해당된다. 예컨대 일부 젊은이들이 영화평을 쓰면서 올리버 스톤 감독의 『플래툰』이 베트남전이라는 공적 비극을 개인적 비극으로 축소시켰다고 간단하게 매도했는데, 이 또한 바로 위와 같은 미국 영화의 메커니즘과 미국인들의 관점을 잘 이해하지 못하는 데에서 비롯된 것처럼 보인다. 문학이나 영화 같은 예술은 단순하게 전쟁의 책임이 어느 나라에게 있으니 그 나라를 직접적으로 비판하자라는 식의 접근을 하지는 않는다. 그러한 것은 아마도 정치학 같은 사회과학의 영역이거나, 아니면 역사학 같은 인문과학의 영역일 것이다. 예술은 본질적으로 전쟁의 무책임함과 잔혹성과 부조리성 같은 것들이 어떻게 군대라는 집단 속에서, 그리고 전쟁이라는 상황 속에서 개인의 삶과 인간성과 세계관을 파괴하는지를 고발함으로써, 전쟁에 책임을 져야 되는 세력을 간접적으로 비판하는 방식을 택한다. 그러나 이때의 간접적 비판은 영화나 문학이 도대체 무엇인지를 모르는 사람들을 빼놓고는 모두에게, 그 어떤 직접적인 단죄보다도 훨씬 더 강력한 비판의 수단이 된다. 그러므로 『플래툰』에 대한 그러한 식의 그릇된 비판은 비교적 관대한 국내사회에서는 통할는지 몰라도 냉정한 국제무대에서는 자칫 웃음거리가 되기 쉽다. 국제사회에서는 올리버 스톤 감독의 작품들을 그런 시각으로 본다는 것 자체가 상식 이하의 짓으로 여겨지고 있기 때문이다.

『플래툰』에 대한 국내의 또 다른 비판은 그것이 '잘못을 저지른 자의 시각으로 본 가해자들의 반성'이기 때문에 '허위'라는 것이다. 그러나 그와 같은 비판은 자신의 잘못을 변명하고 합리화시키려는 작품을 대상으로 할 수 있는 것이지, 『플래툰』같이 스스로를 전혀 옹호하고 있지 않은 작품에다 대고 할 수 있는 것은 아니다. 만일 우리가 저들 중 일부 깨어 있는 지식인들의 반성을 필요 없는 것으로 거부한다면, 도대체 우리가 원하고 기대하는 것은 무엇이란 말인가? 우리는 또 피해자의 시각으로 본 조잡하고 질 낮은 베트남산 영화들이 과연 베트남에 대한 세계의 비판적 여론을 『플래툰』만큼 불러일으킬 수 있을 것인가 하는 문제에 대해서도 한번쯤은 진지하게 생각해 보아야만 할 것이다. 『플래툰』이나 『7월 4일생』이나 『살바도르Salvador, 1986』나 『JFK』 같은 스톤 감독의 비판적 영화들이 유독 한국에서만 비난을 받았던 이상한 상황을 떠올리며, 혹시 우리는 지금 정작 비판해야 할 영화들은 놓아두고, 어리석게도 막상 지지하고 격려해 주어야 할 영화들은 비판하고 있지 않나 하는 의구심을 떨쳐 버릴 수가 없다.

자신과의 싸움, 사랑과 영혼

클리프행어, 사선에서, 영혼의 집,
시애틀의 잠 못 이루는 밤, 칼리토

『클리프행어』 — 절벽에 매달린 자

『다이하드 2』의 감독 레니 할린의 『클리프행어 Cliffhanger, 1993』는 아름답고 시원한 로키 산맥의 설경을 배경으로 산악구조대원들과 범죄조직과의 처절한 사투를 그린 영화다. 재무성의 현금수송관 트래비스는 범죄조직과 짜고 비행기로 수송중인 돈 가방 세 개를 빼돌리려다 로키 산맥에 불시착하고 가방을 잃어버린다. 그들은 자신들을 구하기 위해 찾아온 산악구조대원인 게이브 워커(실베스터 스탤론 扮)와 헬 터커를 협박해 돈 가방을 찾으려 하나, 게이브의 노련한 등반 솜씨와 민첩한 행동으로 인해 결국 험준한 로키 산맥 속에서 돈과 목숨 모두를 잃고 만다.

그러나 이 영화의 더 중요한 주제는 주인공 게이브의 자신과의 투쟁이다. 영화의 초반에 게이브는 자신이 붙잡고 있던 손을 놓쳐 떨어져 죽은, 동료의 애인 새라에 대한 죄의식으로 인해 실의 속에 구조대를 떠난다. 이것은 미국 영화에서 흔히 발견되는 한 전형적인 설정이다. 물론 오랜 고뇌와 번민과 방황 끝에 그는 다시 원래의 위치로 돌아온다. 그러나 다시 돌아오기 위해서는 과거를 속죄할 수 있는 어떤 극적인 계기가 필요하다. 이 영화에서 현금 수송기 탈취 사건은 게이브에게 바로 그러한 계기를 제공해 주기 위한 에피소드로서 등장하고 있다.

과거의 악몽을 극복하고 다시 한 번 원래의 위치로 되돌아오기 위해서는 물론 예전과 똑같은 위기의 상황을 다시 한 번 겪고, 이번에는 성공을 하는 과정이 필요하다. 과연 게이브는 악당들에게 쫓기다가 절벽에서 떨어지는 여자 동료대원 제시의 손을 잡게 된다. 다시 한 번 예전과 똑같은 절체절명의 상황이 재연된다. 그러나 숨 막히는 듯한 위기 속에서 그는 여자를 구해내는 데 성공한다. 드디어 그의 오랜 마음의 상처는 치유된다. 그는 이제 더 성숙해진 모습으로 다시 한 번 산으로 되돌아올 수 있게 된다. 그리고 바로 그 순간, 새라의 죽음으로 인해 그동안 사이가 멀어진 제시도 다시 그에게로 돌아온다.

이 영화의 배경은 거대하고도 험준한 로키 산맥이다. 어떤 의미에서 사실 우리의 나날은 바로 그러한 험난한 암벽에 매달려 있는 '클리프행어(절벽에 매달린 자)'의 상황과 비슷한 것인지도 모른다. 그중 일부는 계곡의 심연 속으로 추락하고, 또 일부는 자신이 개입된 그 추락 때문에 죄의식을 느끼며 살고 있을 것이다. 그럼에도 불구하고 우리는 끊임없이 또 다른 사람의 추락을 막으며 살아야만 한다.

이 영화는 '클리프행어'의 뜻 그대로 시종일관 '손에 땀을 쥐게 하는' 긴장과 박진감이 넘치는 수작이다. 그러나 왜 이 영화가 대자연이 가득 펼쳐진 아름다운 화면에 온통 피를 뿌려야만 하는지는 알 수가 없다. 아름다운 대자연의 풍광을 피로 더럽히는 혐오스러운 존재가 바로 인간이라는 것을 상기시켜 주기 위해서일까? 아니면 할리우드 영화의 특성인 적나라한 폭력성 때문일까? 그러나 감독 레니 할린은 미국이 아닌 핀란드 태생이다. 어쩌면 감독은 새라의 죽음에 책임감을 느끼는 게이브의 선함과 대비시키기 위해 악당들의 잔인한 폭력을 부각시켰는지도 모른다. 그러나 비록 그것이 부인할 수 없는 우리의 현실이라 할지라도 끔찍한 폭력장면의 과다한 묘사는 이 영화의 유일한 약점으로 남는다.

『사선에서』— 자기 자신과의 사투

숀 코네리와 더불어 나이가 들어갈수록 더 중후한 연기를 보여 주는 클린트 이스트우드의 화제작 『사선에서In the Line of Fire, 1993』의 주인공 프랭크 홀리건(클린트 이스트우드 扮)은 63년 케네디 암살 때 대통령 경호에 실패한 후, 30년 동안이나 죄의식에 시달려 온 전직 비밀 경호원이다. 그는 그때의 실패로 인해 직장과 가정 그리고 인생의 모든 것을 잃었다. 워렌 보고서는 그를 무능한 경호원이라고 평가했고, 아내는 딸을 데리고 집을 나갔으며, 그는 술에 취해 하루하루를 보내게 되었다. 대통령 경호업무를 그만둔 그는 현재 위조지폐범들을 위장 수사하는 일을 맡고 있다.

그러던 어느 날, 그는 우연히 대통령 암살을 계획하는 수상한 사람이 있다는 정보를 입수하고, 그를 추적하다가 드디어 그로부터 현직 대통령을 암살하겠다는 전화를 직접 받게 된다. 프랭크는 다시 경호팀에 합류해 그 암살자와 불꽃 튀는 두뇌싸움을 벌인다. 지난 30년 동안 그는 늘 자신이 왜 그때 대통령을 향해 날아오는 총알을 몸으로 막지 못했던가 괴로워해 왔다. 이제 그에게는 다시 한 번 기회가 주어진다. 이윽고 대통령을 향해 암살자의 총구는 불을 뿜고, 그 순간 프랭크는 그 앞에 몸을 던진다. 그는 총에 맞고 대통령은 살아난다. 그의 임무는 완수되고, 30년 동안 그를 괴롭혀 온 기나긴 악몽은 끝난다.

그런 의미에서 『사선에서』는 투철한 직업의식과 철저한 의무감에 대한 영화이자('사선에서in the line of fire'라는 제목은 '직무 수행 중in the line of duty'이라는 말과 상통하고 있다), 은퇴하기 전에 과거의 실패와 좌절을 기어이 극복하고 마는 한 인간이 벌이는 자신과의 처절한 사투에 대한 영화라고 할 수 있다. 과거의 악몽을 망각 속에 묻어 버리거나 예전의 잘못을 편리하게 잊어버리고 살다가 죽어 가는 사람들에게 프랭크의 고뇌는 '할리우드의 상투적 수법'으로만 보일 것이다. 그러나 인간이 죽기 전에 자신의 어두운 과거와 대면해서 그것을 극복한다는 것은 사실 얼마나 어렵고도 용기 있는 일인가?

과연 프랭크는 늙었고, 그의 체력은 이제 더 이상 경호원의 일을 감당해내지 못한다. 그러므로 케네디가 죽었건 말건, 그는 여생을 편안하게 보낼 수도 있었을 것이다. 그럼에도 불구하고 그는 다시 경호팀에 뛰어든다. 그는 이제 곧 은퇴해야만 되며 또 생을 마감해야만 한다. 그러기 전에 그는 자신을 30년 동안이나 괴롭혀 온 어두운 과거와 대면해서 그것을 이겨 내고, 다시 한 번 자신의 본래 모습을 회복(이 영화에서는 'redeem'이라는 말을 사용하고 있다.)하기를 원한다. 그러기 위해서 프랭크는 대면하기 싫은 자신의 '어두운 자아'와 다시 한 번 만나야만 한다.

프랭크 앞에 돌연 암살자 미치 리어리(존 말코비치 扮)가 나타나는 것은 바로 그러한 상황에서다. 어느 날 불쑥 나타나 프랭크의 어두운 과거와 마음의 상처를 조롱하는 암살자 미치는 비록 정반대편에 서 있기는 하지만, 모든 면에서 프랭크 홀리건의 또 다른 모습이라고 할 수 있다. 과연 미치는 프랭크의 은밀한 마음속을 속속들이 알고 있고, 프랭크 역시 미치의 속성을 그 누구보다도 더 잘 알고 있다. 두 사람은 마치 포의 「도둑맞은 편지」에 나오는 사악한 D 장관과 듀팽 탐정처럼 서로의 마음을 읽는다. 또 이 둘은 각각 자신들이 충성을 바쳤던 미합중국, 또는 미 정보기관으로부터 이용당하고 버림받은 사람들이다. 예컨대 미치는 미국의 안보를 지키는 전직 CIA 요원이고, 프랭크 역시 미국 대통령의 안전을 지키는 전직 비밀경호원이지만, 이들은 둘 다 자신들이 몸 바쳐 일하던 기관에 의해 밀려난 사람들이다. 그래서 미치와 프랭크는 각기 복수를 맹세한다. 미치는 미국의 상징인 대통령의 '암살'을 통해, 그리고 프랭크는 대통령의 성공적인 '보호'를 통해.

그러나 얼핏 서로 상반되는 것 같은 그 두 가지 행위가 궁극적으

처음 만나는 영화

로는 동일한 목적을 추구하고 있다는 것을 깨닫기는 그리 어렵지 않다. 프랭크와 미치는 마치 거울을 통해 자신의 또 다른 모습을 바라보고 있는 사람들과도 같다. 이 영화는 그들이 서로의 손목을 잡고 공중에 매달린 채 상대방을 바라보는 장면을, 두 사람의 위치를 바꾸어 두 번씩이나 보여 주고 있다. 첫 번째 장면에서는 미치가 고층빌딩에 매달려 있는 프랭크를 구해 준다. 그리고 두 번째 장면에서는 반대로 고층 엘리베이터에 매달려 있는 미치를 프랭크가 구해 주려고 한다. 그리고 그 장면에서 그들은 상대방의 얼굴을 응시한다.

그것은 곧 그들이 자기 자신의 또 다른 거울 속 이미지를 바라보고 있다는 것을 의미한다. 그러나 둘은 공존할 수 없다. 그러므로 그들은 '어둠' 속에서 서로를 제거하기 위한 사투를 벌인다. 왜냐하면 자신과의 대면과 싸움은 어둠 속에서만 이루어지기 때문이다. 이 영화의 마지막 결투 장면에서 미치가 자신들이 타고 있는 엘리베이터의 전등을 모두 깨뜨려 칠흑 같은 암흑으로 만드는 것 역시 바로 그러한 상황을 만들기 위한 상징적 제스처로도 볼 수 있을 것이다. 그 '어둠' 속의 싸움에서 프랭크는 자신의 어두운 자아인 미치를 이긴다. 미치는 프랭크의 구원을 거부하고 매달려 있던 엘리베이터에서 스스로 떨어져 죽는다. 바로 그 순간, 지난 30년 동안 늘 프랭크를 따라다니던 과거의 악몽은 사라진다.

프랭크는 이제야 비로소 과거의 짐으로부터 해방되어 명예롭게 은퇴할 수 있게 된다. 그에게는 도망간 과거의 아내 대신 새로운 연인도 생긴다. 아마도 그는 이제 피아노를 치며 노후를 즐기는 평범한 생활로 되돌아갈 수 있을 것이다. 그렇다면 그가 '사선에서' 몸을 던져

'보호'하려 했던 것은 과연 무엇이었을까? 흥미로운 것은 그에게 대통령은 원래부터 아무런 의미도 없는 존재였다는 점이다. 이 영화에서 대통령은 재선에만 혈안이 된 늙은이이자 총성에 놀라 숨거나 정신없이 도망치는 비겁자로 그려지고 있을 뿐이다. 그렇다면 프랭크가 목숨을 걸고 보호하려고 했던 것은 대통령이 아니라, 결국 자기 자신의 의무와 책임 그리고 미국인들이 지켜내는 데 실패한 링컨이나 케네디로 표상되는 어떤 숭고한 이념이었다고 볼 수 있다(적절하게도 암살자는 자신을 링컨 대통령의 암살자와 같은 이름인 '부스'로 불러 줄 것을 요청한다).

그런 의미에서 이 영화는 또한 미국의 꿈과 이상을 향해 날아오는 흉탄을 몸을 던져서라도 막지 못한 모든 미국인들에 대한 통렬한 질책으로 볼 수도 있다. 그러므로 이 영화에서 사선射線에 몸을 던지는 것은 다분히 상징적인 행위로 해석될 수 있다. 자신의 몸을 던져서 더 숭고한 것을 보호하는 것, 그러한 살신성인의 정신은 오늘날 급속도로 사라져 가고 있다. 그리고 그 결과로 우리는 오늘날 주위에서 수많은 소중한 것들이 암살자들의 총탄에 맞아 쓰러져 가는 것을 무력하게 바라보고만 있다.

물론 프랭크가 '보호'하려는 것은 미국의 정치가가 아니다. 이 영화에서 대통령을 포함한 워싱턴의 정치가들이나, 비밀정보기관원들은 대부분 얼간이나 악한으로 묘사되어 있다. 그러므로 만일 대통령 경호실에서 경호의 기술을 배우기 위해 이 영화를 단체 관람했다면, 그것은 대단히 아이러니컬한 일이 아닐 수 없다. 왜냐하면 『사선에서』는 사실 대통령의 경호 그 자체와는 별 상관이 없는 영화이기 때문이다. 오히려 이 영화는 미치 리어리의 입을 빌어 '암살과 보호는

처음 만나는 영화

결국 종이 한 장 차이일 뿐'이라고 말하고 있다.

이 영화의 그러한 유연하고 복합적인 시각은 선악을 가르는 단순한 흑백논리를 처음부터 해체하고 있다. 예컨대 이 영화의 처음에 등장하는 위조지폐와 위장 수사관 에피소드는 구별하기 어려운 진짜와 가짜의 문제를 상징적으로 예시한다. 사실 프랭크가 목숨을 걸고 보호하려고 하는 것이 가짜가 아니라고 그 누가 자신 있게 말할 수 있겠는가? 바로 그러한 맥락에서 이 영화는 암살자 미치를 부정적으로만 그리고 있지는 않다. 대부분의 경우 미치의 논리는 정연하고 타당하며 설득력이 있다. 그러나 미치와는 달리 프랭크는 자신을 속이고 자신에게 해를 끼치는 정권의 핵심(가짜)에 복수하는 것과, 국가의 원래 순수한 이념(진짜)을 보호하는 것 사이의 차이를 분별한다.

모든 것이 끝나고 프랭크는 링컨 기념관 앞에 평화롭게 앉아서 석양의 '워싱턴 기념비'를 바라본다. 그것은 곧 진정한 기념비란 요란한 정치가들에 의해서가 아니라 자신의 임무를 다해 소중한 것을 지키는 보통 사람들에 의해 세워진다는 것을 상징적으로 말해 주고 있다.

『영혼의 집』— 우리가 살고 있는 역사적 '공간'

현존하는 최고의 연기파 여배우인 메릴 스트립과 글렌 클로스가 공연한다는 이유만으로 영화팬들의 관심을 끌기에 충분했던 『영혼의 집 The House of the Spirits, 1993』은 보기 드문 감동적인 명화다. 장기집권을 시도하다가 73년 군부 쿠데타에 의해 피살당한 칠레 대통령 살바도르 아옌데의 조카인 이사벨 아옌데의 소설을 원작으로 한 이 영화는 4대에 걸친 아옌데 가문의 흥망성쇠를 그린 대서사시로서, 『정복자 펠레Pelle The Conqueror, 1987』의 덴마크 감독 빌 어거스트가 메가폰을 잡았다.

『영혼의 집』은 농장주 에스테반 트루에바스(『프랑스 중위의 여자The French Lieutenant's Women, 1981』, 『카프카Kafka, 1991』의 제레미 아이언스 扮)가 자신의 약혼녀 로사가 사고로 죽자, 초능력을 가진 그 동생 클라라(메릴 스트립 扮)와 결혼하면서 시작된다. 에스테반은 보수당 상원의원이 되지만, 명예와 부와 권력만 추구하는 이기적인 그는 오래지 않아 누이 페룰라(글렌 클로스 扮)를 내쫓고 아내 클라라와도 사이가 벌어진다. 한편 에스테반의 딸 블랑키는 농장 십장의 아들 페드로의 딸 알바를 낳게 되고, 격분한 에스테반은 노동자들의 권익 투쟁을 선동하던 페드로를 추방한다.

그때부터 칠레의 정세는 급변한다. 좌파 운동권의 기수가 된 페드로의 사회주의당이 선거에서 승리하고, 에스테반의 보수당은 참패한다. 그 와중에 클라라도 죽는다. 그러자 이번에는 군사 쿠데타가 일어나 좌파 운동권의 동조자라는 혐의로 블랑카를 체포한다. 아이러니컬한 것은 블랑카를 고문하는 군인이 바로 에스테반이 예전에 인디언 여자를 성폭행해 낳은 사생아 가르시아라는 점이다. 에스테반은 비로소 자신이 저지른 업보를 받는다는 것을 깨닫는다.

이 영화에서 '영혼의 집'이란 에스테반의 가문을 의미하는 동시에 칠레라는 한 나라를 상징한다. 그러므로 에스테반 가문의 흥망성쇠는 곧 칠레의 흥망성쇠와 긴밀하게 맞물려 있다. 예컨대 에스테반 가문

처음 만나는 영화

에 스며들어 자신의 씨를 심는 운동권 청년 페드로, 에스테반의 보수당 상원 의원 출마, 그리고 군인이 되어 자신을 거부한 부친에게 복수하는 에스테반의 사생아 가르시아 등은 곧 칠레에 등장하는 좌파 사회주의, 기득권을 지키려는 우파 보수주의, 그리고 군사 쿠데타 같은 정치적 격변으로 형상화되어 나타난다.

그리고 칠레라는 나라 역시 궁극적으로는 비슷한 경험을 겪은 모든 나라들의 상징으로 보편화된다. 이 영화를 보면서 새삼 한국의 정치적 격변과 그것이 개인들에게 끼쳐 온 파괴적이고 비극적인 여파들을 돌이켜보게 되는 이유도 바로 거기에 있다. 물론 이 영화는 운동권 청년인 페드로의 시각이 아니라 몰락한 트루에바스 가문의 후예인 블랑카의 회상으로 진행되고 있다. 그러나 블랑카는 페드로의 아이를 가진 여인이다. 바로 그렇기 때문에 이 영화는 그동안 엄청난 정치적·사회적 격변 속에서 살아온 우리에게 삶의 허무함과 덧없음과 아이러니를 효과적으로 전달해 주는 데 성공하고 있다.

물론 그것이 언제나 비극적인 것만은 아니다. 새로운 생명은 계속해서 태어나고, 죽은 사람들의 영혼들 또한 아직 『영혼의 집』을 맴돌며 살아남은 사람들을 위로하고 있다. 그런 의미에서 『영혼의 집』은 결국 현재 우리가 살고 있는 역사적 '공간'이라고도 할 수 있을 것이다.

『시애틀의 잠 못 이루는 밤』— '운명적 사랑'에 대한 믿음

톰 행크스는 그동안 환상적인 분위기 속에 펼쳐지는 삶의 아이러니와 패러독스를 우화적으로 보여 주는 로맨틱 코미디의 주인공 역을 주로 맡아 왔다. 그가 출연했던 『스플래쉬Splash, 1984』나 『빅Big, 1988』이나 『볼케이노Joe vs. the Volcano, 1990』는 그 대표적인 예다. 『시애틀의 잠 못 이루는 밤Sleepless in Seattle, 1993』에서도 그는 역시 환상적인 사랑 이야기를 통해 인생의 본질을 낭만적으로 그러나 심도 있게 탐색하고 있다.

약혼한 여기자 애니(맥 라이언 扮)는 운전 중에 우연히 채널을 돌리다가 라디오 상담 프로에 나온, 죽은 아내를 잊지 못하는 남자 샘(톰 행크스 扮)의 사연을 듣고 감동을 받아 눈물을 흘린 뒤, 왠지 그가 자신의 운명적인 남자일지도 모른다는 생각을 하게 된다. 그러나 그 두 사람은 아직 한 번도 서로 만난 적이 없는, 각각 미국의 동부와 서부의 끝(시애틀과 볼티모어)에 떨어져 살고 있는 남남일 뿐이다. 그러나 케리 그란트와 데보라 카가 주연한 50년대 애정영화를 즐겨 보는 애니는 그 영화에서처럼 운명적인 배필을 만나게 해주는 '사랑의 마법'을 믿는다.

이윽고 애니는 샘에게 편지를 보내고, 샘의 아들 조이는 그녀를 좋아하게 된다. 두 사람의 만남은 우여곡절 끝에 케리 그란트의 영화에서처럼 뉴욕의 엠파이어스테이트 빌딩의 전망대에서 이루어진다. 그리고 그 순간 애니와 샘은 서로가 '운명적인 배필made for each other' 임을 깨닫는다. 드디어 '사랑의 마법'은 이루어진다. 이제 '시애틀의 잠 못 이루는 사람'(사실은 이것이 이 영화의 원제이다.)인 샘은 비로소 깊은 잠을 잘 수 있게 된다.

이 영화에 등장하는 가장 중요한 두 가지 장치는 오늘날 상업영화에 의해 밀려난 '50년대의 낭만적 영화'와 현대의 커뮤니케이션 수단인 텔레비전에 의해 밀려난 '라디오'다. 그리고 그 두 가지 장치는 곧 즉흥적이고 상업적이며 표피적으로 변질된 오늘날 젊은 세대의 이기적 애정관에 대한 비판과 낭만적이고 운명적인 '사랑의 마법'을 믿었던 예전 세대의 순수한 애정관에 대한 향수를 담고 있다. 애니는 라디오 채널을 돌리다가 우연히 샘의 목소리를 듣게 된다. 만일 그녀가 어느 한 채널에 다이얼을 고정시켰더라면, 그녀는 샘의 목소리를 결코 듣

『시애틀의 잠 못 이루는 밤』은 낭만적이고 운명적인 '사랑의 마법'을 믿었던 예전 세대의 순수한 애정관에 대한 향수를 담은 영화다.

지 못했을는지도 모른다. 그리고 그것은 곧 우리가 늘 다양한 주파수와 채널에 귀 기울이고 있어야만 한다는 것을 의미한다. 정말이지 우리는 단지 이념적 주파수가 다르다는 이유만으로 오늘도 얼마나 많은 중요한 메시지들을 놓치고 있는가?

사랑은 또 우연을 필연으로, 그리고 환상을 현실로 변화시키는 힘을 갖고 있다. 그것은 '사랑의 마법'이자 '삶의 신비'다. 그리고 그 마법과 신비는 우리에게 삶의 의욕을 가져다준다. 『시애틀의 잠 못 이루는 밤』은 두 시간 동안 관객들을 바로 그러한 마법과 신비와 감동과 재미의 세계로 데려간다. 『러브 스토리』 이래 가장 뛰어난 사랑이야기인 이 영화는 연령과 세대에 관계없이 모두에게 진한 감동을 주며, 영화에서 예술을 찾는 사람들과 모험을 찾는 사람들 모두의 욕구를 동시에 충족시켜 주는 데 성공하고 있다.

『칼리토』— 좌절된 '낙원으로의 탈출'

『대부Mario Puzo's The God Father』 시리즈 이래 쏟아져 나온 수많은 아류 갱 영화들의 늘 그렇고 그런 패턴에 식상해 있는 사람들에게 『칼리토Calito's Way, 1993』는 새롭고도 신선한 느낌을 준다. 이 영화에는 우선 마피아들의 잔인하고도 끈적끈적한 복수나 총기난사가 없다. 그 대신 이 영화에는 이제 더 이상 영웅이 아닌 한 사나이의 좌절된 꿈과 사랑이 있다. 그리고 그것은 관객들에게 아쉬움과 안타까움을 안겨 준다.

이 영화의 가장 큰 주제는 시대의 변천과 낙원의 상실이다. 예컨대 칼리토 브리간테(알 파치노 扮)는 마치 20세기에 접어들면서 갑자기 입지를 상실한 카우보이나 총잡이처럼, 자신의 시대를 잃어버린 전직 갱이다. 60년대에 이름을 날린 갱이었던 칼리토는 70년대의 전반부 5년 동안을 복역한 후 75년에 석방되지만, 그동안 세상이 변하고 자신의 시대는 사라졌음을 깨닫는다. 마리화나가 코카인으로, 트위스트가 디스코로, 미니스커트가 맥시로, 그리고 의리가 배반으로 바뀐 새로운 시대에 감옥에서 풀려 나온 그는 자신이 다만 지나간 시대의 '전설'일 뿐 이제는 설 자리가 없음을 발견한다.

칼리토는 암흑세계로부터 손을 씻기로 결심하고 자신의 변호사인 데이비드 클라인펠트(숀 펜 扮)가 지분을 갖고 있는 나이트클럽 '엘 파라디소(낙원)'의 공동 경영자가 된다. 그는 거기에서 돈을 벌어, 바하마로 가서 옛 애인 게일(페넬로피 앤 밀러 扮)과 함께 렌터카 사업을 하려는 소박한 '꿈'을 갖고 있다. 바하마는 그에게 있어서 '낙원'이다. 그리고 렌터카 사업은 다른 사람들의 여행—때로는 낙원으로의 여행—을 도와주는 일이다. 그런 의미에서 그가 꿈을 키우는 나이트클럽의 이름이 '낙원'이라는 사실은 상징적이다.

그러나 그의 꿈은 이루어지지 않는다. '낙원'은 결국 '밤의 술집'이고, 밤의 술집에는 필연적으로 술과 싸움이 따른다. 그리고 '렌터카' 역시 자신의 차를 갖지 못한 사람들이 이용하는 임시 이동 수단이다.

이 영화의 시작과 끝 장면을 장식하는 것은 '낙원으로의 탈출'이라는 표제가 붙은 바하마 해변의 천연색 대형 광고 사진이다. 칼리토는 '낙원으로의 탈출'을 간절히 원하지만 끝내 실패한다. 그는 자신의 절친한 친구인 변호사에게 배반당하고, 자기가 살려 준 신흥 갱의 총에 맞아 숨을 거둔다.

영화 『칼리토』가 기존의 갱 영화와는 달리 관객들에게 강한 호소력과 공감을 주는 이유는, 그것이 단순히 갱들의 이야기가 아니라 궁극적으로는 우리 모두의 이야기로서 다가오기 때문이다. 사실 우리 모두는 소박한 꿈을 갖고 그 꿈이 이루어지는 날만을 기다리며 살고 있다. 그러나 그 꿈은 언제나 거의 이루어지려는 찰나에 좌절되고 만다. 그것이 바로 이 영화가 보여 주는 인생의 패러독스다. 그런 의미에서 『칼리토』는 그래도 순진했던 시대, 그래서 가끔은 꿈이 이루어지기도 했던 시대의 영화였던 『카사블랑카Casablanca, 1942』에 대한 현대판 패러디라고도 할 수 있다. 두 사람의 유사점에도 불구하고, 칼리토에게는 험프리 보가트의 '꿈'과 '탈출'이 허용되지 않기 때문이다. 알 파치노와 숀 펜의 성숙한 연기는 『칼리토』를 『스카페이스Scarface, 1983』보다 한 단계 더 수준 높은 영화로 만들어 주고 있다.

F I
LM

03

영화를 보는
두 겹의 시각

공포영화의 정치성
드라큘라, 살아 있는 시체들의 밤,
미저리

『드라큘라』— 이성과 비이성, 빛과 어둠의 충돌

1897년 아일랜드 작가 브람 스토커가 쓴 『드라큘라』는 그동안 여러
차례 영화화되면서 공포영화의 고전으로 자리 잡았다. 그중에서도
1922년에 흑백 무성영화로 만들어진 『노스페라투Nosperatu』(맥스 슈랭
크 주연), 1931년에 제작된 흑백영화 『드라큘라Dracula』(벨라 루고시 주
연), 그리고 1957년에 제작된 칼라판 『괴인 드라큘라The Horror
Dracula』(크리스토퍼 리, 피터 커싱 주연), 또 1979년에 만들어진 『드라큘
라Dracula』(프랭크 란젤라, 로렌스 올리비에 주연)는 모두 원작에 입각해 만
들어진 정통 드라큘라 영화로서, 그 이후에 나온 속편들이나 또는 다

「드라큘라」는 브람 스토커의 동명 소설을 영화화한 작품으로 수많은 아류 드라큘라 영화들의 전형이 되었다.

른 흡혈귀를 등장시킨 수많은 아류 드라큘라 영화들의 전형이 되고 있다. 『드라큘라』는 1992년에도 프랜시스 포드 코폴라 감독에 의해 현대식 감각으로 새롭게 만들어져 영화평론가들과 관객들의 찬사를 받은 바 있다.

『드라큘라』에 대한 사람들의 반응은 크게 두 가지로 나누어진다. 첫째는 그것을 단순한 오락용 공포영화로 생각하는 것이고, 둘째는 그것을 혐오스럽고 저급한 영화로 아예 무시해 버리는 것이다. 그러나 그와 같은 태도는 마치 '드라큘라'라는 한 귀족 가문의 이름을 곧 '흡혈귀' 그 자체로 오해하는 것만큼이나 아무런 근거 없는 편견일 뿐이다. 왜냐하면 작품으로서의 『드라큘라』는 결코 단순한 오락물이나 저급한 공포물이 아닌 복합적인 의미를 가진 문제작이기 때문이다.

『드라큘라』에 대한 비판은 그것의 작품성보다는 차라리 끔찍한 괴물인 드라큘라를 영국인이 아닌 외국인으로 설정한 19세기 영국인들의 제국주의적 속성에 대한 지적으로부터 시작되어야만 할 것이다.

사실 이 작품은 '외국에서 스며들어 온 극도로 무질서하고 어두운 힘에 의해 파괴되어 가는 영국을 구해내는 사람들의 이야기'라고도 볼 수 있다. 사건의 발단은 '유럽의 문명에서 가장 멀리 떨어진 미개한' 지역의 어느 외국인 귀족(드라큘라 백작)이 영국의 부동산 회사를 통해 런던에 집을 사면서 시작된다. 즉 이 작품은 외부의 무질서한 악의 힘이 질서와 이성의 상징인 대영제국의 수도에 침입하면서 시작되고 있다. 그 사악한 암흑의 화신은 그 집에다 자기 조상의 유해가 섞여 있는 흙을 담은 50개의 상자(관)를 가져다 놓은 다음, 런던 사람들을 희생자로 삼기 시작한다(드라큘라는 그중 하나에서 잠을 자는데, 나머지 49개의 관은 기독교의 오순절과 불교의 49제에서처럼 '생과 사의 기로'를 상징한다고 볼 수 있다).

드라큘라가 런던을 지배하는 방법은 적절하게도 영국인들의 생명력의 상징인 피를 빨고, 그 피해자들을 자신의 조종을 받는 허수아비로 만드는 것이다. 더욱이 그는 주로 어린이들과 여자들을 공격해 자신의 지배하에 둠으로써 그들이 상징하는 영국의 미래를 장악하려 한다. 그리고 그는 대담하게도 런던의 중심지인 피커딜리 가(街)에 자신의 은신처를 마련한다. 이제 문명의 상징인 런던은 초자연적인 존재에 의해 곧 혼란과 암흑과 파멸의 도시로 변해 갈 것이었다.

그러한 무질서와 야만의 파괴적 힘에 대항하는 것은 이성과 문명의 상징인 철학자이자 과학자인 에이브러햄 반 헬싱 교수와 그의 제자 존 수워드다. 반 헬싱 교수는 사람들의 협조를 요청하면서 "이것은 개인의 문제가 아닙니다. 런던 전체를 구하는 일입니다. 그러기 위해서 우리는 모두 힘을 합해야만 합니다."라는 말을 반복한다. 이윽고 반 헬싱의 추적에 못 이겨 드라큘라는 영국을 떠나 자신의 고성으로 되돌아간다. 그러나 영국인들에게 있어서 그의 도망은 궁극적인 해결책이 되지 못한다. 왜냐하면 그가 살아 있는 한 그의 영향력은 계속해서 영국 내에 남아 있게 되기 때문이다. 그러므로 반 헬싱(그는 네덜란드 태생이다.)과 그를 돕는 남자들은 끝까지 드라큘라를 추적해 그의 심장에 말뚝을 박는다. 57년도 영화에서는 드라큘라가 태양빛에 노출되어 죽는데, 이단의 극치인 드라큘라가 서구 기독교의 상징인 십자가를 두려워한다는 설정 역시 다분히 유럽 중심적이고 제국주의적인 것처럼 보인다. 드라큘라가 죽는 순간, 영국의 피해자들은 다시 원래의 모습으로 되돌아오고 이성과 문명의 질서는 회복된다.

은밀한 성적 자유의 표상 — 드라큘라

『드라큘라』는 부동산 회사에 근무하는 영국인 조나산 하커의 일기로 시작된다. 하커는 런던에 집을 산 드라큘라 백작의 자문 요청을 수락해 그를 만나러 트랜실베니아로 떠난다. 그러나 드라큘라 백작의 성에 가까이 갈수록 그는 사람들이 무엇인가를 두려워하고 있다는 느낌을 받는다. 이윽고 음산한 분위기의 드라큘라 성에 도착한 하커는 그곳에 드라큘라 백작 혼자서 살고 있다는 것을 발견하고 의아하게 생각한다. 이어서 하커는 드라큘라가 빛을 싫어하고 밤에만 나타난다는 것, 거울에 모습이 비치지 않는다는 것, 그리고 동물과의 교류와 변신이 가능한 초인적인 존재라는 것 등을 발견한다. 하커는 또 그곳에 세

명의 여자 흡혈귀가 있다는 것도 알게 된다. 하커는 이제 자신이 탈출이 불가능한 드라큘라 성에 갇혔다는 것을 깨닫고 극도의 공포에 사로잡히게 된다. 하커의 일기는 여기에서 끝난다.

한편 하커의 약혼녀 미나 마리는 약혼자의 소식이 끊겨 우울해 있던 차, 친구인 루시 웬스텔러의 초청으로 항구도시 휘트비에 온다. 그런데 그곳에 선원들이 모두 죽은 러시아 국적의 이상한 배 한 척이 표류해 오고, 원래 몽유병 증세가 있던 루시는 그때부터 이상하게 변해간다. 사태를 이상하게 여긴 루시의 주치의인 존 수워드는 자신의 스승 반 헬싱 교수를 불러오는데, 반 헬싱 교수는 루시가 흡혈귀의 피해자가 되었다는 사실을 발견한다. 그러나 그들의 필사적인 노력에도 불구하고 루시는 결국 죽어 묘지에 묻히고, 그날 이후 그 마을에는 어린아이들이 밤에 어느 여인에게 유괴되었다가 돌아오는 사건들이 일어난다. 그리고 그들의 목에서는 예외 없이 두 개의 이빨 자국이 발견된다. 반 헬싱 교수는 그것이 바로 루시의 짓이라고 단정하고 그녀의 묘지로 가서 그녀의 심장에 말뚝을 박는다. 반 헬싱 교수는 흡혈귀에게 물려 죽은 사람은 죽음의 안식을 얻지 못하고 다시 살아나 흡혈귀가 된다고 말한다. 그래서 그는 "아무리 피를 빨아 먹어도 육체는 죽어 있으니까 이내 그것은 말라 버리고, 그래서 계속 피를 빨 상대를 찾게 됩니다."라고 말한다.

한편 드라큘라는 반 헬싱 교수의 추격에 분노해 조나산 하커의 약혼자인 미나조차 자신의 희생자로 삼아 그녀를 조종한다. 예전 영화에서는 조나산 하커 역시 드라큘라 성을 빠져 나오지 못하고 흡혈귀가 되지만, 1992년판 영화와 원작소설에서는 그가 성을 탈출해 반 헬

처음 만나는 영화

싱 교수와 더불어 드라큘라를 추적하는 것으로 되어 있다. 반 헬싱과 그의 라이벌 드라큘라는 각각 미나에게 최면을 걸어 그녀를 이용해 서로의 의도와 행방에 대한 정보를 캐낸다. 이윽고 영국을 탈출한 드라큘라를 추적해 간 그들은 드디어 악의 화신을 죽이는 데 성공한다. 그 순간 미나의 목에 있던 상처는 말끔히 없어지고 영국에는 다시 한 번 평화와 질서가 회복된다.

그런 의미에서 『드라큘라』는 분명 해피엔딩으로 끝난다고 말할 수 있다. 그러나 드라큘라는 과연 영원히 사라져 버린 것일까? 혹시 드라큘라는 다시 돌아오는 것은 아닐까? 그렇다면 그는 왜 다시 돌아오는 것이고, 그 귀환은 과연 무엇을 의미하는 것일까? 그러한 의문들을 염두에 두고 이 영화를 다시 보면, 비로소 이 작품이 단순한 공포 영화가 아니라는 것을 깨닫게 된다.

우선 『드라큘라』에 대해 논할 때, 가장 먼저 떠오르는 것은 아마도 에로티시즘의 문제일 것이다. 드라큘라는 우선 강하고(그는 성인 남자 20명 정도의 힘을 갖고 있는 것으로 알려져 있다.) 포근하며 이상한 매력을 갖고 있는 남자로 묘사된다. 그리고 일단 그에게 피를 빨린 여성들은 계속해서 그의 지배를 받게 되고, 그가 시키는 대로 행동한다. 예컨대 그들은 두려움 속에서도 밤마다 그를 받아들이기 위해 문을 열어 놓는다. 드라큘라의 흡혈하는 과정 역시 다분히 성적인 암시를 포함하고 있다. 예컨대 그는 우선 희생자의 가장 연약하고 상처받기 쉬운 부위(마치 여성의 국부처럼)인 목을 자신의 이빨(남성 성기의 상징)로 찌른다. 그다음 그는 마치 아이가 엄마의 젖을 빨듯 희생자의 피를 뺀다. 그러는 동안 희생자는 물론 두려움과 고통 그리고 일종의 환상적인 쾌감을 동시에 느낀다. 중요한 것은 '피' 역시 '젖'처럼 생명의 근원이라는 점이다.

바로 그런 이유로 드라큘라는 사실 많은 여인들의 은밀한 욕망과 그 욕망에 대한 두려움이 만들어낸 일종의 왜곡된 성적 대상의 상징일 수도 있다. 그래서 70년대와 80년대에 만들어진 『뉴욕의 드라큘라』(미국 텔레비전 영화), 『런던의 드라큘라』(영국 영화), 『클리프행어스』(미국 텔레비전 드라마) 또는 『검은 그림자의 집』(미국 텔레비전 미니시리즈) 그리고 『앤디 워홀의 드라큘라 Blood for Dracula, 1974』 등의 필름들에서 흡혈귀는 여성들의 은밀한 성적 욕망의 대상인 매력적인 남자로 그리고 여성들의 마조히즘을 만족시켜 주는 사디스트로 등장한다. 그러한 영화들에서 드라큘라는 더 이상 단순한 악의 화신이 아니라 성적으로 억압되어 있는 여성들의 해방자로서 제시된다. 그리고 『검은 그림자의 집』에서는 흡혈귀가 과학자의 도움으로 정상인이 되어 대낮에도 돌아다니게 된다. 이제는 흡혈귀와 정상인의 차이조차도 분명치 않게 된 것이다.

『드라큘라』가 보여 주는 바로 그와 같은 상황은 물론 브람 스토커가 살았던 빅토리아 시대 영국 사회의 성적 억압과 무관하지 않다. 빅토리아 시대의 영국 사회에서 성적 자유란 곧 수치스러운 죄악이었다. 그런 맥락에서 보면, 드라큘라 백작은 분명 빅토리아 시대의 모럴리티와 정면으로 배치되는 인물로서 제시된다. 예컨대 그는 자신의 성에 세 여인을 거느리고 있으며, 계속해서 다른 여자들―그것도 약혼한 여자들―을 자신의 소유로 삼는다. 흥미로운 것은 조나산 하커가 하필이면 약혼 중에 '유럽의 문명으로부터 가장 멀리 떨어진' 어두운 원시의 지역으로 여행을 떠났고 루시 역시 약혼 중에 악의 화신이 자 밤의 마왕인 드라큘라의 유혹에 빠져들었다는 점이다. 그것은 그들의 상대역들에 있어서도 마찬가지다. 즉 루시의 약혼자 아서 홈 우드는 자신의 부친을 돌보느라 약혼녀를 흡혈귀에게 빼앗겼고, 미나 또한 약혼 중에 드라큘라의 소유가 된다. 약혼은 윤리와 도덕을 기반으로 사회에서 행해지는 가장 강력한 성적 억압의 굴레라고 할 수 있다. 바로 그와 같은 성적 억압의 굴레가 극에 달했을 때, 사람들은 왜곡된 성적 자유의 표상인 드라큘라를 만나게 된다.

'드라큘라' — 우리의 '어두운 자아'

그렇다면 조나산 하커의 드라큘라 성으로의 여행은 곧 문명과 교양을 떠나 시도해 본 자신의 원초적 본능으로 가는 상징적 여행이라고도 말할 수 있을 것이다. 그가 그 어둠 속의 여행의 끝에서 대면한 것은 물론 야만과 무례—곧 '불법적'인 존재—의 화신인 드라큘라였다. 그것은 하커의 직업이 부동산 거래에 따른 제반 사항을 '합법적'으로 처리해 주는 변리사라는 점을 생각해 볼 때 퍽이나 적절하게 느껴진다. 조나산 하커가 여행의 종착지에서 만난 드라큘라는 어쩌면 억압된 자기 자아의 내부에 숨어 있었던 또 다른 하커 자신의 모습인지도 모른다는 생각이 드는 것은 바로 이 순간이다. 하커는 자신의 거울에 드라큘라의 모습이 비치지 않는다는 것을 발견한다. 거울 속에는 다만 하커 자신의 모습만이 보일 뿐이다. 그렇다면 드라큘라는 별개의 존재가 아니라 사실은 하커 자신의 '어두운 자아'인지도 모른다.

소설과는 달리 1957년도에 제작된 영화에서는 조나산 하커가 흡혈귀가 됨으로써 그와 같은 유사성을 더 직접적으로 제시해 보여 주고 있다. 원작소설에서도 그는 자기를 찾아온 여자 흡혈귀를 보며 전부터 그녀를 잘 알고 있다는 느낌을 받는다—"그녀의 얼굴은 내게 낯익었다. 마치 꿈속의 어떤 열망과 공포와 연관되어서 전부터 알고 있었던 것처럼." 그렇다면 지금 조나산 하커는 그동안 문명세계에서는 억압되어 있었던 자신의 또 다른 모습을 바라보고 있는지도 모른다. 그의 이름인 '하커'는 '듣는 자'를 의미한다. 그렇다면 그는 지금 자신의 '메아리'를 듣고 있는지도 모른다. 즉 드라큘라는, 결국 그의 분신이자 메아리인지도 모른다는 것이다.

그와 같은 유사성은 비단 하커와 드라큘라뿐만 아니라 반 헬싱과 드라큘라 사이에서도 발견된다. 흡혈귀를 추적하던 중 반 헬싱은 자신이 대표하고 있는 '합법성'과 드라큘라가 표상하고 있는 '불법성' 사이에는 다만 얇은 종이 한 장의 차이밖에 없음을 깨닫게 된다. 이 영화에서 반 헬싱 교수는 서구의 정통과학과 종교, 그리고 이성과 질서를 상징하는 반면, 드라큘라는 비과학과 이단, 그리고 광기와 무질서를 표상한다고 볼 수 있다. 반 헬싱의 눈에 드라큘라는 다만 문명과 자연의 절서를 파괴하는 불합리한 암흑의 힘일 뿐이다. 그와 같은 디오니소스적 이단에 대해 그는 정통 기독교를 상징하는 십자가와 아폴로적인 빛을 사용해 대항한다.

그러나 『드라큘라』의 문학적 의의 중의 하나는, 이 작품이 내내 반 헬싱과 드라큘라 사이의 이분법적 서열을 해체하고 있다는 점이다. 그것은 곧 이 작품의 저자나 감독이 궁극적으로는 반 헬싱 교수와 드라큘라 백작의 위치가 바뀔 수도 있다는 가능성을 강력하게 시사한다는 것을 의미한다. 예컨대 반 헬싱과 드라큘라는 둘 다 조나산 하커의 약혼자 미나에게 최면을 걸어 자신들의 목적에 맞게 이용한다.

　여기에서 미나는 두 사람에 의해 읽히는 하나의 텍스트가 되고, 그 텍스트 속에서 저자와 독자는 서로의 숨은 의도를 알아내려고 힘을 겨룬다(미나를 정신적으로 소유 및 조종하고 있는 드라큘라가 저자이고, 미나를 통해 그의 소재와 의도를 알아내려 하는 반 헬싱은 독자라고 할 수도 있을 것이다). 또 자신의 피해자의 목에 이빨을 찔러 넣는 드라큘라처럼, 반 헬싱 역시 드라큘라의 피해자의 심장에 말뚝을 박아 넣는다. 반 헬싱의 말뚝은 악마로부터의 해방과 죽음의 평화를 피해자에게 되찾아 주기 위한 것이라는 명분을 갖고 있다. 그러나 시체에 말뚝을 박는 그의 행위가 어쩐지 이단을 처형하는 당당하고도 잔인한 종교재판을 연상시키는 것은 부인할 수 없는 사실이다. 이 모든 것은 비록 지금은 서로 반대편에 서 있지만, 반 헬싱과 드라큘라는 사실 자기들이 표상하는 낮과 밤처럼 서로 대립되면서도 피차 불가분의 관계를 갖고 있는 존재들이라는 것을 말해 주고 있다.

　그런 의미에서 이 작품을 다시 보면, 『드라큘라』는 19세기 서구 기독교와 이단의 대립 문제를 은유적으로 다루는 작품이라는 것을 알 수 있다. 우선 드라큘라는 삶과 죽음의 경계선에 스스로를 위치함으로써 기독교에서 주장하는 부활과 영혼 불멸설을 전적으로 모독하고 있다. 그는 또 "피는 곧 생명이니 피를 먹지 말라."고 기록한 구약성서의 계율도 완전히 무시하고 있다. 역사적으로 기독교는 이단을 규정하는 가장 핵심적인 특징으로 피를 마시는 의식을 들고 있다. 그렇다면 드라큘라의 흡혈은 곧 기독교의 교리에 위배되는 이단적인 행위가 된다. 기독교는 이와 같은 이단을 참지 못한다. 이단은 즉시 십자가의 힘으로 처단해야만 된다. 그것이 곧 기독교의 속성이다. 그러나 자신과 다른 '타자'의 존재를 참지 못하는 기독교의 이와 같은 배타적 속성은 그동안 살육과 피를 부른 수많은 종교재판과 종교전쟁을 초래해왔다. 그런 의미에서 『드라큘라』는 기독교의 독선에 대한 재고를 제안하는 작품이라고도 볼 수 있을 것이다.

　『드라큘라』는 또 과학과 이성과 질서에 대한 현대의 과신에 대한 경고의 역할도 하고 있다. 이 영화에서 드라큘라는 반 헬싱의 과학적, 이성적 추리를 비웃고 교묘하게 빠져 나감으로써 과학과 이성만이 만능이 아님을 보여 준다. 예컨대 드라큘라는 피와 살을 가진 살아 있는 유기체가 아니다. 그는 문틈으로 새어 들어올 수도 있고, 가파른 절벽을 내려갈 수도 있으며, 박쥐나 늑대로 변신할 수도 있는 비유기체적 존재다. 그에게는 고정된 실체도 없고 그림자도 없다. 그런 의미에서 그는 비과학적인 존재이며, 실재한다기보다는 다만 상상의 소산이자 환상의 이미지일 수도 있다. 그는 시간을 초월해 존재하기 때문에 그 누구도 그의 정확한 나이를 알 수 없다. 그는 또 생사를 초월해 존재하기 때문에 매일 아침 죽었다가 밤이 되면 다시 살아난다. 그는 생과 사의 경계선에 위치해 있다. "이것은 인간도 짐승도 아니다. 나는 이 존재, 이 '죽지 않은 죽은 자the Un-dead'의 현존 앞에서 두려움에 몸을 떨기 시작했다."라고 조나산 하커는 일기에 쓰고 있다.

'드라큘라' ─ 억압된 '또 하나의 문화'

드라큘라의 그와 같은 초자연적인 속성은 그의 희생자들에게도 그대로 전수된다. 그에게 피를 빨리고 죽은 사람들 역시 영원히 죽지도, 살아 있지도 않은 상태에서 밤이면 무덤에서 일어나 또 다른 희생자들을 찾아 밤거리를 방황한다. 그것은 '전염성' 질병이 되어 결국에는 모든 인간들로 하여금 영원한 갈증으로 인해 끝없이 서로의 피를 탐하는 흡혈귀로 변하게 만든다. 그리고 그러한 와중에 사람들은 과연 누가 드라큘라에게 희생당한 흡혈귀인지 알지 못하고 서로를 불신하게 된다. 가공할 만한 사실은, 아서 홈우드나 조나산 하커 모두가 자신의 약혼자가 드라큘라의 희생자로서 흡혈귀가 되어 가고 있으며, 결국에는 자신의 목숨마저 노리게 되리라는 사실을 전혀 눈치채지 못하고 있다는 점이다. 그와 같은 것은 단순히 흡혈귀에게 피를 빨리는 것보다도 훨씬 더 무서운 이 영화의 진정한 공포가 된다.

그러므로 『드라큘라』는 단순한 공포영화가 아니고, 사회적·계급적·인종적·종교적 그리고 성적 편견에 대한 날카로운 비판 텍스트로서도 읽힐 수 있을 것이다(예컨대 이 영화에 등장하는 피해자의 대부분이 여성들이라는 점, 그리고 그 여성들이 동시에 공격적으로 묘사되고 있다는 점은 분명 여성에 대한 성적 편견과 긴밀한 연관을 가지고 있다). 이 영화는 또한 억눌린 사회현실과 소외집단과 하류문화에 대한 지배문화의 인식을 촉구하는 경고로서도 읽힐 수 있을 것이다. 사실 이 작품의 전체를 뒤덮고 있는 것은 어두운 '그림자'다. 드라큘라의 망토, 박쥐 그리고 고성 등은 모두 어두운 '그림자'의 이미지를 강렬하게 던져 주고 있다.

군이 융의 이론을 빌지 않더라도 이 작품에서 그림자가 우리의 억압된 사회적·문화적·심리적 무의식을 상징하고 있다는 것을 깨닫는 것은 그리 어렵지 않다.

물론 그 무의식을 간단하게 무시해 버릴 수는 없다. 왜냐하면 우리가 흔히 광기, 암흑, 원시, 악, 범죄, 기형으로 치부하고 멸시하는 것들은 결국 남성 위주의 중산층 부르주아 지배이데올로기의 기준에 의해 그와 같은 평가를 받은 것들이기 때문이다. 그런 소외된 하류 문화는 영화나 문학작품 속에서 흔히 흡혈귀나, 난쟁이나, 악마나 마녀나 괴물의 모습으로 형상화된다. 그리고 작품 속에서 저자들은 그와 같은 것들에 대한 사회적 편견에 대한 재조명을 촉구한다. 그것은 물론 드라큘라가 옳고 반 헬싱 교수가 틀렸다는 것을 의미하는 것은 아니다. 드라큘라는 사악한 존재다. 이 작품은 다만 그러한 성급하고도 단순한 이분법적 가치판단을 초월하자고 제안하는 것뿐이다.

브람 스토커 역시(그리고 많은 흡혈귀 영화들의 감독들도 역시) 결국에는 남성 위주의 중산층 부르주아 지배이데올로기의 기준에 의해 드라큘라를 처단하고 작품을 끝맺는다. 그럼에도 불구하고 그는 '판타지'라는 장르를 통해, 그동안 지배문화에 의해 억눌려 온 에너지의 가공할 만한 힘과, 그것에 대한 사회적 편견이 얼마나 경직되어 있는가를 드러내 보여 주는 데 성공하고 있다. 드라큘라는 바로 그러한 사회적 편견에 의해 억눌려 온 어두운 그늘 속의 에너지를 표상한다. 드라큘라의 본질은 데리다의 용어대로 '부재한 현존absent presence'이다. 그는 언제나 우리의 의식 속에 부재하는 현존으로 존재하며, 우리가 부를 때 우리 앞에 나타난다. 그래서 드라큘라는 결코 죽지 않고 다시 돌아온다. 그것이 왜 수많은 드라큘라 영화들과 흡혈귀 영화들이 지금도 계속해서 만들어지고 있는가 하는 이유다.

소설이나 영화 속에서 드라큘라는 피해자가 먼저 불러들여야만 비로소 집 안으로 들어 갈 수 있다. 그렇지 않으면 그는 스스로를 나타내지 못한다. 그래서 그는 주로 경직된 현실의 세계보다 유연한 환상의 세계에 더 가까이 살고 있는 여성들이나 어린아이들에게 우선적으로 접근한다. 그리고 탄탄하다고 생각되는 현실의 평온한 표면 속에 감추어지고 억눌려진 불안한 본질을 과감하게 드러내 보여 준다. 현실은 물론 지배 이데올로기가 만들어 놓은 것이다. 그렇다면 그 속에 감추어진 불안한 속성은 바로 지배이데올로기에 의해 제외되고 소외된 하류문화를 상징한다고 볼 수 있다. 『드라큘라』는 바로 그 억압된 '또 하나의 문화'의 존재와, 그것에 대한 우리의 편견을 상징적으로 보여 주고 있는 중요한 텍스트라고 할 수 있다.

『살아 있는 시체들의 밤』— 정치적 비판 텍스트

컬트영화의 귀재로 불리는 조지 로메로 감독의 『살아 있는 시체들의 밤』은 단순한 것처럼 보이는 공포영화가 어떻게 오락이나 권선징악의 차원을 초월해 한 편의 격조 높은 문제작이 될 수 있는가를 보여 준 '공포영화의 고전'이다. 이 영화의 특징은 첫 장면부터 마지막 장면까지 숨 쉴 틈을 주지 않고 연속적으로 터지는 충격적인 사건들과, 그때마다 극장을 압도하는 긴박감 넘치는 강력한 배경음악이다. 그러

THEY WON'T STAY DEAD!

『살아 있는 시체들의 밤』은 강력한 방사능의 방출로 인해 죽은 시체들이 무덤에서 일어나 인육을 탐식하는 것으로 시작한다.

나 그보다 더 놀라운 것은 이 영화의 도처에 깔려 있는 심오하고도 중후한 주제들이다. 그것은 마치 수년 전 국내 TV에서 연속물로 방영되었던 『브이』라는 공상과학 드라마가 단순한 아동용 오락물이 아니라, 사실은 매 편마다 무거운 문학적 주제를 깔고 있는 성인용 드라마였다는 사실과도 같은 맥락의 이야기다(제국주의와 식민주의에 대한 민중의 저항을 그린 이 드라마는 국내에서 아동용으로 오해되어 어린이 만화 시간대인 저녁 6시에 방영되었다).

『살아 있는 시체들의 밤』은 부모의 묘지에 성묘를 온 오누이가 갑자기 나타난 좀비에게 공격을 받으면서 시작된다. 오빠 자니가 무덤에서 나온 좀비와의 격투 중에 죽자, 여동생 바바라는 천신만고 끝에 도망쳐 근처의 빈집으로 피신한다. 이윽고 밤이 찾아오고 그 빈집은 여기저기에서 몰려든 수많은 좀비들에 의해 포위된다. 바로 그때, 홀연히 이 집에 젊은 흑인 한 사람이 뛰어들고(그 역시 지나가다가 자동차 연료가 떨어져 피신해 온 사람이다.), 그때부터 이 영화의 초점은 이 흑인에게로 옮아간다. 그는 즉시 문에 못질을 하고 외부의 위협으로부터 여자를 보호한다. 그런 다음 그는 라디오를 켠다. 라디오에서는 지금 어찌된 셈인지 죽은 시체들이 사방에서 다시 되살아나고 있으며, 그 좀비들은 극심한 공복감을 느껴 본능적으로 인육을 탐식하고 있으므로 사람들은 일체 외출을 금지해 달라는 아나운서의 황급한 목소리가 들려오고 있었다.

처음 만나는 영화

한편, 배가 고파진 좀비들은 문을 부수고 집 안으로 들어오려는 시도를 계속하고, 그 과정에서 그들은 흑인과 처절한 사투를 벌인다. 그 와중에 우연히 고장 난 텔레비전을 발견한 흑인과 여자는 그것을 수리해 작동시키는데 바로 그 순간 지하실에 숨어 있던 네 명의 백인들이 나타난다. 그 집의 지하실에는 중년 부부와 그들의 병든 딸 그리고 애인 사이인 두 남녀가 숨어 있었는데, 그들은 이 층의 위급한 격투 소리를 듣고도 자신들의 안전을 위해 올라와 보지 않고 숨어 있다가 텔레비전 소리를 듣고서야 비로소 모습을 나타낸 것이었다.

텔레비전을 통해 그들은 비로소 사건의 진상을 알게 된다. 미국이 쏘아올린 우주 로켓이 고장으로 인해 지구로 되돌아오면서 강력한 방사능을 방출해 최근에 죽은 시체들의 뇌파를 자극함으로써 좀비들이 무덤에서 일어나게 된 것이었다. 그 좀비들은 아무런 의식도 없이 배회하는데, 그것들을 다시 죽이는 방법은 오직 머리를 부수어 뇌파를 차단하는 것뿐이라고 텔레비전의 아나운서는 말한다. 그리고 텔레비전 화면에는 좀비들을 사살하기 위한 추적대를 이끌며, 사태는 이미 평정되었노라고 큰소리치는 보안관의 모습이 비쳐진다.

이제 그들은 앞으로 어떻게 해야 될지에 대해 격렬한 논쟁을 시작한다. 흑인은 만약을 위해 출구가 여러 개 있는 일 층에 모여 있어야 된다고 주장하는 반면, 이기적인 중년 백인은 지하실 속에 숨어 문을 폐쇄해야만 살 수 있다고 반발한다. 그러한 과정에서 제3의 의견이 채택되어 탈출을 시도해 보기로 하고, 젊은 연인 두 사람이 트럭을 몰고 집 앞에 있는 주유소의 급유탱크에서 가솔린을 넣어 오기 위해 집 밖으로 나간다. 그러나 불행히도 트럭에 불이 붙어 폭발하자 그 두 남녀는 좀비들에게 잡아먹히고 만다.

드디어 한밤중 고기 맛을 본 좀비들은 문을 부수며 총공격을 시도한다. 바바라는 좀비가 되어 돌아온 오빠 자니에게 죽임을 당하고, 중년의 백인 부인은 지하실에서 병들어 죽었다가 좀비가 되어 다시 살아난 자기 딸에게 잡아먹힌다. 드디어 모두가 죽고 혼자 남은 흑인은 이 모든 것에 환멸을 느끼고 차라리 죽기를 원한다. 그러나 바로 그 순간, 날이 밝고 추적대가 도착하자 좀비들은 도망치기 시작한다.

추적대원들은 무차별 사격으로 좀비들을 사살한다. 관객들은 비로소 안심하기 시작한다. 가장 기나긴 밤의 공포가 이제는 사라졌기 때문이다. 흑인은 비틀거리며 시체들 사이를 걸어 나와 창밖 너머 반가운 추적대들의 모습을 바라본다. 바로 그 순간, 추적대 중의 하나가 그를 좀비로 오인해 총을 쏘고, 그는 머리에 총알이 관통된 채 시체들 사이로 쓰러진다. 그 순간 아까 텔레비전에 나왔던 보안관이 껌을 씹으며 "명중이다! Good shot!"라고 말한다. 이윽고 추적대들이 쇠갈퀴로 흑인과 다른 좀비들의 시신을 찍은 채 기념촬영을 하는 장면이 스틸로 처리되면서 이 영화는 끝이 난다.

선과 악, 또는 낮과 밤의 문제

이 영화는 어느 날 밤에 생긴 악몽 같은 사건을 다루고 있으며, 처음부터 선과 악은 명료하게 구분된다. 인육을 먹는 좀비들은 악을 상징하는 공포와 혐오의 존재로서, 그리고 추적대들은 선을 상징하는 십

처음 만나는 영화

자군으로서 제시되고 있다. 그러므로 영화가 다 끝날 때까지 관객들은 내내 좀비들을 더럽고 두려운 존재로서 증오하게 되고, 반면 추적대들은 반갑고 믿음직스러운 존재로서 환영하게 된다. 그러나 추적대들의 비인간적인 대량살육이 아무런 거리낌 없이 자행되는 마지막 장면은 선·악에 대한 관객들의 통념에 대해 강한 의문을 제기한다. 즉 좀비들은 적어도 배가 고파서 살인을 하지만 추적대들은 다만 재미로 살육을 자행한다는 것, 그리고 그와 같은 과정에서 때로는 아이러니컬하게도 해방군에 의해 죽임을 당할 수도 있다는 것을 관객들은 깨닫게 되는 것이다.

그러므로 이 영화가 끝난 후, 관객들은 선과 악 그리고 낮과 밤에 대해 두 겹의 시각을 갖게 된다. 과연 좀비를 이해와 동정의 눈으로, 그리고 추적대를 의심과 의문의 눈으로 바라볼 수 있게 되었다는 것은 커다란 깨우침이자 획기적인 인식의 전환이다. 그러므로 관객들은 이제 밤이라고 해서 무조건 두려워하거나, 낮이라고 해서 무조건 좋아하지는 않게 된다. 어떤 의미에서 좀비는 죽음의 자유와 존엄성조차 잃어버린 가엾은 존재들이고, 그와 같은 재난을 가져다 준 사람은 바로 그들을 두 번 죽이는 인간들이었다. 그리고 이를 깨닫는 순간 관객들은 좀비가 상징하는 여러 가지 의미를 깨닫게 된다.

인종문제

이 영화에서 인종문제가 두 번째 중요한 주제로 부각되는 것도 사실은 바로 그러한 맥락에서다. 과연 어떤 의미에서, '밖'에서 배회하고 있는 위협적인 좀비들은 바로 백인들이 보는 유색인종일 수도 있다. 그와 같은 상황에서 로메로 감독은 흑인을 '안'에다 집어넣어 지하실의 백인들과 밖의 좀비들 사이에 위치시키는 놀라울 만한 성찰과 예지를 보여 주고 있다. 왜 이 영화의 주인공이 하필 흑인이어야만 했는가 하는 문제의 해답도 바로 거기에 있다. 이기적이고 배타적인 백인들 사이에서 놀랍게도 이 흑인 주인공은 가장 뛰어난 판단력과 진정한 용기를 보여 주고 있으며, 관객들은 자신들도 모르는 사이에 이 흑인에 대해 깊은 신뢰심을 갖게 된다. 그것은 이 영화가 제공하고 있는 또 하나의 놀라운 인식의 변화다.

그러나 결국에는 그 흑인도 역시 자신의 '밤의 영웅적 행위'에 대한 아무런 인정도 보상도 받지 못한 채 백인의 총탄에 의해 쓰러지고 만다. 그러므로 그에게 있어서는 지난밤의 공포보다는(적어도 그는 밤의 시련에서는 살아남았다), 오히려 낮이 더 위험하고 더 두려운 '악몽적 현실'이 된다. 과연 그는 자신의 피부빛처럼 밤에 더 빛이 나는 '밤의 사람'이었다. 아침이 되어 햇빛이 그의 눈을 부시게 하는 순간, 그는 쓰러지고 만다. 미국 문학에 면면히 나타나 있듯이 백인들은 오직 위험한 상황에서만—예컨대 광야, 강, 바다에서 그리고 밤중에만—그를 필요로 했던 것이다.

열림과 닫힘의 문제

인종문제는 궁극적으로 곧 열림과 닫힘의 주제와 상통한다. 어떻게 보면 이 영화는 닫힌 집 속에 숨어 있는 사람들의 이야기라고도 할 수 있을 만큼 집 안에서 모든 장면이 전개된다. 과연 외부의 위험을 감지하는 순간, 이들은 우선 외부로 통하는 모든 문을 잠그고 그 위에 못질까지 한다. 그러나 극 중의 한 대사에서 지적되고 있듯이, 문을 다 잠그면 유사시에 밖으로 나갈 길이 없어진다. 즉 자신을 외부로부터 완전히 밀폐시키는 것은 곧 스스로의 파멸을 의미한다.

그렇기 때문에 이 영화의 가장 치열한 논쟁 역시 출구가 없는 지하실에 숨는 것이 안전할 것인가, 아니면 문이 많이 있는 일 층에 있을 것인가 하는 문제를 둘러싸고 일어난다. 전술한 대로 중년 백인은 지하실을, 그리고 젊은 흑인은 일 층을 주장한다. 흑인이 보기에 지하실은 다만 출구가 없는 죽음의 장소일 뿐이다. 여기에서 로메로 감독이 의미하는 것은 물론 우리 인간의 마음의 문일 것이다. 그리고 영화 속의 인물들은 하룻밤의 악몽을 통해 관객들에게 바로 그러한 '마음의 열림과 닫힘'의 교훈을 주고 있는 것이다.

커뮤니케이션과 정보

열림과 닫힘은 또한 커뮤니케이션과 정보의 문제로도 연결된다. 과연 이 영화에서 중요한 역할을 차지하고 있는 것 중 하나가 바로 교류와 정보의 상징인 라디오와 텔레비전이다. 이 영화의 첫 장면에서 자니와 바바라는 좀비에 대해 방송하고 있었던 라디오의 뉴스를 듣지 않은 채 차에서 내리고, 그 결과 비극적인 죽음을 맞게 된다. 그리고 좀비들과의 대치와 투쟁이 계속되는 내내 사람들은 텔레비전을 바라본다. 집 속에 갇혀 있는 그들에게 있어서 텔레비전은 그들을 외부세계와 연결시켜 주는 유일한 기구이다.

그러나 불행히도 텔레비전은 일방적인 정보 전달의 기능만을 갖고 있을 뿐이다. 지금 무슨 일이 일어나고 있는지를 알고 싶어 하는 그들에게 텔레비전이 제공해 주는 정보는 가히 절대적인 것이라고 할 수 있다. 그러나 그들이 좀비들과 처절한 사투를 벌이고 있는 바로 그 순간에도 텔레비전에서는 "모든 것은 순조롭다."라는 태평스러운 보안관의 말이 흘러나온다. 정보는 왜곡되고 편집되어 시청자들에게 전달될 뿐이다. 텔레비전에 나온 NASA의 공군 장성은 이미 다 알려진 고장 난 우주선의 방사능설조차도 공식적으로 부인한다.

테크놀로지·우주 항공 사업에 대한 비판

커뮤니케이션에 대한 불신은 또 테크놀로지에 대한 불신으로 이어진다. 좀비들을 깨어나게 만든 원인을 고장 난 우주선에서 방출되는 방사능으로 설정함으로써 이 영화는 커뮤니케이션과 테크놀로지 모두를 신랄하게 비판하고 있다. 즉 우주로 쏘아올린 우주선은 일방적인 커뮤니케이션의 시도이고, 그것의 필연적인 실패는 결국 또 다른 커뮤니케이션의 실패(죽은 자의 뇌파를 자극해서 살아나게 하는)를 불러온다는 것이다. 아폴로 우주선의 성공으로 미국이 축제 무드에 젖어 있을 때인 1968년에 이 영화가 이렇게 인간의 우주 항공 산업을 신랄하게 비판하고 있다는 점은 분명 높이 평가해야 할 것이다.

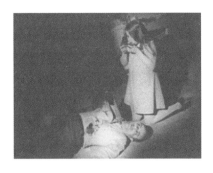

『살아 있는 시체들의 밤』에서는 부모와 자식, 오빠와 여동생 사이까지도 서로 믿을 수 없는 극히 배타적인 인간관계가 제시된다.

인간 불신의 시대

그리고 이 모든 것은 인간 불신의 문제로 귀결된다. 이 영화에서는 부모와 자식, 그리고 오빠와 여동생 사이까지도 서로 믿을 수 없는 극히 배타적인 인간관계가 제시되고 있다. 예컨대 바바라는 오빠 자니에게 살해되며, 중년 백인 부인은 지하실에서 죽었다가 다시 살아난 자신의 딸에게 잡아먹힌다. 분명 자신의 혈육인데도 그들은 이미 다른 사람이 되어 있는 것이다. 이러한 상황에서 인간은 과연 누구를 믿을 수 있을 것인가? 우리는 과연 누가 좀비이고 누가 정상적인 인간인가를 알아낼 수 있을 것인가? 바바라와 중년 부인은 죽어 가면서도 설마 오빠가, 설마 내 딸이 하는 최후의 신뢰를 잃지 않는다. 그러나 그들의 신뢰는 무참히도 거부당하고 만다. 이 영화가 그리고 있는 시대는 이와 같이 철저한 '불신의 시대'이다.

『시체들의 새벽』

이 영화가 내포하고 있는 이와 같은 주제들은 이 영화의 속편인 『시체들의 새벽 Dawn of the Dead, 1978』에 오면 훨씬 더 명백하게 드러난다. 의도적으로 흑백 화면을 사용했던 전편과는 달리 이 속편은 컬러 필름을 사용함으로써 더 현대적인 감각을 살리고 있다. 『시체들의 새벽』은 좀비들이 출현하고 있다는 푸에리토리코인들의 거주 지역을 백인 경찰들이 급습해 아무나 가리지 않고 무차별 살상하면서 시작된다. 즉 인종문제가 처음부터 강렬하게 드러나고 있는 것이다. 그러한 혼란 가운데 텔레비전 역시 왜곡된 정보를 내보내고 허위사실을 유포한다.

이 와중에 환멸을 느낀 흑인 경찰과 백인 주 방위군, 그리고 텔레비전의 여성 아나운서가 헬리콥터로 그 지역을 탈출한다. 그러나 한 지역에서만 사건이 발생했던 전편과는 달리, 속편에서는 전 미국이 이미 좀비들로 덮여 있는 묵시록적 상황이 전개되고 있어 그들에게는 더 이상 찾아갈 도피처가 없다. 그들은 어느 대형 쇼핑센터 빌딩의 옥상에 착륙해 비교적 안전한 골방에 체류하게 되는데, 그 쇼핑센터 역시 좀비들로 가득 차 있다는 것을 발견한다.

이 속편에서 좀비들은 배고픈 본능 외에는 아무것도 모르는 순진한 존재들로 제시되고 있다. 오히려 타락한 것은 인간들이다. 이들 셋은 표정이 없고 눈동자에 초점이 없으면 좀비들이 자신들과 동류로 착각한다는 것을 알고 그들을 조롱하며 백화점의 값비싼 물건들을 훔친다. 속편에서는 이렇게 현대의 비인간적 상업주의에 대한 통렬한

처음 만나는 영화

비판이 가해진다. 또한 어느 날 갑자기 나타난 모터사이클족들은 대검과 총으로, 쇼핑센터를 돌아다니고 있는 좀비들을 무차별 살상한다. 바로 이 시점에서 이 속편은 정치적 성향을 띤다. 즉 극우파로 분류되고 있는 미국의 모터사이클족의 잔인성을 부각시킴으로써, 이 영화는 좌우 이데올로기의 대립 문제를 제기하고 있는 것이다. 그러한 와중에 세 사람의 도망자 중 백인은 죽고, 거기에서도 환멸을 느낀 흑인과 백인 여자만 다시 헬리콥터를 타고 그곳을 탈출한다. 그러나 그들은 과연 어디로 갈 수 있을 것인가?

『살아 있는 시체들의 밤』이 만들어진 1968년은 미국 문화에서 가장 중요한 사건들이 많이 발생했던 기념비적인 해였다. 예컨대 마틴 루터 킹의 암살, 로버트 케네디의 암살, 아폴로 8호 우주선 발사, 컬럼비아 대학생들의 대학점거, 닉슨의 대통령 당선 등 굵직한 정치적 사건들이 터져 나왔으며, 진보주의 사상이 하나의 힘으로 결집되던 해가 바로 1968년이었다. 로메로 감독의『살아 있는 시체들의 밤』은 바로 그러한 시대정신을 잘 나타내 주고 있는 60년대의 기념비적인 수작이다. 1990년에 다시 컬러로 리바이벌되어 재제작된 이 '공포영화의 고전'을 가리켜 한 영화잡지는 "지금까지 나온 공포영화 중 가장 무서운 영화"라고 평했다. 그렇다면 거기 덧붙여 이 영화는 "지금까지 나온 공포영화 중 가장 우수한 영화"라고 평할 수도 있을 것이다.

『미저리』 — 작가들의 악몽과 '글쓰기의 어려움'

스티븐 킹의 소설을 영화화한 『미저리Misery, 1990』를 그저 단순한 공포영화나 오락영화쯤으로 생각하는 사람이 많지만, 이 영화가 사실은 작가의 '글쓰기' 또는 작가와 독자와의 관계에 대한 성찰을 다룬 무게 있는 영화라는 사실을 아는 사람은 많지 않다. 그러나 『미저리』는 처음부터 끝까지 작가의 글쓰기, 그리고 작가와 독자와의 관계를 집중적으로 조명하고 있는 특이한 형태의 공포영화다.

이 영화의 주인공(제임스 칸 扮)은 이미 많은 독자를 갖고 있는 유명한 소설가다. 그런데 어느 날 그가 감쪽같이 실종된다. 경찰이 동원되어 수색에 나서지만 그의 흔적은 아무데서도 찾을 수가 없다. 그는 영원히 증발해 버린 것이다. 영화는 물론 관객들에게 그의 행방을 알려 준다. 그는 최신작을 출간하기 위해 출판사와 계약을 맺고 돌아오는 도중 자신이 운전하던 차가 눈길에 미끄러지는 교통사고를 당한다. 도로에서 벗어나 비탈길로 굴러 떨어져 다리를 다친 채 정신을 잃은 그는 근처에 홀로 사는 한 여자에 의해 구조된다. 그러나 얼마 후 정신을 차린 그는 자신이 구조된 것이 아니라 오히려 그 집에 감금되었고 다리를 다쳐 도망칠 수도 없게 되었다는 사실을 발견한다.

작가를 자기 집에 감금해 놓은 그 이상한 여자는 사실 그의 열렬한 독자이자 준엄한 비평가임이 드러난다. 과연 그녀는 지금까지 나온 그의 소설을 모두 읽었으며, 그것들을 편집증적으로 좋아하고 있었던 것이다. 그녀는 그의 가방에 들어 있던 소설 원고를 읽어 보고 잘못된 부분을 지적하며 다시 쓸 것을 요청한다. 그는 처음에는 타자

처음 만나는 영화

기와 종이를 주며 자신이 원하는 대로 소설을 다시 쓰라고 강요하는 그녀에게 반항하지만, 곧 그녀의 폭력과 위협에 못 이겨 소설을 개작하기 시작한다. 그는 그녀가 타자기 용지를 사러 간 틈을 타서 탈출을 시도하나 실패하고 오히려 들켜서 엄한 벌을 받는다. 그는 이제 꼼짝없이 독자의 요구대로 글을 써야만 되는 작가가 되고 만 것이다.

'미친 여자'에게 감금당한 『미저리』의 주인공의 상황은 독자에 의해 포로가 되고, 독자에 의해 강요받으며 독자가 원하는 것만을 써야 하는 오늘날 작가들이 처해 있는 상황에 대한 패러디다.

이 영화의 주인공이 겪는 이 끔찍한 경험은 사실 모든 작가들이 은밀히 두려워하는 악몽이다. 독재에 의해 포로가 되고, 독재에 의해 강요받으며, 이윽고 독자가 원하는 것만을 써야 되는 것—그것이야말로 오늘날 작가들이 가장 피하고 싶어 하는 절박한 딜레마가 아닐 수 없다. 그럼에도 불구하고 작가들은 아차 하는 순간에 벼랑으로 굴러 떨어지고, 다리를 부러뜨리게 되며, 이윽고 독자의 포로가 되고 만다. 그렇게 되면 작가는 살아남기 위해 어쩔 수 없이 독자의 취향에 맞는 글을 써야만 한다. 그것을 거부할 때, 독자는 그를 죽일 것이다.

작가가 그러한 상황에서 벗어나려면 그는 우선 자신을 강요하는 독자를 죽여야만 한다. 이 영화에서도 작가는 탈출하기 위해 결국 자신을 위협하는 독자를 죽인다. 그러나 그곳에서 끔찍한 경험을 겪은 후 그곳을 탈출한 그는 이제 더 이상 예전의 그가 아닐 것이다. 그는 이제 자신의 '글쓰기'에 대해 새로운 시각을 가진 새로운 작가로 다시 태어날 것이다. 그렇다면 지금까지 그가 겪었던 악몽은 작가로서 성숙하기 위해 그가 겪어야만 했던 한 필연적인 과정이었는지도 모른다. 그러한 과정을 겪지 않고서는 결코 훌륭한 작가가 될 수 없기 때문이다.

모든 작가들의 선조인 『아라비안나이트』의 세헤라자드 역시 죽음을 피하기 위해 이야기를 계속한다. 그녀의 경우에도 독자인 왕은 생사여탈권을 갖고 있다. 즉 이야기가 재미없는 경우, 왕은 언제라도 세헤라자드를 죽일 수 있다. 그러한 면에서 보면 세헤라자드 역시 『미저리』의 주인공처럼 도저히 빠져 나갈 수 없는 왕의 포로가 된 셈이다. 그러나 『미저리』의 주인공과는 달리 세헤라자드는 독자를 죽이지 않는다. 그 대신 그녀는 그동안 '이야기하기storytelling'와 더불어 진행되었던 자신(작가)과 왕(독자) 사이의 '사랑하기love making'의 결과로 태어난 아이들을 보여 주며 자신을 죽이려던 왕에게 화해를 요청한다.

그러나 그것은 아득한 옛날, 독자가 아직 왕이었을 때의 경우다. 오늘날의 독자는 왕이 아닌 '미친 여자'가 되었고, 그 미친 여자와 작가 사이에 사랑이 싹텄다는 암시는 아무 데에도 없다. 고대 아라비아의 왕은 적어도 독자의 역할에 충실했지, 비평까지 나서서 시도하지는 않았다. 그때에 비평은 세헤라자드의 동생 듀나자드가 맡았었고, 그녀는 오히려 적절한 순간 둘 사이에 개입함으로써 작가인 언니의 목숨을 구해 주었다. 그러나 지금은 독자들이 비평가를 겸하고 있고, 그래서 그들의 권한은 그 어느 때보다도 더 막강해졌다. 비록 독자의 비위를 맞추지 못하는 작가는 죽을 수밖에 없다는 상황은 예나 지금이나 변함이 없지만, 오늘날의 독자는 더 지독해졌고 더 까다로워졌

처음 만나는 영화

다는 것이다.

과연 지난 60년대 이후 저자의 권위는 땅에 떨어졌다. 60년대 말에 쓴 「저자의 죽음」이라는 글에서 롤랑 바르트는 "독자는 저자의 의도를 무시한 채 자유롭게 텍스트의 의미형성에 참여할 수 있다."라고 말함으로써 소위 '저자의 죽음'을 선언했다. 또 역시 60년대 말에 쓴 「저자란 무엇인가?」라는 글에서 미셸 푸코는 다음과 같이 말함으로써 역시 저자의 죽음에 따른 '독자의 탄생'을 선언하고 있다.

> 고전적 비평은 독자에게는 아무런 관심도 기울이지 않았으며, 저자만을 문학에서 유일한 인물로 취급했다. 그러나 글쓰기의 미래를 위해서 그러한 신화는 이제 깨뜨려져야만 한다. 독자의 탄생은 저자의 죽음으로써만 가능하다……. 저자는 입법자가 아니다. 저자는 사라졌다. 우리는 이제 저자가 사라진 공백상태를 재점검해야만 한다.

사실 그와 같은 선언은 지난 20여 년 동안 사방에서 일어나 그동안 저자를 위협하고 궁지에 몰아넣었다. 예컨대 스탠리 피쉬가 주창했던 미국의 '독자반응이론', 또 볼프강 이저와 한스 야우스가 주창했던 독일의 '독서이론' 등은 모두 '저자의 퇴진'과 '독자의 등장'을 선언했던 동시대의 강력한 비평이론들이었다.

오늘날 저자는 과거의 높은 단상에서 내려와 독자들과 나란히 탁자에 앉아 그들이 강요하는 대로 글을 써야만 하게 되었다. 그러므로 살아남기 위해서 작가는 이제 독자의 말을 듣거나, 아니면 독자를 죽여야만 한다. 오늘날 작가들의 '글쓰기'는 바로 그와 같은 딜레마를 수반하고 있다. 그러한 상황은 또 곧 대중문학과 순수문학에 대한 문제로까지 확대된다. 그런 의미에서 『미저리』는 오늘날 미국에서 가장 인기 있는 대중 작가 중 한 사람인 스티븐 킹 자신의 '글쓰기'에 대한 심오한 성찰에서 비롯된 것이라고도 볼 수 있을 것이다.

SF영화의 사회비판

터미네이터 2, 에일리언, 주라기 공원

『터미네이터 2』— 인간과 기계에 대한 성찰

아놀드 슈왈제네거가 주연한 영화 『러닝 맨The Running Man, 1987』은 일종의 공상과학영화이면서도, 텔레비전의 왜곡보도, 테크놀로지의 오용, 게임으로 축소되는 인간의 생명, 오락을 추구하는 청중들의 잔혹성, 픽션과 리얼리티의 혼동, 비디오의 허구적 리얼리즘 창조 같은 절박하고 무거운 주제들을 다룬 보기 드문 수작이다.

마리오 카사가 제작하고 제임스 카메론이 감독한 『터미네이터 2 Terminator 2, 1991』 역시 사람들이 흔히 할리우드 오락영화 또는 상업영화라고 비판하는 영화 중의 하나다. 그러나 이 영화를 면밀히 살펴

보면, 그와 같은 비난이 얼마나 근거 없는 것인지를 금방 알 수 있게 된다. 이 영화는 물론 오락적인 요소도 적절히 갖추고 있다. 그러나 『터미네이터 2』의 진가는 그 오락적인 요소 뒤에 숨어 있는 절박하고도 중후한 문제성과 예술적 주제다. 다만 사람들이 편견으로 인해 그와 같은 것들을 미처 보지 못할 뿐이다.

1997년 세계는 핵전쟁으로 인해 파멸한다. 그리고 30억의 인구가 전멸당하고, 오직 소수의 생존자들만 살아남는 때는 서기 2029년—세상은 이제 마일드 베넷 다이슨 박사가 만든 사이버넷 로봇들의 지배 하에 들어가게 되고, 살아남은 인간들은 반군이 되어 저항하게 된다. 로봇들은 반군 지도자 존 코너를 제거하기 위해 그의 소년 시절인 1994년으로 T-1000이라는 최신형 터미네이터를 파견하고, 그것을 알게 된 존 역시 자신을 보호하기 위해 구형 터미네이터 101을 파견한다. 영화 『터미네이터 2』는 1994년으로 보내진 이 두 터미네이터들의 이야기다.

이 영화의 기본 전제를 이루고 있는, 일견 허황된 것처럼 보이는 '과거로의 회귀back to the future,' '과거와 현재의 동시 존재', 그리고 '시간 여행'의 가능성에 대해서는 현대 물리학의 문제이기 때문에 여기에서는 논의하지 않기로 한다. 또 포스트모더니즘을 비롯한 현대 문예 사조의 특성인, 현재의 문제점의 근원을 찾기 위한 '과거에 대한 심문' 모티프 역시 여기에서는 논의하지 않기로 한다. 여기에서는 다만 이 영화의 더 큰 주제인 핵전쟁으로 인한 '인류의 파멸'과 '인간과 기계' 그리고 '선과 악'의 문제만을 다루기로 한다. 그럼에도 불구하고 이 영화가 위에서 언급한 그 모든 무거운 주제들을 다 다루고 있다는

처음 만나는 영화

것만큼은 부인할 수 없는 사실이다.

『터미네이터 2』는 북적대던 거리의 자동차들과 평화롭게 웃으며 그네를 타던 어린아이들이 갑자기 불어 닥친 핵폭풍에 의해 삽시간에 재와 뼈로 변하는 끔찍한 장면으로부터 시작된다. 그리고는 바로 그 폐허의 잿더미 위에서 인간들과 기계들의 전투가 벌어진다. 이 영화의 핵심주제는 이미 이 첫 장면을 통해 제시되고 있다.

이 영화는 우선 인류문명의 파괴와 낙원의 상실에 대한 비탄과 경고로부터 시작되고

영화 『터미네이터 2』에서 2029년 로봇들은 반군지도자 존 코너를 제거하기 위해 그의 소년 시절인 1994년으로 최신형 터미네이터 T-1000을 보낸다.

있다. 영화가 시작되자마자 문명을 상징하는 자동차의 행렬과 낙원을 상징하는 그네 타는 아이들은 핵폭탄의 열풍에 날려 뼈만 남는다. 인간은 핵폭탄을 만들어 어리석게도 자멸하고 만 것이다. 인류의 어리석음에 대한 그와 같은 비탄과 경고는 이 영화의 구석구석마다 무겁게 깔려 있다. 예컨대 그와 같은 가공할 비극을 미리 알고 경고하는 존의 어머니 새라 코너(린다 해밀턴 扮)는 적절하게도 정신병원에 갇혀 어리석은 병원장과 직원들의 감시를 받는다. 그러므로 지구의 파멸을 막기 위해 노력하는 동안 시종일관 계속되는 그녀의 절박한 표정과 필사적인 행동은 바로 이 영화의 가장 절실한 주제 중 하나가 된다. 『터미네이터 2』가 『차이나 신드롬The China Syndrome, 1979』이나 『그날 이후The Day After, 1983』에 못지않은 강력한 반핵영화가 되는 이유도 바로 거기에 있다.

앞서 말한 대로 이 영화의 도입부에는 핵폭탄의 열풍이 불어온다. 그리고 그 열풍이 지나간 자리에는 자동차와 인간의 잔해만 남는다. 휴머니티가 타 버린 후에 남는 것은 다만 인간이 그 지배력을 상실한 기계뿐이다. 과연 타이틀백이 끝나 가는 화면에서는 불타는 화염 속에서 기계인 인조인간이 등장하고, 화면은 굉음과 함께 위아래로 닫힌다. 그것은 곧 인간이 인간성을 상실하고 기계의 지배를 받는 닫힌 세상의 도래를 의미한다. 그리고 그 순간, 이 영화는 스스로의 두 번째 주제를 제시한다.

이 영화의 두 번째 주제는 인간과 기계(테크놀로지)의 대립이다. 그리고 바로 그와 같은 주제를 다루기 위해 이 영화에는 두 가지 부류의 '터미네이터'가 등장한다. 존을 죽이기 위해 온 터미네이터 T-1000(로버트 패트릭 扮)은 인간을 공격하는 비인간적인 기계와 최첨단 테크놀로지를 상징한다. 예컨대 T-1000은 아무런 감정도 없이 사람들을 죽이는 기계이자 액체금속으로 만들어진 하이테크 인조인간이다. 그는 물론 여러 인간의 모습으로 변화할 수 있는 능력을 가지고 있다. 그리고 그러한 모습으로 그는 그 누구라도 속일 수 있다. 그는 심지어 존의 어머니 새라로도 변신한다. 그럼에도 불구하고, 그의 본질은 다만 싸늘한 금속일 뿐이다. 그는 악수하는 대신 금속 칼로 변한 손을 내밀어 방심하고 있는 타자를 찔러 죽인다. 그는 액체금속이기 때문에 무정형이고 또 파괴되지도 않는다. 그것은 곧 최첨단의 테크놀로지일수록 그만큼 인간에게는 위협적인 존재가 될 수도 있다는 것을 시사해 주고 있다.

반면, 재래식 인조인간인 터미네이터(아놀드 슈왈제네거 扮)는 다른

처음 만나는 영화

사람으로 변신할 수 없다. 그에게는 정해진 모습이 있다. 그리고 그의 몸속에는 사람과 마찬가지로 여러 구조물들이 들어 있으며, 살과 피부 역시 인간과 구별할 수 없을 만큼 정교하게 만들어졌다. 그런 의미에서 그는 인간과 기계가 이상적으로 조화를 이루고 있는 특이한 존재라고 할 수 있다. 흥미로운 것은 존과 같이 지내면서 그가 사물을 배워 가고 있다는 점이다. 그것은 곧 그가 비록 기계이지만 동시에 인간적인 능력과 측면을 갖고 있다는 것을 의미한다. 기계로서 그는 T-1000보다 훨씬 더 불완전하다. 그러나 불완전한 만큼 그는 더 인간적이다.

물론 그에게는 인간의 감정이 없고, 따라서 고통의 느낌도 또 눈물의 의미도 이해하지 못한다. 그러나 그는 존을 보호하는 자신의 임무에 충실하다. 그래서 존의 어머니는 터미네이터에게서 존의 완벽한 아버지상을 발견한다. 그것은 곧 그녀가 어떤 의미에서는 인간보다도 차라리 기계가 더 낫다는 것을 깨달았다는 것을 의미한다. 그녀는 존과 놀아 주고 있는 터미네이터를 바라보며 이렇게 독백한다.

존과 기계를 바라보면서 나는 갑자기 모든 것이 분명해지는 것을 느꼈다. 기계는 결코 멈추지도 않고, 존의 곁을 떠나지도 않을 것이다. 그는 존을 다치게 하지도, 소리 지르지도, 상처 입히지도 않을 것이고, 바빠서 놀아 줄 수 없다고도 하지 않을 것이다. 그는 언제나 존과 함께 있을 것이며, 존을 위해 죽기까지 할 것이다. 그렇다면 이 기계만이 존의 아빠가 될 자격이 있을 것이다. 이 미친 세상에서 그것만이 미치지 않은 선택이 될 것이다.

그렇다면『터미네이터 2』는 결코 단순한 반기계주의 영화가 아니라고 할 수 있다. 이 영화는 아놀드 슈왈제네거가 분장한 인조인간 터미네이터를 통해 인간과 기계가 조화를 이루며 살 수도 있다는 가능성을 강력하게 시사해 주고 있다. 과연 인간과 더불어 살면서 터미네이터는 점점 더 인간을 닮아 간다. 처음에는 존이 가르쳐 주는 농담과 유머를 배우기 시작하던 그는, 나중에는 인간이 흘리는 눈물의 의미까지도 깨닫게 되는 감정의 발달을 보여 준다. 그리고 드디어 영화의 마지막에 그는 인간들이 아예 다시는 자신과 같은 인조인간을 만들어 나쁜 목적에 사용하지 못하게 하기 위해 끓는 용광로 속으로 들어가 스스로를 파괴시킨다. 기계가 인간을 위해 자살하는 최초의 영화 장면으로 영화사에 기록될 이 인상적인 장면은 감상적인 관객들로 하여금 눈시울을 적시게 할 만큼 감동적이고, 또 이기적인 인간들을 부끄럽게 한다.

　T-1000과 터미네이터는 또 '선악의 이분법 해체'라는 이 영화의 또 하나의 주요한 주제를 드러내 주고 있다. 이 영화에서 한 가지 특이한 점은,『터미네이터 1』에서 존을 죽이러 파견되었던 사악한 터미네이터의 역을 맡았던 아놀드 슈왈제네거가 2편에서는 존을 보호하는 선한 터미네이터의 역할을 맡고 있다는 점이다. 바로 그와 같은 설정으로 인해, 관객들은 2편이 한참 진행될 때까지도 모터사이클 갱의 옷을 입은 아놀드 슈왈제네거를 악한으로 오인하고, 반대로 경찰관 제복을 입은 T-1000을 선인으로 오해하게 된다. 그러나 그와 같은 설정은, 다만 관객들이 갖고 있는 선악의 이분법적 편견을 해체시키기 위해 고안된 의도적 혼란일 뿐이다.

과연 사악한 터미네이터인 T-1000은 영화가 계속되는 내내 경찰관의 제복을 입고 등장함으로써, 경찰과 정의에 대한 우리의 고정관념을 바꾸어 놓는다. 경찰복과 경찰차로 인해 사람들은 아무도 그를 의심하지 않는다. 오히려 사람들이 의심하는 것은 모터사이클 갱 복장을 한 선한 터미네이터다. 그와 같은 설정을 통해 이 영화는 우리의 고정관념이 사실은 근거 없고 위험한 편견일 수도 있다는 것을 우리에게 가르쳐 준다. T-1000은 나중에 죽으면서 그동안 자신이 변신했던 여러 사람들의 모습으로 되돌아간다. 그것은 곧 T-1000이란 것이 어떤 본질이나 정형이 있는 존재가 아니고, 사실은 우리 모두의 혼합이라는 것을 간접적으로 시사한다.

악을 상징하는 T-1000은 전혀 보이지 않게 자신을 위장할 수도 있고, 그 어떤 장애물도 뚫고 스며들어 올 수 있다. 그것은 곧 오늘날 악이 액체금속으로 이루어진 T-1000처럼 도처에 편재해 있다는 것을 의미한다. 우리는 법과 질서의 제복으로, 그리고 때로는 우리와 가장 친한 사람의 모습으로 위장하고 있는 그러한 가공할 만한 악의 끈질긴 추적과 위협으로부터 벗어나야만 한다. 그러기 위해서는 선악에 대한 종래의 단순한 단견으로부터 벗어나 사물의 본질을 꿰뚫어 보는 안목이 있어야만 한다. 그럴 때에야 비로소 우리는 스스로의 파멸을 막고, 또 기계와의 싸움에서도 승리할 수 있을 것이다. 『터미네이터 2』는 우리에게 바로 그와 같은 깨우침을 가져다주고 있다.

『에일리언』 — 내부의 적

1979년에 처음 만들어진 이후 1986년과 1992년에 각각 2편과 3편이 만들어진 공상과학영화 『에일리언』 시리즈 역시, 단순한 오락영화에서 그치지 않고 심각한 주제를 가진 예술성 높은 작품으로 평가받는 데 성공했다. 그와 같은 데에는 분명 흥행에 대성공을 거두었음에도 불구하고 서두르지 않고 수년간에 걸쳐 이 작품의 속편을 제작한 제작진의 치밀한 구상도 일조했을 것이다(이 점만큼은 어떤 작품 하나가 히트하면 즉시 성급하게 속편을 제작해 시장에 내놓는 한국 영화계가 배워야 할 교훈이다). 『에일리언』의 주인공은 남자가 아닌 여자다. 물론 이 영화에서 열연하는 배우 시고니 위버는 매력적이고 부드러운 여성보다는 다분히 거칠고 근육질인 중성으로 제시되고 있다. 그럼에도 불구하고 여성이 주연을 맡게 된 이유는 우선 외계의 괴물이 인간의 몸속에 기생한다는 사실, 그리고 특히 여성의 몸을 숙주로 해서 나중에 모체를 죽이고 태어난다는 사실 때문인 것으로 생각된다.

과연 『에일리언 3』에서는 우주 괴물이 드디어 시고니 위버의 몸속에 들어가는 데 성공한다. 이제 그녀는 그 괴물을 생물전의 무기로 이용하려는 회사의 상업적 음모의 피해자가 될 위험에 처하게 된다. 회사는 그녀를 지구로 데려와 실험대상으로 사용하려고 하고, 그녀는 그러한 행위가 결국 지구를 파멸시킬 것이라고 주장한다. 그러므로 이제 그녀는 살아남기 위해 동시에 두 가지 적—즉 자신의 내부의 적인 괴물과 외부의 적인 회사—과 싸워야만 한다. 그렇다면 사실 우주 괴물과 회사는 궁극적으로 똑같은 괴물, 즉 둘 다 '에일리언'들이라고

처음 만나는 영화

할 수 있을 것이다. 말을 바꾸면, 우리가 우리와 다른 집단, 즉 외계의 괴물로만 생각하고 적대시해 온 악의 존재가 사실은 우리의 내부에도 이미 존재하고 있다는 것이다. 그런데 우리는 다만 그것을 깨닫지 못하고 있을 뿐이다.

물론 인간의 몸속에 들어가 기생하고 있는 괴물은 우리의 내부에 숨어서 자라고 있는 외래의 이데올로기(예컨대 마르크시즘이나 종교적 신앙)를 상징할 수도 있다. 과연 어느 날 그 괴물이 불쑥 밖으로 뛰쳐나올 때까지 사람들은 누가 몸속에 그 괴물을 갖고 있는지 알지 못한다. 그것은 같은 집단 내에서 서로 극도의 불안과 불신을 가져다준다. 한 집단 내에서의 그와 같은 불신은 여주인공 시고니 위버가 승무원 중의 한 사람이 인조인간이라는 것을 발견할 때 더욱 가중된다. 회사에서 프로그램해 놓은 대로만 행동하는 인조인간들이 사실은 바로 오늘날 우리들의 모습이라는 메시지를 이 영화는 전해 주고 있다.

이와 같은 여러 주제들을 영화 『에일리언』은 결국 '다른 집단'과 '우리 집단', '사회'와 '개인', 그리고 '너'와 '나'의 문제로 귀결시킨다. 이 영화의 제목이 왜 하필 외국인 또는 외계인을 뜻하는 '에일리언'인가 하는 이유도 바로 거기에 있을 것이다. 과연 이 영화는 "누가 우리 편이고 누가 반대편인가?", "누가 기생충이고 누가 숙주인가?", 그리고 "누가 인간이고 누가 로봇인가?" 하는 문제에 대한 의문을 끊임없이 던지고 있다. 그리고 그러한 질문과 탐색을 위해 제1편에서는 우주선 승무원 사회의 문제가, 제2편에서는 군대 사회의 문제가, 그리고 제3편에서는 강제노동 교도소 사회의 문제가 다루어지고 있다. 흥미 있는 것은 이 세 종류의 집단이 『위트니스』의 아미쉬 교도와 경찰의 경우처럼 모두 제복을 입고 있는 폐쇄적인 사회라는 점이다. 그리고 물론 그 세 집단은 바로 오늘날 인간들이 이루고 있는 공동체의 소우주를 상징하고 있다.

그런 의미에서 보면 우주 괴물의 모습은 외계의 것이 아닌 바로 우리 내부의 추악한 본질처럼 보인다. 과연 적절하게도 괴물의 입 속에서는 또 하나의 조그만 괴물 형상의 입이 튀어나온다. 이와 같은 이중의 형상은 곧 괴물이 밖에도 있지만, 동시에 안에도 들어 있다는 것을 의미한다. 공룡의 형상을 한 괴물은 또 엄청난 스피드를 가지고 있고, 몸체가 강철로 이루어져 있는 것 같은 견고한 느낌을 준다. 그것은 마치 빠르고 비인간적으로 금속화된 우리들의 '회사', '대기업', 그리고 '테크놀로지'를 상징하고 있는 것처럼 보인다. 그렇다면 인간은 결국 자신들이 만들어 놓은 괴물에 의해 스스로 파멸해 가고 있다고 볼 수도 있을 것이다.

『에일리언』시리즈는 또 페미니즘적 측면에서도 분석해 볼 수 있는 영화다. 예컨대 이 영화의 주인공은 여성이다. 그리고 그녀가 도전해 싸우는 상대는 그 생김새가 대단히 남근적phallic인 괴물이다. 그 괴물은 또 여성 주인공의 몸속에 들어가 그녀를 임신시킨다. 『에일리언 3』에서 그녀가 괴물을 퇴치하는 방법은 지하통로로 괴물을 유인해 밀폐된 구역에 가두는 것이다. 그 어두운 통로는 어쩌면 남성이 길을 잃고 무력해 지는 여성의 내면세계(예컨대 나팔관이나 자궁)를 상징하는 지도 모른다. 그럼에도 불구하고 『에일리언』의 여주인공은 그 강력하고 편만해 있는 '남성적 힘'에 의해 괴물의 씨를 배 속에 갖게 된다. 그녀는 분노하고 또 좌절한다. 어떤 의미에서 그녀의 분노와 좌절은

처음 만나는 영화

사실 오늘날 모든 여성들의 분노와 좌절을 대표하고 있다고 볼 수 있을 것이다.

이윽고 자신의 몸속에 있는 그 끔찍한 괴물의 씨를 없애기 위해 그녀는 이글거리는 용광로 속으로 뛰어든다. 비록 그러한 행위는 그녀의 죽음을 수반하지만, 그래도 그것은 그녀가 자신을 임신시킨 괴물에게 해줄 수 있는 가장 강력한 형태의 복수가 된다. 그것이 왜 또다른 페미니즘 영화인 『델마와 루이스』에서 두 여자가 수많은 경찰들이 보는 앞에서 그랜드캐니언의 까마득한 계곡으로 뛰어드는 이유일 것이다. 『에일리언 3』의 여주인공 역시 수많은 남자 회사원들이 보는 앞에서 그들의 만류를 뿌리치고 까마득한 낭떠러지로 뛰어내린다.

이 처절한 싸움을 이기게 해주는 것은, 결국 개인의 깨달음과 의지력이다. 미국 영화에서 집단은 결코 개인을 구해 주거나 사건을 해결해 주지 못한다. 미국의 영웅은 언제나 개인적으로 강한 의지력을 가진 인물들이었다. 영화 『에일리언』 시리즈 역시 비록 3편에서 스스로의 목숨을 끊지만, 결국에는 여성 전사 시고니 위버의 외로운 투쟁과 승리로 끝난다. 그런 다음, 다시 한 번 새로운 모험과 방랑이 시작된다. 이번에는 광막한 우주의 하늘, 또 다른 어느 이름 없는 별에서.

『주라기 공원』 — 공룡시대와 컴퓨터시대

우리는 지금 컴퓨터시대에 살고 있다. 가정에서, 학교에서, 또는 사무실에서 컴퓨터는 이제 없어서는 안 될 일상생활의 필수품이 되었다.

그것은 엄청난 양의 정보와 자료를 보관하기도 하고, 또 그 수많은 정보와 자료들을 눈 깜짝할 사이에 분석해내기도 한다. 그래서 오늘날에는 심지어 세포 속의 유전인자DNA의 복합적인 성분을 분석·조합해내는 데에도 컴퓨터가 이용되고 있다.

그러나 그와 동시에 우리는 지금 컴퓨터에 모든 것을 의존하는 컴퓨터의 노예가 되어 살고 있다. 과연 한번 전원이 나가 컴퓨터의 기능이 마비되면 바로 그 순간 모든 업무는 중단되고, 우리는 그저 한없이 무력한 채 컴퓨터가 다시 되살아나기만을 기다릴 뿐이다. 또한 컴퓨터가 악용되면 그것은 인간의 프라이버시를 침해하고 자연의 법칙을 거스르며, 세계를 파괴하는 가공할 만한 파멸의 무기가 된다. 그렇다면 지금 우리는 혹시 우리를 파멸시킬 무시무시한 살인공룡을 컴퓨터로 만들어내고 있는 것은 아닌지, 아니면 컴퓨터를 통해 오히려 중세기 공룡시대로의 회귀를 재촉하고 있는 것은 아닌지, 다시 한 번 생각해 보아야만 할 것이다.

마이클 크라이튼의 원작소설을 영화화한 『주라기 공원Jurassic Park, 1990』은 바로 그러한 문제에 대한 인간의 성찰과 반성을 촉구하는 근래에 보기 드문 수작이다. 물론 컴퓨터가 인간을 지배하려고 한다든지, 또는 사회를 통제하려고 한다든지 하는 문제에 대해서는 그동안 많은 소설과 영화들이 즐겨 주제로 다루어 왔다. 그러나 컴퓨터를 통해 멸종된 공룡을 다시 만들어내고 사라진 중생대를 복원하다가, 결국에는 자신의 피조물인 공룡들에 의해 파멸하는 인간의 모습을 다룬 소설로는 『주라기 공원』이 최초일 것이다.

『주라기 공원』에서 '주라기'(한때 국내 일부 언론들이 이 영화의 제목을

'쥐라기'로 표기해야 한다고 한 적이 있는데, '쥐'로 발음하는 것은 프랑스식일 뿐 전혀 근거 없는 주장이라고 할 수 있다.)란 백악기와 더불어 중생대의 일부를 이루는, 약 2억 년 전 공룡이 살았던 암석시대를 의미한다. 미국 캘리포니아의 팔로알토(이곳은 샌프란시스코 지역으로서 1849년 '미국의 꿈'이 일확천금과 동일시되던 '골드러시'가 있었던 곳이다.)에 소재한 '인터내셔널 제네틱스 테크놀로지'(줄여서 '인젠')의 사장 존 해먼드는 1989년 코스타리카의 한 섬을 사들여 그곳을 중생대의 공원으로 만들면 큰돈을 벌 수 있다는 데 착안한다. 그는 막대한 자금력으로 유능한 컴퓨터 기사와 첨단 유전공학자를 고용한 다음, 화석과 호박琥珀 속에서 찾아낸 공룡의 유전인자들을 합성해서 공룡을 부화시키는 데 성공한다. 이윽고 그는 완벽한 과거, 즉 중생대의 주라기—를 그 섬에 재현시킨다. 그리고 개장 직전, 고생물학자와 수학자와 자문 변호사를 그 섬으로 초대한다.

그러나 경이의 주말이 될 뻔했던 그들의 방문은 곧 끔찍한 악몽으로 변하고 만다. 모든 공룡들을 완벽하게 통제할 수 있다고 믿었던 통제실의 메인 컴퓨터가 잠시 전원을 잃자 모든 것이 뒤죽박죽이 되어버린 것이다. 그렇게 된 이유는 산업스파이인 컴퓨터 프로그래머가 잠시 전원을 끈 다음, 그 틈을 이용해 공룡의 유전자를 다른 회사에 넘기려고 했기 때문이다(다시 한 번 인간의 물질적 탐욕이 파멸의 요인으로 등장한다). 공룡들을 격리시키는 보호벽의 전기가 나가자 드디어 공룡들의 처참한 살육행위가 시작되고, 사람들은 하나둘씩 잡아먹히게 된다. 그리고 드디어는 주라기 공원의 창설자인 존 해먼드마저 자신이 만든 공룡에 의해 죽임을 당한다. 인젠 사는 도산한다. 그러나 하마터면 지구의 생태계를 뒤바꾸어 놓을 뻔했던 이 사건은 코스타리카 정부의 항의에도 불구하고 힘 있는 미국 내 당국자들의 합의하에 없었던 것으로 처리되고 영원히 베일 속에 가려지게 된다.

추리소설과 모험소설, 그리고 과학소설의 요소를 갖춘 원작소설은 한번 손에 잡으면 다 읽을 때까지 놓을 수 없을 만큼 재미가 있지만, 영화는 원작소설의 재미와 박진감을 제대로 살리지 못하고 있으며 내용도 많이 생략하고 있다. 그리고 소설 자체가 이미 한 편의 훌륭한 시나리오인데 왜 김빠진 극본을 다시 썼는지 알 수가 없다. 다만 스필버그가 만든 공룡만큼은 진짜와 구별이 안 될 만큼 정교하고 생생하다는 점에서 높은 평가를 해야 할 것이다.

이 영화의 표면 주제는 물론 유전공학이 상업주의와 결탁하여 인간의 존엄성과 자연의 질서를 훼손할 때 필연적으로 발생하는 인류문명의 파멸에 대한 경고라고 할 수 있다. 과연 오늘날 수많은 기업들에 의해 연구자금을 지원받고 있는 유전공학은 획기적인 새 상품의 출현을 바라는 상업주의에 의해 결국에는 지구 생태계까지 바꾸어 놓게 될는지도 모른다.

그러나 그와 같은 표면 주제 밑의 심층구조 속으로 들어가면, 우리는 곧 이 영화가 컴퓨터와 공룡, 또는 전자시대와 중생대(쥐라기)를 교묘하게 병치시키고 있음을 발견하게 된다. 과연 이 영화를 면밀히 살펴보면, 유전공학적 새 생명의 탄생과정보다는 오히려 컴퓨터와 공룡의 대결에 더 많은 시간을 할애하고 있음을 발견하게 된다. 즉 컴퓨터의 통제에서 벗어나 인조공원으로부터 자연 속으로 되돌아가려는 공룡들과, 그것들을 철저하게 가두고 지배하려는 컴퓨터 사이의 투쟁은 이 영화의 더 중요한 주제가 된다. 왜냐하면 단순한 유전공학적 실험의 공포는, 비록 원시적 형태이기는 하지만 이미 오래 전에 영국의 SF작가인 H.G. 웰스의 소설을 영화화한『닥터 모로의 DNA The Island of Dr. Moreay, Island of lost Souls, 1932』에서 다루어지고 있기 때문이다(이 영화에서는 사람과 짐승을 혼합한 새로운 생명체를 만든다). 웰스와는 달리 이 소설의 저자 크라이튼은 컴퓨터 시대의 작가다. 그러므로 그는 유전공학에서 진일보하여 이 시대의 패러다임이 되어 버린 컴퓨터의 문제점을 추적한다.

컴퓨터는 이성이자 과학이다. 그것은 단 한 치의 오차도 용납하지 않는 논리의 화신이다. 그것은 공룡들의 숫자와 위치를 정확하게 파악하고 있다. 공룡들은 모두 컴퓨터의 화면에 코드번호를 꼬리에 단 불빛으로 나타나 있다. "우린 믿을 수 없을 만큼 훌륭한 통제 메커니즘을 갖고 있습니다."라고 컴퓨터 기사 아놀드는 말한다. 그러나 "살아 있는 생물이 소프트웨어처럼 번호가 매겨진다는 것, 개정되고 보완된다는 것"을 고생물학자 그랜트는 받아들일 수가 없다. 과연 컴퓨터는 프로그래머의 의도대로 태어나지 않거나 자라나지 않는 공룡을 프로그램상의 실수를 의미하는 컴퓨터 용어인 '버그'로 처리하고 수정·보완한다. 컴퓨터에는 더 이상 생명과 개체의 존엄성이 존재하지 못한다. 모든 것은 숫자나 기호로 축소될 뿐이다.

그러나 컴퓨터 화면의 숫자나 기호는 실제가 아니라 환상일 수도 있다는 것을 과학자들은 깨닫지 못한다. 과연 통제실의 화면에서 그들이 환상의 숫자를 보고 있는 동안 수많은 공룡들은 외부세계로 탈출한다. 심지어 그들은 컴퓨터가 지금까지 주전원에 의해 작동해 왔는지, 아니면 보조전원에 의해 작동해 왔는지조차도 모르고 있다. 또한 그들이 그토록 믿고 의지했던 이성과 논리 역시 암컷 중에서 자연발생적으로 수컷이 생겨 알을 부화한다는 사실을 발견하는 순간 무참히 깨어지고 만다. 수학자 맬컴 박사의 '혼돈이론'이 설득력을 갖고 끼어드는 것은 바로 이 순간이다. 그는 수학이나 과학으로 예측할 수 있는 것은 이 세상에 하나도 없다고 주장함으로써, 뉴턴 이래 전수되어 온 과학적인 믿음에 도전한다.

그렇다면 이 영화는 그동안 절대적 진리를 주장해 온 '과학의 죽음'을 선언하는 선언문이자 과학자들의 각성을 촉구하는 경고문이라고도 할 수 있을 것이다. 사실 그동안 자연 앞에서 겸손할 줄 모르고 또 생태계의 파괴에 앞장서 온 사람들은 다름 아닌 연구비의 유혹에 힘없이 넘어갔던 과학자들이었음을 영화『주라기 공원』은 시사해 주고 있다. 그들은 결국 인류를 파멸시킬 것이지만, 지구는 살아남아 다시 새로운 문명과 새로운 중생대를 시작할 것이라고 이 영화는 말하고 있다. 사실, 컴퓨터(과학)에의 맹신과 의존은 결국 인류를 다시 한번 중생대로 데려갈는지도 모른다. 인젠 사의 유전공학 연구에 자금을 대는 주주들은 경제동물이라 불리는 일본인 기업가들이다. 그리고 미국 과학자들이 그 돈으로 만들어낸 것 또한 일본인들의 인조정원과 똑같은 생명이 없는 죽음의 정원이었을 뿐이다.

컴퓨터 역시 결국에는 인공두뇌이고 인공지능일 뿐이다. 그러나 그것은 오늘날 우리를 통제하고 지배하는 현실이 되었다. 그것이 왜 이 영화의 상당부분을 컴퓨터가 장식하고 있는가 하는 이유다. 컴퓨터 화면은 오늘날 우리의 현실이자 환상이다. 결국 사이비 창조주(기

처음 만나는 영화

업가)와 돈에 팔린 과학자는 죽는다. 원작에서는 선지자요, 경고자의 역할을 맡은 맬컴 박사도 죽는다. 오직 고생물학자와 어린아이들만이 끝까지 살아남는다. 악몽의 공원은 어린 소년 팀에 의해 질서를 되찾고 회복된다. 팀은 컴퓨터 화면의 기호들을 해독함으로써 최후의 파멸로부터 세상을 구해낸다. 아이들은 과연 우리의 유일한 희망이자 구원이 될 것인가? 그러나 섬을 도망쳐 나간 공룡들은 아직도 이 세상 어딘가에 살고 있다. 그리고 우리는 오늘도 컴퓨터의 화면을 응시하고 있다. 환상을 현실로 착각하면서, 그리고 불빛을 공룡으로 착각하면서.

선과 악의 경계 해체

가디언, 케이프 피어,
용서받지 못한 자, 도망자, 크라잉 게임

『가디언』

『지옥의 묵시록』의 마틴 쉰과 『사관과 신사An officer and A Gentleman, 1982』의 루이스 고셋 주니어가 공연한 영화 『가디언Guardian, 1984』은 선과 악에 대한 우리의 통념을 뒤엎어 놓는다는 점에서 특별한 주목을 요하는 문제작이다. 비록 최근의 영화들이 선악의 경계를 예전처럼 분명하게 갈라놓지는 않지만 그래도 어느 정도까지는 선과 악을 구별하고 있는 데 반해, 이 영화는 아예 선악의 경계를 의도적으로 그러나 설득력 있게 흐려 놓고 있다. 그것이 설득력이 있다 함은 곧 우리가 현재 선악의 경계가 불분명한 시대에 살고 있다는 것을 의미한다.

이 영화 역시 내용은 비교적 단순하다. 뉴욕의 어느 아파트에서 자꾸 범죄가 발생하자 아파트 주민들은 입주자 회의를 열어 경비원을 두기로 결정한다. 그렇게 해서 이 아파트에는 새로운 경비원(루이스 고셋 주니어 扮)이 근무하게 된다. 과연 경비원이 온 다음부터 범죄는 없어지고, 사람들은 그를 고용한 것을 다행으로 생각한다. 그러나 주인공(마틴 쉰 扮)은 그새 경비원이 방범을 핑계로 점차 주민들의 생활을 간섭하기 시작하는 것을 눈치챈다. 예컨대 그 경비원은 산책시간에 불량배들로부터 구타를 당한 한 주민의 산책을 임의로 금지시키고 대신 다른 시간에 산책하도록 명령한다. 그는 또 보안을 구실로 주민들의 일거일동을 감시하기 시작하고, 아파트의 뒷유리 창문에 보안장치를 달 것을 주장한다. 그러나 주민들이 필요 없다고 반대하자 그는 대단히 불쾌해한다. 어느 날 밤 아파트 단지에 뒷유리창을 깨고 도둑이 들어와 방을 엉망으로 만들어 놓고 달아난 사건이 발생한다. 경비원은 그것 보라고 큰소리를 치면서 자신이 옳았음을 역설한다. 그러나 주인공은 그것이 자신의 입지를 강화하려는 경비원의 짓이라는 것을 눈치챘다.

경비원은 또 때로 과잉단속을 해서 주인공이 잘 아는 소년을 도둑으로 몰아 구타해 직장을 잃게 만들기도 하고, 죄 없는 사람을 범죄자로 몰아 폭력을 휘두르기도 한다. 주인공은 그 경비원이 자신의 능력을 과시하기 위해 친구들을 시켜 범죄를 일으킨 다음, 자신이 나서서 해결하는 식으로 사건을 조작하고 있다는 의심을 하게 된다. 그는 어쩐지 경비원과 범죄자들이 서로 잘 알고 있다는 느낌을 받기도 하고 또 어떤 때에는 그들이 돈을 주고받는 것을 목격하기도 한다. 주인공은 그 경비원이 범죄조직과도 연관이 있다는 의심을 하게 되고, 실제로 그가 거리에서 그들과 만나 무엇인가 거래를 하는 장면도 목격하게 된다. 작은 범죄가 없어진 대신 아파트의 주민들은 이제 더 큰 범죄의 위협에 시달리게 된 것이다. 주인공은 자신들이 보호를 위해서 불러들인 '가디언(보호자)'이 이제는 오히려 자기들을 억압하고 위협하는 폭군적인 존재가 되어 가고 있다는 것을 느끼게 된다.

주인공은 드디어 주민회의를 소집해 경비원을 해고시킨다. 그러자 그 경비원은 학교에서 집에 가던 주인공의 아들을 연락도 없이 데리고 돌아다니고, 아들이 납치된 것으로 생각한 주인공은 큰 소동을 벌인다. 밤늦게 돌아온 아들에게 자초지종을 들은 주인공은 화가 난 나머지, 만나서 따지기 위해 브룩클린에 있는 그 경비원의 집으로 쫓아간다. 그러나 경비원은 집에 없었고, 그는 대신 불량배들에게 둘러싸여 살해될 위험에 처한다. 그때, 잔뜩 공포에 떨고 있는 그 앞에 갑자기 경비원이 나타나 불량배들을 쫓아 버리고 주인공을 구해 준다.

경비원은 복직된다. 그는 이제 더욱 근엄한 표정으로 주민들 위에 군림하게 되고 주민들의 산책시간과 일과시간을 더욱 자유롭게 바꾸며 아파트 전체를 지배하는 폭군이 된다. 그러나 표면적으로 그는 주민들을 보호하는 가디언이며 주인공의 목숨까지 구해 준 생명의 은인이다. 이 영화의 마지막에 주인공은 외출하다가 말고 무슨 생각이 떠올랐는지 극도로 의아한 표정을 지으며 뒤를 돌아다본다. 의아해 하는 그의 얼굴 위로 수수께끼 같은 미소를 짓는 경비원의 얼굴이 마치 '수호자'처럼 겹쳐진다. 그 순간 갑자기 주인공은 무엇을 의아해 했을까? 이 모든 것들이 사실은 모두 그 사악한 경비원이 꾸민 조작극이

처음 만나는 영화

라는 것을 깨달은 것일까? 그래서 브룩클린에서 자신을 죽이려 했던 불량배들도 사실은 경비원이 동원한 친구들의 조작극이었을지 모른다는 생각이 갑자기 떠올랐던 것일까? 즉 그 사악한 경비원이 납치극을 꾸민 다음 주인공의 화를 돋우어서 자기 집으로 찾아오게 만들고 깡패들을 동원해서 혼을 낸 다음, 이윽고 갑자기 나타나서 구해 주는 척하는 연극을 꾸몄을는지도 모른다는 사실을 그가 새삼 깨닫게 된 것일까? 아니면 사실은 자신의 의심이 모두 틀렸으며, 경비원은 자신의 아들에게도 잘해 주었고 또 자신도 위기에서 구해 준, 선한 사람일지도 모른다는 사실을 깨달았던 것일까?

사실 우리는 그동안 외부의 위협으로부터 우리를 지켜 주겠다고 경비를 자청하고 나선 가디언들이 점차 우리를 통제하고 간섭하기 시작하더니, 결국에는 우리를 억압하고 지배하는 독재자로 군림하고 나섰던 경험들을 많이 가지고 있다. 그들은 모두 교묘하게 경비원으로 위장해서 우리의 자유와 권리를 빼앗으면서도, 마치 자기들이 우리의 보호자이고 수호자인 척 위장해 왔다는 점에서 이 영화의 경비원과 비슷한 모습을 보여 주고 있다. 문제는 우리 중에 그들의 정체를 의심하면서도 그들의 수법이 너무 교묘해서 그들이 정말로 악한들인지 아니면 선인들인지 이 영화의 주인공처럼 의아해 하는 사람들이 많다는 점이다.

물론 이 영화는 선과 악의 구별이 없다거나, 또는 악인도 선한 면이 있다는 식의 일차원적 논의를 주제로 하고 있지는 않다. 그것은 차라리 오늘날에는 선악의 구분이 예전처럼 명확하지 않다는 것, 그 이유는 악이 너무나 교묘하게 선의 탈을 쓰고 우리의 삶 속에 파고들어와 있다는 것, 그러므로 우리의 현실이 점점 더 그 정체를 포착하기 어려워져 가고 있다는 복합적이고도 고차원적인 인식을 그 주제로 하고 있다. 그런 의미에서 『가디언』은 특히 한국인들에게 커다란 공감을 얻는 데 성공했다. 왜냐하면 지금 우리는 선악이 뒤섞여져 있는 사회, 악인이 선인 행세를 하고 있는 사회, 그리고 독선과 위선이 군림하는 사회 속에서 살고 있기 때문이다.

『케이프 피어』

그레고리 펙과 로버트 미첨이 공연했던 『케이프 피어Cape Fear, 1962』(국내 개봉 당시 제목은 '케이프의 공포'였는데, 이는 오역이다. 케이프 피어는 급류지점을 지칭하는 고유명사이기 때문이다.)는 60년대 초에 국내에 개봉되어 좋은 반응을 얻었던 흑백영화다. 전과자 맥스 케이디(로버트 미첨 扮)는 출소 후 자신을 감옥에 들어가게 한 변호사 샘 보든(그레고리 펙 扮)의 집에 나타나 복수하겠다고 위협한다. 그때부터 변호사의 가정은 악한의 은밀한 위협에 끊임없이 시달리게 된다. 악한은 심지어 변호사의 딸과 부인을 성폭행하려고까지 한다. 변호사의 가족은 그의 위협을 피해 드디어 배를 타고 자신들의 별장이 있는 케이프 피어라는 곳으로 간다. 하지만 악한은 어느새 그곳까지 쫓아오고, 이윽고 가족을 지키려는 변호사와의 필사적인 사투 끝에 끔찍한 최후를 맞는다. 변호사의 가정에는 다시 평온이 찾아온다.

여기까지만 생각하면 이 영화는 사악한 외부의 위협에 맞서 가정을 지키는 가장의 모습을 그린 전형적인 미국 영화로 분류된다. 또 이 영화는 모든 법조인들이 언젠가는 자신에게 닥치지 않을까 두려워하는 '악몽'을 다루고 있는 법률영화로도 분류된다. 그런데 문제는 마틴 스콜세지 감독에 의해 이 영화가 1991년 전혀 상반된 시각으로 만들어지면서부터 시작된다. 물론 악한에게도 동정의 여지가 있다는 서사는 첫 번째 영화에서도 약하게나마 나타나고 있다. 하지만 악역을 맡았던 로버트 미첨의 당당하고 뻔뻔스러운 표정과, 주인공 그레고리 펙의 착하고 성실한 표정, 그리고 비교적 단순했던 당시의 가치관은 처음부터 선악의 경계를 분명하게 해 주었다.

그러나 최근의 리바이벌한 영화에서는 그러한 종래의 통념을 뒤엎고, 이 영화를 또 다른 시각에서 볼 수 있게 해 주고 있다는 점에서 우리의 시선을 끈다. 즉 최근판에서는 우선 전과자 맥스 케이디(로버트 드 니로 扮)가 변호사 샘 보든(닉 놀티 扮)의 고의적 잘못으로 인해 오랜 세월을 형무소에서 보낸 피해자로 그려지고 있다(샘은 자신이 변호를 맡은 맥스가 어린 소녀를 성폭행한 파렴치범이기 때문에, 그의 형량을 줄일 수 있는 정보를 알고 있었음에도 불구하고 입을 다문다). 그것은 곧 최근에 와서는 사람들이 '또 다른 시각'으로 사물을 바라보게 되었다는 것을 의미한다. 즉 예전에는 단지 전과자라는 이유 하나만으로도 사람들은 악인의 이미지를 벗어날 수 없었다. 그러나 지금은 가해자의 입장도 중요시되는 시대가 되었다. 그리고 그러한 시각으로 사물을 다시 볼 때, 지금까지 절대적 진리로만 알았던 많은 것들이 사실은 왜곡되고 조작된 허위일 수도 있다는 것을 우리는 깨닫게 된다. 미셸 푸코는 "진리란 당대의 지식과 권력이 담합해 만들어내는 일시적인 사고체계

일 뿐"이라고 말한다. 그렇다면 어제의 진리는 오늘의 허위가 될 수 있고, 오늘의 허위는 또 내일의 진리가 될 수도 있다. 그것은 곧 탈구조주의와 포스트모더니즘 같은 현대 문학이론이 우리에게 가져다 준 놀라운 발견이자 새로운 인식이다.

리바이벌된 『케이프 피어』에서는 또 변호사 샘 보든이 비겁하고 기회주의적인 인물로 그려지고 있다. 그것은 원래 그레고리 펙이 맡았던 '정의의 사나이' 역을 생각하면 대단한 인식의 변화다. 예전에는 '법률가'라는 이유 하나만으로 정의의 사나이가 될 수 있었다. 그러나 지금은 법률가의 탈을 쓴 악한들을 사방에서 만날 수 있다. 샘 보든은 처음에는 고의적으로 재판을 피고에게 불리하게 만들고, 나중에는 자신을 협박하는 악한에게 금품을 제공함으로써 자신의 잘못을 은폐하려고 한다. 그것은 법률가로서 해서는 안 되는 비윤리적인 행위다. 60년대에 이 영화를 본 사람들은 비로소 이 사건을 또 다른 시각으로 갖고 바라보게 되고, 그 엄청난 차이에 놀라게 된다.

예전 영화와 리바이벌 영화를 비교하면서 발견하게 되는 또 한 가지 차이는, 가정으로 스며들어 오는 '악의 성격'이다. 예전의 영화에서 악의 성격은 더 분명했고 직접적이었다. 그러나 최근 영화에서 악의 침입은 더 교묘하고 간접적이어서 법률로는 그 악의 힘을 막을 수가 없다. 이 영화에서 법망에 걸려드는 것은 악한 맥스가 아니라 오히려 변호사 샘이다. 예컨대 샘은 화가 난 나머지 맥스를 협박하고 폭행을 가했다가 고소를 당하게 된다. 반면 맥스는 변호사의 딸을 불법적으로 성폭행하는 대신 합법적으로 유혹해서 희롱하는 지능적인 방법으로 법망을 피해 나가고 또 샘의 가정을 파괴해 나간다. 이윽고 맥스에

처음 만나는 영화

게 매력을 느낀 변호사의 딸은 악한의 편을 들어 아버지를 비난하게 되고, 변호사의 부인 역시 남편의 무능력을 비웃게 된다.

오늘날 악의 힘은 외부로부터 공격해 오지 않는다. 그것은 불가시적인 형태로 우리의 내부로 스며들어 우리의 근본을 그 뿌리에서부터 해체한다. 가정도 내부에서부터 붕괴된다. 케이프 피어의 거센 파도와 그 위에서 요동하는 배는 바로 부서지고 좌초해 가는 샘의 가정을 상징한다. 거기에서 샘과 맥스의 최후의 대결이 시작된다. 물에 빠져 죽은 줄 알았던 샘은 끈질기게, 그리고 사면팔방에서 그 모습을 드러낸다. 악의 힘은 도처에 편재해 있다. 그리고 우리의 가정은 거센 풍랑 속에서 표류하는 한 척의 배와도 같다. 천신만고 끝에 샘은 드디어 맥스를 물리치는 데 성공한다. 악의 힘은 파도 속으로 사라져 가고, 가정의 평화는 회복된다.

이 영화는 물론 악한이 옳고 변호사가 틀렸다고 말하지는 않는다. 왜냐하면 그것은 마치 예전 영화에서 악한은 틀렸고 변호사는 옳았다고 말하는 것과 별로 다를 게 없기 때문이다. 이 영화에서 로버트 드니로가 맡은 역이 악인임에는 의심의 여지가 없다. 악인은 어디까지나 악인일 뿐이다. 이 영화는 다만 우리의 고정관념이나 관습적인 통념이 사물을 포괄적으로 보지 못할 수도 있다는 아이러니컬한 사실을 지적하고 있을 뿐이다. 이 영화의 그와 같은 아이러니는, 법정에서 악한의 변호를 맡는 악역 변호사로 예전 영화의 선한 변호사였던 그레고리 펙을, 그리고 변호사를 위해 악한의 뒤를 쫓는 형사로 예전 영화의 악한 로버트 미첨을 등장시킴으로써 그 극에 달한다. 그것은 곧 오늘날 우리의 현실과 상황이 고도로 복합적이 되었다는 것을 의미한다. 이제 우리는 이중의 시각을 가지고 선악의 관습적인 경계를 초월하는 법을 배워야만 한다. 그것이 바로 포스트모던 시대에 살고 있는 우리들에게 이 영화가 주는 메시지다.

『용서받지 못한 자』

영화배우 클린트 이스트우드가 주연·감독한 영화『용서받지 못한 자The Unforgiven, 1992』는 93년도 아카데미상 시상식에서 작품상, 감독상, 남우조연상, 편집상의 4개 부문을 석권함으로써 명실공히 93년도 최우수작으로 부상했다. 이 영화는 마카로니 웨스턴으로 인해 삼류로 전락한 서부극에 다시 한 번 존 포드나 프레드 진네만식의 중후한 주제를 되찾아 주었다는 점에서 중요한 의의를 갖는다.

미국만이 갖고 있는 특이한 장르인 서부영화가 위기를 맞게 된 것은 사실 클린트 이스트우드와 마카로니 웨스턴의 등장 때문이었다.『황야의 무법자A Fistful Of Dollars, 1964』의 등장으로 시작된 이스트우드식 서부영화는 단기간의 흥행에는 성공했으나 문제작을 배출하지 못해 관객들로부터 외면당했고, 궁극적으로는 서부영화의 종말을 재촉했다. 시간이 흘러 서부영화의 재기를 노리는 새로운 감각의 서부영화들이 만들어지기 시작했다. 예컨대 케빈 코스트너와 케빈 클라인 같은 대형배우들을 동원해 만든『실버라도Silverado, 1985』나, 키퍼 서덜랜드 주연의『영 건Young Guns, 1988』, 그리고 제시 제임스의 일대기를 그린『롱 라이더스The Long Riders, 1980』 같은 영화들은 모두 서부영화의 소생을 시도했던 새로운 감각의 영화들이다.
이들 세 서부극의 특성은 예전의 낭만적 서
부영화들과는 달리 철저하게 리얼리즘적이
라는 점이다. 그러한 영화들에서 화면은 어둡
고 총잡이들은 보통 사람들처럼 죽기를 두려
워하고 겁에 질려 있다. 모든 낭만적 과장이
배제된 서부영화, 그래서 영웅이 사라진 서부
영화—그것이 바로 요즘 새롭게 등장하는
서부영화의 특성이다.

『용서받지 못한 자』에서 11년 만에 다
시 총을 잡고 떠나는 빌의 여행은 죽은
아내를 위한 여행이자 자신의 과거로
의 여행이다.

　낭만주의를 배제하고 리얼리즘을 강조하
는 것은 비단 서부영화에서뿐만 아니라 사극
이나 전쟁영화에서도 두드러지게 나타나고 있다. 예컨대 로버트 테일
러 주연의 『원탁의 기사Nights of the Round Table, 1953』와 『엑스칼리
버Excalibur, 1981』를 비교해 보면 쉽게 알 수 있다. 『원탁의 기사』에서
기사들과 말들은 화려한 갑옷으로 치장되어 있고, 기사들의 무용담
역시 낭만적으로 제시되고 있다. 그러나 『엑스칼리버』에는 그러한 치
장이 없다. 그뿐만 아니라 기사들의 고통과 고뇌조차 사실적으로 처
리되고 있어, 관객들이 쉽게 그들과 감정을 공유하게 된다. 전쟁영화
에서도 『지옥의 전장』에서의 오디 머피 같은 영웅은 없어지고, 대신
겁에 질려 고통받는 『디어 헌터』의 로버트 드 니로 같은 '보통 사람
들'이 등장하게 된다.

　클린트 이스트우드의 『용서받지 못한 자』 역시 리얼리즘에 근거
한 새로운 감각의 서부영화다. 이 영화에서도 역시 영웅은 없다. 늙은

총잡이 주인공은 말도 제대로 타지 못하고 총도 제대로 쏘지 못한다. 그러나 거기에는 적어도 과거 서부영화의 특징인 허황된 과장은 없다. 그런 면에서 클린트 이스트우드는 자신이 고갈시켰던 서부영화를 이번에는 자신이 나서서 소생시키는 속죄의 작업을 하고 있다고 볼 수 있다.

이 영화의 주인공 빌 머니(클린트 이스트우드 扮)는 원래 아이들과 여자들까지도 무차별 학살했던 왕년의 총잡이다. 그러나 그는 착한 여인과 결혼한 후 과거를 청산했으며, 아내가 죽고 없는 지금은 두 아이와 함께 캔자스의 시골에서 돼지를 키우며 살고 있다. 어느 날, 젊은 총잡이 스코필드 키드가 나타나 죄 없는 창녀에게 큰 상처를 입혀 현상금이 붙은 악당들을 죽이러 가자고 제안한다. 중요한 점은 윌리엄이 아이들만 놔두고 먼 여행을 떠나는 이유가 굳이 현상금 때문이라기보다는 피해자가 연약한 여자이기 때문이라는 사실이다. 그는 악당이 창녀의 유두를 도려냈다는 말에 큰 충격을 받는다. 왜냐하면 악당에게 상처받은 그 창녀에게서 그는 자신의 죽은 아내의 모습을 보았기 때문이다.

그런 의미에서 11년 만에 다시 총을 잡고 떠나는 빌의 여행은 곧 죽은 아내를 위한 여행이자 자신의 과거로의 여행이 된다. 과연 빌과 동행하는 흑인 친구 네드 로건(모간 프리맨 扮)도 역시 "만일 자네의 아내가 살아 있었다면 이번 일을 맡지 않았겠지."라고 말한다. 그러나 지난 11년 동안 총을 잡지 않은 빌의 '과거로의 회귀'는 심리적·육체적으로 결코 쉽지 않다. 그것이 그가 왜 폭풍우 속에서 그렇게 심한 고열에 시달리는가 하는 이유다. 이 영화는 빌 머니의 변화의 과정을

'폭풍우 속의 열병'이라는 상황을 통해 은유적으로 묘사하고 있다.

　이윽고 그 마을에 도착해 악한 보안관 리틀 빌 대거트(진 핵크만 扮)에게 죽도록 맞은 빌은 의식을 잃었다가 사흘 만에 깨어난다. 상징적인 죽음을 겪은 다음, 이제 그는 비로소 예전의 빌 머니로 되돌아간다. 다시 깨어나는 순간, 그는 자신을 간호하고 있는 그 상처 입은 창녀를 보고 잠시 천사(죽은 아내)로 착각한다. 그는 그녀에게 "당신과 나는 둘 다 상처투성이군요."라고 말함으로써 자기들을 동일시한다.

　사실 악한 보안관에게 맞아 얼굴이 깨진 총잡이들과, 악당들의 칼에 얼굴이 찢긴 창녀들은 둘 다 사회에서 소외된 계층을 대표한다. 빌의 친구들이 흑인과 소년으로 설정된 것도 바로 그런 의미에서일 것이다. 광야에서의 모험에 늘 동반자가 되어 주는 유색인과 백인 주인공의 우정—미국 영화 속에서 늘 나타나는 그 보편적 패턴이 이 영화에서도 어김없이 등장함으로써 『용서받지 못한 자』를 정통 서부극으로 만들어 준다.

　이들에게 위협이 되는 것은 마을의 보안관 리틀 빌 대거트이다. 그는 창녀에게 칼질을 한 목동들을 처벌하는 대신, 포주에게 말(馬)로 배상하라고 판결함으로써 여성의 권익을 철저히 무시하는 남성우월주의적 태도를 보여 준다. 그는 창녀들을 포주의 소유물로만 취급할 뿐만 아니라 그녀들의 인격을 철저히 무시한다. 그는 또 현금을 노리고 찾아온 총잡이 잉글리시 밥(리처드 해리스 扮)과 빌 머니를 무참히 구타해 쫓아내고, 머니의 흑인 친구 네드 로건을 잔인하게 살해한다. 관객들은 영화가 상당히 진행될 때까지도 그를 법과 질서의 수호자로 착각하기 쉽지만 사실 그는 잔인한 무법자이자 독재자일 뿐이다.

그렇다면 과연 누가 선인인가? 예전의 영화와는 달리 이 영화에는 선악의 대립이 없다. 거기에는 다만 악인과 악인의 대립이 있을 뿐이다. 여자의 얼굴에 칼질을 한 목동들, 그들을 죽이려고 오는 총잡이들, 목동들의 편을 들어 총잡이들을 구타하는 보안관—이들 중 선인은 하나도 없다. 악인은 오직 또 다른 악의 힘으로만 응징이 가능하다. 왕년의 무법자 빌 머니는 악인을 제거하기 위해 자신도 역시 또 다른 악인이 된다.

이윽고 복수는 이루어진다. 네드 로건을 죽인 보안관과 빌은 유곽에서 대결한다. 법의 가면을 쓴 무법자와 대결하기 위해 빌은 다시 옛날의 무법자로 되돌아간다. 빌은 순식간에 혼자서 다섯 명을 해치운 다음 그곳을 떠난다. 그런 다음 그는 아이들을 데리고 캘리포니아로 이사를 간다. 그는 이제 비로소 아내를 잊고 '홀로서기'를 할 수 있게 된 것이다. 아내의 부탁을 저버리고 다시 한 번 폭력의 세계로 되돌아갔기 때문에 빌은 아내로부터 '용서받지 못한 자'가 된다. 그러나 이번 여행으로 인해 그는 역설적으로 '용서받은 자'가 된다. 왜냐하면 그는 이번만큼은 죽은 아내가 상징했던 '연약하고 소외된 선한 사람들'을 위해 싸워 자신의 과거를 속죄했기 때문이다.

이 영화에서 빼놓을 수 없는 또 한 사람의 인물은 보상이라는 전기 작가다. 잉글리시 밥을 따라다니며, 전설적인 총잡이 영웅의 전기를 쓰려던 그는 잉글리시 밥이 보안관 리틀 빌에게 형편없이 구타당하자, 이번에는 리틀 빌의 전기를 쓰려고 한다. 그러다가 빌 머니가 리틀 빌을 쓰러뜨리자, 이번에는 빌 머니의 전기를 쓰겠다고 한다. 이 영화는 바보스럽고 기회주의적인 작가 보상을 통해, 사실 영웅이란 없으며 영웅은 다만 조작되는 것이라는 점을 시사해 주고 있다.

　클린트 이스트우드는 그동안 자신이 출연하거나 감독한 영화들을 통해서 바로 그러한 반영웅적 인물들의 모습을 제시해 왔다. 『더티 해리Dirty Harry, 1971』, 『매그넘 포스Magnum Force, 1973』, 『서든 임팩트Sudden Impact, 1976』 같은 『더티 해리』 시리즈에서, 그리고 『고독한 방랑자The Honky Tonk Man, 1982』나 『더티 파이터 2 Every Which Way But Loose, 1978』 같은 방랑자 시리즈에서, 또 자신이 감독·주연한 『어둠 속에 벨이 울릴 때Play Misty For Me, 1971』나 『루키The Rookie, 1993』 같은 작품에서 그는 언제나 관습적인 영웅의 이미지를 깨뜨려 왔다. 그런 맥락에서 『용서받지 못한 자』는 『사선에서』와 더불어 영웅 없는 클린트 이스트우드 시대를 완결 짓는 기념비적 영화라 할 수 있을 것이다.

『도망자』

미국에서는 텔레비전 연속극이 크게 인기를 끌면 나중에 영화로 만들어 다시 한 번 성공하는 경우가 자주 있다. 예컨대 『슈퍼맨』이나 『스타 트렉』이나 『매쉬』 같은 영화들은 원래 인기리에 방영되던 텔레비전 연속극들을 영화로 만든 것들이다. 앤드류 데이비스 감독의 『도망자The Fugitive, 1993』 역시 60년대에 오랫동안 미국의 시청자들을 사로잡았던 텔레비전 시리즈를 영화화한 것이다.

　『도망자』는 시카고의 외과의사 리처드 킴블(해리슨 포드 扮)이 자기 아내를 살해한 혐의로 체포되어 사형선고를 받고 감옥으로 이송 중

탈출하면서 시작된다. 킴블은 연방보안관 새뮤얼 제라드(토미 리 존스 扮)의 집요한 추적을 받는 '도망자'가 되지만, 그때마다 아슬아슬하게 탈출하면서 온갖 모험을 겪는다. 아내의 살해범이 의수를 낀 외팔이라 는 점에 착안해, 킴블은 드디어 데블린 제약회사 경비원인 전직 경찰 프레드릭 사익스가 범인임을 알아낸다. 이후 사건은 반전을 거듭해 킴블은 살인을 사주한 사람이 자신의 동료 의사 찰스 니콜스였으며, 그 이유는 의사와 제약회사 간의 이해관계 때문이었음을 알게 된다.

지금은 작고한 데이빗 젠슨이 주연을 맡았던 텔레비전 드라마에 서는 킴블을 집요하게 뒤쫓는 제라드의 독특한 성격과 킴블이 도망 중 만나는 여러 부류의 사람들과 맺는 각기 다른 인간관계가 매회의 주제를 이루고 있었다. 물론 연속극이 아닌 영화에서는 두 번째 것이 불가능하기 때문에 그중 첫 번째 것만 부각되고 있으며, 그 때문에 『도망자』는 킴블과 제라드 사이에 벌어지는 쫓고 쫓기는 추격전의 연 속으로 숨 쉴 틈 없이 관객들을 몰아간다.

그러나 사실 이 영화의 더 중요한 주제는 사건 해결 그 자체보다 도망의 과정에서 벌어지는 사건들―예컨대 킴블과 보안관과의 관계, 킴블의 인간성, 그리고 그가 만나는 사람들의 성격 등―이라고 할 수 있다. 그런 의미에서 특히 초반부에는 악한처럼 보이는 추격자 제라 드와 도망자 킴블 사이에 싹트는 이해심, 친구로 생각했던 의사 니콜 스의 사악한 모습, 그리고 살인범이 전직 정찰이라는 점 등은 이 영화 가 궁극적으로 인간성의 본질과 신뢰도에 대한 우리의 깨우침을 그 주제로 하고 있다는 것을 잘 말해 주고 있다.

도망자 킴블은 현대인의 부조리한 상황과 불안한 심리를 잘 나타

처음 만나는 영화

낸다. 사실 어떤 의미에서 우리들은 모두 킴블처럼 부당하게 쫓기는 '도망자'들인지도 모른다. 그리고 동시에 우리는 제라드(나는 《경향신문》에 이 글을 쓰면서 "보안관역을 맡은 토미 리 존스의 연기는 아마도 그에게 아카데미상을 가져다 줄는지도 모른다."라고 말했는데, 과연 그는 나중에 94년도 아카데미 최우수 남우조연상을 수상했다.)처럼 또 무엇인가를 맹목적으로 추적하는 '추적자'들인지도 모른다. 삶은 바로 그 사이에 존재한다. 그리고 그러한 과정에서 우리는 서로의 인간성을 발견하게 되고, 선악에 대한 종래의 일차원적 구분을 초월하게 된다. '도망자'는 바로 그점을 우리에게 깨우쳐 주고 있다.

『크라잉 게임』

아일랜드 영화 『크라잉 게임The Crying Game, 1992』은 얼핏 정치테러영화처럼 보이지만 사실은 인간의 편견에 대한 영화라고 생각된다. 영화가 시작되면, 정치적 협상을 위해 아일랜드 공화국군대IRA(이하 IRA로 표기)는 백인 여자를 이용해 한 흑인 병사(포레스트 위태커 扮)를 유혹해 납치한다. 포로가 된 그 흑인 병사는 IRA 멤버인 이 영화의 남자 주인공 퍼거스에 의해 감시를 받게 된다. 원래 납치범과 인질 사이에는 정이 생겨서는 안 되는 법이다. 그러나 주인공과 흑인 포로 사이에는 점차 기묘한 동정심이 생기게 된다.

비록 백인 여자의 유혹에 넘어가서 잡히기는 했지만, 그 흑인 병사가 동성연애자일지도 모른다는 암시는 이미 영화의 초반부부터 시사되고 있다. 예컨대 손이 뒤로 묶인 흑인 병사는 주인공더러 자신의 바지 단추를 열고 소변을 볼 수 있도록 도와 달라고 부탁하고, 주인공은 어색한 표정으로 그가 시키는 대로 한다. 자신의 죽음을 예감한 흑인 병사는 주인공에게 자기 애인의 사진을 보여 주며 자기가 죽은 후 그녀에게 소식을 전해 주기를 부탁하기도 한다.

이윽고 흑인 병사의 처형을 맡은 주인공은 그를 숲속으로 끌고 가지만 차마 죽이지 못하고 주저한다. 그 순간 그 흑인 병사는 손이 묶인 채 달아나다가 납치범들을 기습하러 온 영국군 군용트럭에 치어 죽고 만다. 주인공은 그 자리에서 도망친 후 나중에 그 흑인 병사의 애인을 만나러 간다. 나이트클럽 가수인 그녀를 만난 주인공은 검은 피부의 그녀에게 이끌려 사랑에 빠지게 된다. 그녀에 대한 그의 감정에는 물론 자신 때문에 죽은 흑인 병사에 대한 미묘한 죄의식도 들어 있었겠지만, 주인공은 이상하게도 그녀의 독특한 매력에 이끌린다.

드디어 두 사람은 서로를 사랑하게 되고, 키스도 하게 되며, 드디어는 같이 밤을 보내게 된다. 그러나 옷을 벗은 그녀가 남자임이 드러나자 주인공은 경악한다. 국내의 일간지들은 그녀가 여장 남자였음이 드러나는 바로 이 장면을 대단히 충격적인 것으로 생각하여 그것이 마치 무슨 큰 비밀이나 되는 것처럼 "미리 공개할 수는 없지만 이 영화에는 엄청난 반전이 있다."라고 썼다. 그러나 이 영화는 그녀가 남자라는 것을 처음부터 너무나 명백하게 드러내고 있다. 예컨대 그녀가 나이트클럽에서 '크라잉 게임'이라는 노래를 부르고 있을 때, 카메라는 그녀의 두텁고도 거친 손을 의도적으로 몇 번이고 클로즈업시켜서 보여 주고 있다. 또 그녀의 목소리 역시 전혀 섬세하거나 가냘픈

처음 만나는 영화

여성의 목소리가 아니다. 그러므로 여장 남자의 모습에 익숙한 서구인들은 그녀가 남자라는 것을 처음부터 어렵지 않게 알 수 있었을 것이다.

사실 이 영화는 그녀가 여장 남자라는 사실을 거의 숨기지 않는다. 그래서 그녀의 나체를 보고 놀라는 것은 관객들이 아니라 영화 속 주인공 자신뿐이라고 보아도 크게 틀리지 않을 것이다. 그렇다면 이 영화의 진정한 의도나 핵심은 그러한 외형적 깜짝쇼가 아닌 더 심오한 내면적 문제에 있다고 볼 수 있을 것이다. 이 영화가 '인간의 편견'에 대한 비판이라는 생각이 떠오르는 것은 바로 그 순간이다. 처음에 자신이 키스까지 한 그 여자가 남자인 것을 알게 된 주인공은 놀라고 역겨워서 토하게 된다. 자신의 연인이 동성인 남자였다는 사실은 주인공의 상식과 인식의 테두리에서는 도저히 용납될 수 없는 것이었다. 그러므로 그는 그곳을 뛰쳐나온다. 그러나 미묘하게도 그는 차츰 그 여장 남자에게 이끌리는 자신을 발견한다. 그러면서 그는 지금까지 자신의 편협한 인식 세계의 경계를 허물어뜨리게 된다.

이 영화에서 주인공이 그 여장 남자에게 끌리는 것은 이제 어떤 의미에서 그가 동성연애를 인정하게 되었다는 것을 의미한다. 그것은 굳이 그 자신이 동성연애자가 되어 간다는 것을 의미하는 것은 아니다. 중요한 것은 그가 이분법적 가치판단에서 벗어나 이제는 그동안 열등하다고 생각해 왔던 '타자'를 포용하게 되었다는 점일 것이다. 그는 이제 그 여장 남자를 이해하게 된다. 두 사람 사이에는 어느덧 진정한 교류와 공감이 형성된다. 그래서 IRA 멤버들이 자신들의 조직에서 탈퇴한 주인공을 죽이러 왔을 때 여장 남자는 그들을 죽임으로써 복수를 하고, 주인공은 그를 떠나보낸 다음에 혼자 남아 살인죄를 뒤집어쓰게 된다.

이 영화는 '인간의 편견'이라는 주제를 다루기 위해 IRA와 영국 정부라는 두 정치집단을 모티프로 등장시키고 있다. 사실 IRA 모티프는 정치와 종교와 인종 문제가 뒤섞인 '인간의 편견'을 드러내는 데 가장 적절하고 효과적인 장치라고 할 수 있다. 인간의 편견은 언제나 실제적 또는 정신적 테러리즘을 수반한다. 기만적인 흑백의 애욕과 납치로부터 시작하는 이 영화에서도 그러한 테러리즘은 도처에 짙게 깔려 있다. 편견이라는 테러는 눈에 보이지 않기에 언제나 타자에게 더 치명적인 상처를 입히게 된다. 이 영화에서도 주인공은 자신의 편견으로 인해 여장 남자에게 커다란 상처를 입힌다.

인간은 오늘도 편견의 패각 속에서 살고 있다. 남성과 여성, 합법과 불법, 체제와 반체제, 백인과 흑인, 앵글로 색슨인과 켈트인, 백인과 유색인, 조직과 탈퇴―이 모든 것은 다만 우리의 편견일 뿐이다. 영화 『크라잉 게임』은 바로 그와 같은 편견의 문제를 뛰어난 주제의식과 영상미로 형상화하여 우리에게 보여 주고 있다.

포스트모던 영화 텍스트

JFK, 장미의 이름, 프라하의 봄

쓰러지는 '아메리칸 드림' ─ 『JFK』

미국은 원래 꿈꾸는 사람들에 의해 세워진 꿈의 나라였다. 꿈꾸는 항해사였던 콜럼버스에 의해 처음 발견된 후 미 대륙은 워싱턴, 제퍼슨, 프랭클린, 해밀턴 같은 또 다른 꿈꾸는 자들에 의해 꿈의 공화국으로 탄생했다. 그러나 그 꿈은 너무나 현실과 동떨어진 환상적인 것이어서, 애초부터 리얼리티와 부딪쳐 산산이 부서질 수밖에 없는 숙명을 갖고 있었다. 예컨대 모든 사람이 평등한 또 하나의 낙원을 건설하겠다는 그들의 꿈은 처음부터 흑인들과 인디언의 배제라는 어두운 원죄의 그늘을 드리우고 있었다. 그리고 유럽의 문명을 떠나 신대륙의 대

영화 「JFK」의 목적은 케네디의 "암살과 관련된 모든 가능성을 제시하는 것"이었다고 올리버 스톤 감독은 말한다.

자연을 추구했던 미국인들의 '녹색의 꿈' 역시 결국 세계 최고의 회색빛 기계문명에 의해 오염될 숙명을 지니고 있었다. 바다 속에서 불쑥 솟아오른 거대한 흰 고래에 부딪쳐 산산조각이 나는 포경선 피쿼드호나, 어둠 속에서 갑자기 나타난 증기선에 의해 힘없이 두 동강이 나는 허클베리 핀의 뗏목은 모두 깨어질 수밖에 없는 '미국의 꿈'의 운명을 상징하고 있다.

과연 미국의 역사에서 꿈꾸는 자들은 모두 차갑고 냉혹한 기계(총탄)에 의해 쓰러져 갔다. 에이브러햄 링컨, 존 F. 케네디, 마틴 루터 킹, 말콤 X, 그리고 로버트 케네디 모두 녹색의 꿈을 추구하다가 현실의 잿빛 총탄에 의해 덧없이 쓰러져 간 사람들이다. 미국 국가의 가사를 지은 프랜시스 스콧 키의 후손인 F(프랜시스). 스콧 피츠제럴드가 1925년에 쓴 소설 『위대한 개츠비』는 바로 그러한, 꿈꾸다가 죽어 간 미국인들의 영전에 바치는 조종弔鐘이자 사라져 가는 '미국의 꿈'을 위한 마지막 조사弔辭라고 할 수 있다(이 작품은 여러 번 영화화되었는데, 그중 가장 잘 만든 것은 로버트 레드포드와 미아 패로가 공연한 1974년판이다). 그 소설에서 제이 개츠비는 바다 저 편 제방 위에서 빛나는 녹색의 불빛을 바라보며 녹색의 꿈을 꾸다가 '재의 골짜기'에서 온 자동차 수리공 월슨의 총탄(기계)에 의해 살해된다.

그로부터 38년 후인 1963년 11월 22일, 인종차별 폐지와 냉전의 종식과 뉴 프런티어의 꿈을 꾸던 또 하나의 개츠비 'J.(제이) F.(에프—피츠제럴드) K.(케네디)'가 저격범의 총탄에 맞아 자동차(기계)에 탄 채 살해당한다. "누가 그를 죽였는가는 중요하지 않다."라고 『JFK』의 감독 올리버 스톤은 말한다. 왜냐하면 '꿈꾸는 자' 케네디를 죽인 것은 그를 둘러싼 현실이었음을 우리는 이미 잘 알고 있기 때문이다. "중요한 것은 왜 그가 죽어야만 했는가, 이다."라고 스톤은 말한다. 왜냐하면 바로 그것을 밝히는 것이야말로 곧 '미국의 꿈' 속에 내재해 있는 악몽의 본질을 밝혀내는 것이 되기 때문이다. 피츠제럴드의 『위대한 개츠비』에서 개츠비를 직접 살해한 사람은 어리숙한 자동차 정비공이었지만, 그를 사주한 사람은 뒤에 숨어 있는 타락한 인종차별주의자 톰 뷰캐넌이었다. 마찬가지로 케네디를 저격한 사람(들)은 단지 어리숙한 하수인들이었을 뿐, 그들을 조종하고 세뇌시켜 살해 음모를 꾸민 진짜 범인들은 베일 뒤에 숨어 있는 부패한 권력기관들이었다.

『위대한 개츠비』의 주인공 닉 캐러웨이는 개츠비의 장례를 치르고 환멸 속에 다시 고향인 중서부로 돌아간다. 그는 음모의 주동자들인 톰 뷰캐넌 부부의 죄를 추궁하지 않고, 따라서 개츠비의 죽음은 역사의 조수 속에서 물보라처럼 잊혀 간다.

그러나 『JFK』의 주인공 짐 개리슨은 케네디의 죽음과 또다시 '아메리칸 드림'을 쓰러뜨린 '마법의 총탄'의 의미를 파헤쳐, 그 뒤에 숨어 있는 가공할 만한 음모를 끝까지 추적한다. 그래서 케네디의 죽음은 마치 영원히 꺼지지 않는 알링턴 국립묘지에 있는 그의 무덤의 불꽃처럼 미국인들의 의식 속에 살아남아 그들의 현재와 미래를 비추고 있다.

진실과 허위

그러한 의미에서 영화『JFK』는 사라진 순수한 녹색의 꿈에 대해 미국인들이 보내는 경의와 예포라고도 할 수 있을 것이다. "나는 세계가 제복을 입고 그의 죽음 앞에 부동자세를 취해야만 한다고 느꼈다."라고『위대한 개츠비』의 화자 닉 캐러웨이는 말한다. 왜냐하면 제이 개츠비는 마치 JFK처럼 "그 누구에게서도 찾아볼 수 없는 희망의 선물과 낭만적 요소"를 갖고 있었기에. 그러나 영화『JFK』는 결코 케네디를 영웅화시키지 않는다. 이 영화에는 가족들과 즐기고 있는 케네디의 모습이 몇 장면 삽입되어 있을 뿐, 심지어는 그 유명한 그의 대통령 취임연설 장면조차도 들어가 있지 않다. 다만 그 연설 중에 나오는 한 구절인 "여러분들의 나라가 여러분에게 무엇을 해 줄 것인가를 묻지 말고, 여러분들이 나라를 위해 무엇을 할 수 있을 것인가를 물어보십시오Ask not what your country will do for you. Ask what you can do for your country."라는 말만 마지막에 짐 개리슨 검사의 법정진술 속에 삽입되어 있을 뿐이다.

영화『JFK』의 더 절박한 관심은 우선 '진실과 허위'의 문제이다. 이 영화에는 서로 상충되는 수많은 정보들이 제시되고 있다. 올리버 스톤 감독은 그와 같은 정보를 가능한 모든 각도에서 제공해 주기 위해 수많은 카메라로 수많은 장면을 찍었다고 한다. 그리고 그 정보들은 체계적으로 조리 있게 제시되는 것이 아니라 무작위로, 고속으로 처리되고 있다. 그 결과, 세 시간 동안 여러 차례 반복되는 케네디 저격 장면 중 지속적이고 뚜렷한 것은 아무것도 없다. 필름들은 한결같이 베일에 싸여 있는 듯 흐릿하며 사건들은 화면에 잠깐 비쳤다가 순식간에 시야에서 사라진다. 남는 것은 단지 우리의 의식 속에 순간적으로 투사된, 그래서 무의식 속에 남아 있게 된 정보의 편린들뿐이다. 더구나 흑백과 컬러의 혼용은 어느 것이 실제 기록필름이고, 어느 것이 영화 속의 허구인지 구별할 수 없도록 해 준다. 그렇다면 이 영화는 왜 이렇게 수많은 파편들만을 제시하고 있는가?

올리버 스톤은 영화 『JFK』의 목적이 케네디의 "암살과 관련된 모든 가능성을 제시하는 것"이었다고 말하고 있다. 다시 말하면, 이 영화는 정부와 언론의 공식발표를 거부하고, 단 하나의 진실에 도달하는 것은 불가능함을 보여 주기 위해 만들어졌다고 볼 수 있다. 즉 이 영화는 우리에게 이 세상에 절대적인 진리란 없으며, 그렇기 때문에 수많은 다른 진리들의 가능성 역시 배제할 수 없다는 사실을 일깨워 주고 있다. 이것은 얼핏 진리의 부정으로 인한 혼란의 자초나 허위의 인정처럼 보인다. 그러나 그것은 다만 제도와 권력에 의해 우리에게 절대적 진리로 강요되어 온 것들의 유효성을 심문하고, 그것들의 횡포를 거부하며, 그것들에 의해 그동안 허위로 규정되어 제외되어 온 다른 가능성에 대한 성찰을 의미할 뿐, 결코 일반적인 진리의 존재를 부정하는 것은 아니다. 예컨대 미국 정부는 케네디의 암살이 공산주의자 리 하비 오스월드의 단독 범행이었다고 발표했다. 그러나 이 영화는 오스월드가 미 해군 정보국의 정보원이었고, CIA의 고용인이었을 수도 있으며, 오스월드 외에도 수명의 저격수들이 동시에 케네디를 향해 총을 발사했을 수도 있다는 가능성을 다각도로 탐색하고 그 증거들을 제시한다. 그 과정에서 오스월드는 전혀 총을 쏘지 않은 희생양이었다는 이론, 심지어는 오스월드가 음모자들이 만들어낸 가공 인물이라는 가능성까지도 설득력 있게 제시된다.

그러나 전술한 대로 『JFK』의 의도는 극도의 혼란을 불러일으키는 것이 아니라, 오히려 절대적 진리의 해체와 전복에 있다. 그러므로 여기에서 혼란은 낡은 진리를 무너뜨리고 새로운 진리를 발견하기 위한 필연적인 과정이 된다―마치 빛을 보기 위해서는 먼저 어둠을 보아야만 하듯이. 정보이론과 엔트로피이론에 의하면, 오직 정보에 있어서만은 결핍보다는 과잉이 좋다고 한다. 대부분의 경우, 과잉은 언제나 쓰레기를 만들고 쓰레기는 결국 엔트로피를 초래하게 된다. 그러나 정보의 경우에는 통제나 조종보다는 차라리 정보의 방출과 넘침이 더 효과적으로 엔트로피를 억제한다는 것이다. 이와 같은 역설적인 이론은 곧 정보를 통제하려는 지배 권력의 의도를 무산시키고, 결국에는 새로운 진리를 찾을 수 있도록 도와준다.

이와 같은 시각과 전략은 언제나 새로 발견한 진리가 또 하나의 절대적 진리로 군림하여 타자를 억압하는 것을 경계한다. 그것이 이 영화에서 왜 뉴올리언스의 지역 검사 짐 개리슨이 자신의 의견에 반대하는 지역 검사보Assistant D. A.의 견해를 존중하는가 하는 이유다. 그 지역 검사보가 정부 측의 회유와 압력에 못 이겨 스파이 노릇을 하고 있다는 것을 알면서도, 짐 개리슨은 그를 싫어하는 자의 심복까지 해고시킨다. 얼핏 이해하기 힘든 이 장면이 사실은 바로 그와 같은 형평성과 공정성의 원리에 근거한 것이라는 것을 깨닫는 것은 중요하다 (물론 이 장면은 미국 정부나 CIA나 극우 보수파들로부터 올리버 스톤이 명예훼손으로 피소당하지 않게 해주는 이중의 역할도 담당하고 있는 것처럼 보인다).

공식 역사에 대한 회의와 도전

영화 『JFK』의 또 하나의 주제는 공식역사에 대한 회의와 도전이다. 공식적 역사에 대한 불신과 심문은 최근 문학작품에서도 즐겨 사용되고 있는 모티프다. 예컨대 미국의 소설가 로버트 쿠버의 『공개화형』이나 E. L. 닥터로우의 『다니엘 서』, 또 존 바스의 『연초도매상』 같은 소설들은 모두 공식적인 역사를 패러디하며, 새로운 대체역사를 제시하고 있는 새로운 형태의 소설들이다. 공식적인 역사에 도전하는 『JFK』 역시 그러한 범주에 속하는 작품이다. 케네디의 암살이 오스월드의 단독범행이라는 것은 대통령이 임명한 '워렌 위원회'에 의해 공식적인 역사로 기록되어 있고, 따라서 공인된 경전 텍스트가 되었다. 그렇다면 『JFK』의 대본으로 사용된 짐 개리슨의 책 『암살자들의 길을 따라On the Trail of the Assasins』는 바로 그 공식 역사에 도전하는 또 하나의 역사 텍스트라고 할 수 있을 것이다. 사실 역사는 그동안 권력을 가진 사람들에 의해 기록되어 왔고 조작되어 왔다. 그리고 역사는 또한 특권을 가진 사람들의 이야기를 그들의 시각에서만 기록해 왔다. 『JFK』는 바로 그러한 공식 역사의 유효성과 정당성에 의문을 던지면서 시작된다는 점에서 중요한 의미를 갖는다. 이 영화는 공식 역사에 의해 무시되고 제외되어 온 많은 사람들의 증언들을 새로운 시각과 비중으로 기록하고 있다. 예컨대 이 영화는 그동안 공권력에 의해 침묵을 강요당해 온 사람들의 증언, 또 당시에는 인정받지 못했던 사람들의 증언, 그리고 허위 증언에 의해 부당하게 묵살당했던 사람들의 증언을 총망라하고 있다. 그리고 그것은 곧 지배 권력에 대항하는 민중의 증언과 항의로서 제시되고 있다.

지배문화가 만들어 놓은 공식 역사 또는 공식적 진리에 대한 올리버 스톤의 도전은 이미 『플래툰』, 『살바도르』, 『7월 4일생』 같은 작품들을 통해서도 잘 나타나고 있다. 예컨대 『플래툰』에서 스톤은 아군과 적군, 그리고 전장과 일상의 구별을 없앰으로써 베트남전이 민주주의를 위한 싸움이었다는 미국의 공식적인 역사와 신화를 패러디한다. 『플래툰』에서는 가장 사악한 적이 정글 속에서가 아니고 오히려 소대 내부와 주월 미군 사령부와 워싱턴 행정부에서 발견된다. 『살바도르』에서는 가장 끔찍하고 잔인한 살육이 미국 정부가 지원하고 있었던 우익 군부에 의해 저질러진다. 『7월 4일생』에서는 미국의 실수와 실패가 하반신 마비와 성불능이 된 주인공의 모습을 통해 적나라하게 제시되고 있다. 베트남전 상이용사인 그는 지배문화의 선동과 나이브한 애국심으로 인해 군에 지원 입대하고 파병되어 반신불수로 돌아와서야, 비로소 모든 것 — 학교교육, 가정교육, 군대교육을 포함하여 — 이 허위였음을 깨닫게 된다. 그는 자신에게 지배 권력의 거짓 이데올로기를 주입시킨 어머니에게 격렬하게 항의한다. 결국 그는 정부가 수여한 무공훈장들을 버리고 반전·반정부 데모에 앞장서게 된다.

올리버 스톤은 『JFK』를 통해 역사 그 자체를 근본적으로 불신하고 있다. 그는 "역사란 본질을 반사하는 표면에 의존하는 왜곡된 거울들의 집합체"이고 따라서 "역사에 대한 단일한 이론은 죽었다."고 말한다. 그렇다면 『JFK』는 공식적인 역사와 신화에 대한 대체역사이고 대체신화라고 할 수 있다. 스톤은 이 영화에서 은폐되고 조작된 채 권력의 비호를 받아 공식적인 진리로 기록되어 있는 역사의 이면을 파

처음 만나는 영화

헤치기 위해, 다시 1960년대 초의 과거로 되돌아가 묻혀 있는 진실을 파헤치는 고고학자의 역할을 수행하고 있다. 고고학은 이제 더 이상 서구 제국주의 국가들의 식민지 유적 탈취를 위해서가 아니고, 지금은 오히려 제국주의적 국가들과 집단들의 왜곡된 지배 언술행위의 정체를 밝히는 반언술의 전략으로서 사용되고 있다. 그렇다면 『JFK』는 이 시대의 뛰어난 영화이면서 동시에 한 권의 훌륭한 고고학 텍스트라고도 할 수 있을 것이다.

'영웅' 없는 시대의 '영웅' 없는 영화

바로 그러한 이유들로 해서 『JFK』에서는 아무도 영웅시되지 않는다. 비록 케네디를 그리워하는 흑인들의 회상 장면이 나오기는 하지만, 이 영화에서 그는 영웅이라기보다는 희생자로 그려져 있다. 어떤 의미에서 케네디의 죽음은 필연적이었다고도 볼 수 있다. 그는 50년대라고 하는 매카시즘과 극우 보수주의 시대에 종지부를 찍고, 사해동포주의, 민권주의, 인종차별 철폐주의, 그리고 탈냉전주의를 앞세운 60년대 자유주의 시대를 열었다(자유분방했다는 그의 여성편력 문제는 여기에서 접어 두기로 한다. 왜냐하면 그러한 추문조차도 사실은 지배 권력이 필요에 의해 조작해낸 것인지도 모르니까). 그러한 그의 정책에 대한 극우 보수주의자들의 반발은 어쩌면 필연적인 것이었다. 거기에다 커다란 이권이 걸린 쿠바 문제와 베트남전 문제가 케네디 암살의 결정적인 방아쇠로 작용하고 있었다. 스톤은 이 영화에서 마피아와 CIA와 군 장성들의 합작 음모 가능성을 설득력 있게 파헤치고 있다. 그리고 그 모든 것의 뒤에는 직접 개입은 안 했을지 몰라도, 당시의 정황으로 보아 대통령이 되기 위해 사건을 묵인해 준 것으로 추정되는 린든 B. 존슨의 음흉한 미소가 도사리고 있다는 것도 강력하게 시사해 주고 있다.

이러한 역사적이고 문학적인 주제 때문인지 『JFK』에서는 전형적인 미국적 주인공 짐 개리슨 검사조차도 영웅으로 부각되지는 않고 있다. 심지어는 마지막 법정진술에서도 그는 관람객들이 기대하는 만큼의 박력과 호소력을 보여 주지 않는다(아마도 의도적으로). 그러나 그는 가장의 의무를 다하지 못하고 가족들을 위험에 빠뜨리면서도 진실을 밝히는 작업을 계속한다. 적어도 그의 아내의 시각으로 볼 때에는 그렇다. 그러나 사실은 짐 개리슨에게 있어서 진실을 밝히는 작업은 궁극적으로 자신의 가정을 지키는 작업과 동일시된다. 진실을 밝히지 못할 때, 자신과 자신의 가족 역시 언젠가는 케네디처럼 피해를 당하게 되리라는 것이 모든 미국인 주인공들을 지탱해 주는 공통적인 신념이다(이 점, 자신이 직접 피해를 당하기 전까지는 모든 것을 남의 일로만 생각하는 한국인들에게는 중요한 교훈이 된다). 바로 그것이 왜 이 영화의 중간중간에 개리슨과 가족들 간의 갈등이 삽입되고 있으며, 또 왜 영화의 마지막에 재판에 진 후 개리슨이 같이 투쟁했던 부하직원들이 아닌 자신의 가족들과 함께 손을 잡고 법정을 떠나는가 하는 이유다.

비록 재판에서는 졌지만, 관객들은 떠나가는 개리슨 일가에게 박수를 보낸다. 그것은 물론 짐 개리슨 검사의 용기에 대한 경의의 표시일 것이다. 그러나 그와 동시에 관객들의 박수는 이 영화를 만든 올리버 스톤 감독에게도 보내지고 있는 것처럼 보인다. 스톤은 용기 있는 사람이다. 그리고 현재 우리가 살고 있는 이 복합적인 상황을 누구보다도 더 잘 알고 있는 지성인이다. 그가 이 영화에서 사용하고 있는 포스트모던적 시각과 전략은 놀라울 만큼 정확하며, 그에게 문화비평가의 타이틀을 주어도 손색이 없을 만큼 능숙하고도 심오하다.

영화 『JFK』는 미국과 한국이라는 나라의 경계를 초월해, 우리를 기만하고 역사를 왜곡하는 지배권력 속에서 살고 있는 우리들의 모습을 다시 한 번 돌이켜볼 수 있게 해 주는 탁월한 저항 예술이다. 더욱 이 영화는 수많은 정치적·역사적 의혹들의 배후나 내막을 아직도 알지 못하고 있으며, 또 알려고 하지도 않는 이 시대의 우리들에게 커다란 부러움과 호소력을 가지고 다가온다.

『장미의 이름』

이탈리아의 기호학자 움베르토 에코가 1980년에 발표한 소설을 영화화한 『장미의 이름The Name of the Rose, 1986』은 14세기 이탈리아의 어느 수도원에서 벌어지는 일련의 수수께끼 같은 살인 사건과 그 미궁의 사건을 해결하는 사부 윌리엄 수도사의 모습을 옆에서 지켜보는 어린 수련사 아드소의 시각으로 진행되고 있다. 이 영화는 물론 이런 종류의 영화들이 모두 그렇듯이―예컨대 피츠제럴드의 『위대한 개츠비』나 멜빌의 『모비 딕』, 또는 트웨인의 『아서왕 궁전의 코네티컷 양키』가 그렇듯이―주인공이 자신의 인생을 뒤바꾸어 놓은 죽음의 모험에서 돌아온 후 회상하는 식으로 되어 있다. 즉 아드소는 자신이

위에 있는 포스터 문구:

Who, in the name of God, is getting away with murder?

SEAN CONNERY   F. MURRAY ABRAHAM

THE NAME OF THE ROSE

이탈리아의 기호학자 움베르토 에코의 소설을 영화화한 『장미의 이름』에서 어린 수도사 아드소는 프란체스코파 수도사 윌리엄 사부를 따라 한 베네딕트 수도원을 찾고, 거기서 평생 잊지 못할 놀라운 경험을 하게 된다.

어린 시절에 우연히 겪었던 놀랍고도 엄청난 사건을 먼 훗날 아득한 기억에 의지하여 회상하고 있다.

『장미의 이름』은 가톨릭의 분열과 횡포와 타락이 극에 달했던 중세의 암흑시대를 배경으로 하고 있다. 이 영화는 프랑크푸르트의 독일 제후들에 의해 선출된 바바리아의 루이 황제와 아비뇽에서 교황으로 뽑힌 프랑스인 교황 요한 22세가 서로를 배교자라고 비난하며 날카롭게 대립하고 있었으며, 교회 역시 프란체스코파와 베네딕트파로 분열되어 서로를 비난하고 있던 1327년 말을 배경으로 하고 있다. 당시는 종교와 정치가 서로 결탁하여 인간의 앎과 삶을 지배하고 있었으며, 사람들 또한 자신만을 진리로 자처하고 상대방은 이단으로 규정하여 배척하던 시대였다. 그리고 지배이데올로기는 반체제 집단에게 마녀재판과 고문과 화형이라는 제도적인 폭력을, 반체제 세력들은 거기에 대항하여 테러라는 가시적 폭력을 행사하고 있었다.

이와 같이 독선의 횡포가 횡행하던 시절, 어린 독일인 수련사 아드소는 프란체스코파 수도사인 영국인 윌리엄 사부를 따라 이탈리아에 있는 어느 베네딕트파 수도원을 찾아가게 된다. 이 소설은 그들이 그 수도원에 머무는 일주일 동안 일어나는 일련의 수수께끼 같은 살인사건과, 그 사건의 실마리를 찾아 미궁 속을 헤매는 그들의 모험을 기록하고 있다. 그들이 찾아가는 수도원은 당대의 인간들이 살고 있

처음 만나는 영화

는 상황을 집약해 보여 주는 하나의 '소우주'이다. 예컨대 거기에는 지배자인 수도원장이 있고, 지식과 권력이 결탁하여 만들어낸 지배이데올로기가 있으며, 원장 밑에 각기 다른 계급의 수도사들과 불목하니들이 있다. 또한 거기에는 장서관을 비롯하여 주방, 시약소, 세공소 등 인간사에 필요한 모든 것이 갖추어져 있다.

그러나 수도원은 세상과 격리된 '닫힌 세계'다. 그리고 그곳에는 닫힌 세계의 모든 병폐들—예컨대 독선, 동성애, 금기, 비밀, 음모, 부패 그리고 살인 등—이 마치 음지의 독버섯처럼 자라나고 있다. 그러므로 수도원은 '밤'의 세계. 그리고 그곳에서의 살인사건은 밤에만 일어난다. 또한 그곳에는 성모 마리아를 제외하고는 여자가 없다. 그리고 여자가 없기 때문에 새로운 생명도 없다. 그곳에는 오직 불모의 동성애만이 존재한다. 죽임을 당한 수도사들의 대부분이 동성애에 빠져 있었다는 사실은 바로 그와 같은 수도원의 불모와 닫힘을 의미한다. 말세까지 봉인되도록 되어 있는 『계시록』은 이 세상의 파멸을 예언한 책이다. 마찬가지로 닫힌 세계는 필연적으로 파멸한다. 과연 이 이름 없는 수도원도 결국에는 불에 타 재가 되어 사라져 버린다.

이 수도원에서 윌리엄 수도사와 아드소는 일련의 살인사건을 목격한다. 비록 맨 처음 죽은 아델모의 경우는 윌리엄 수도사에 의해 자살로 밝혀지지만, 그 이후에 죽은 수도사들은 모두 누군가에 의해 끔찍하게 살해되었다는 것이 확실해진다. 여기저기 드러난 기호들의 해독을 통해 윌리엄 수도사는 그들의 죽음이 모두 장서관에 보관되어 있는 어떤 금서—곧 금단의 지식—와 연관되어 있다는 것을 밝혀낸다. 즉 그는 죽은 수도사들이 모두 금단의 서적에 접근하여 금단의 지식을 알아내려다가 살해되었다는 사실을 발견하게 된다. 이 영화의 서두에서 수도원의 원장은 윌리엄 수도사에게 "장서관이란 거짓을 기록한 서책까지 보관되어 있는 성궤인 셈입니다."라고 말한다. 즉 고대 이스라엘의 성궤에는 신성한 책, 곧 모세가 신으로부터 받은 십계명만 들어 있었지만, 수도원의 장서관이란 진리와 허위 모두를 보관하고 있는 곳이라는 것이다. 그러므로 윌리엄 수도사는 아드소에게 "앎이란 알아야 하는 것이나 알 수 있는 것만 알면 되는 것이 아니라, 알 수 있었던 것, 알아서는 안 되는 것까지 알아야 하는 것"이라고 한다. 그러나 그 수도원에서는 장서관에서 권력을 가진 누군가가 임의로 진리의 서책과 허위의 서책을 구분한 뒤, 후자를 금서로 지정하여 사람들의 접근을 막고 있었다. 그러한 상황에서도 장서관의 문서복사실에서 서책의 복사를 담당하고 있던 수도사들은 단순한 복사에 만족하지 않고 새로운 지식을 추구하여 차츰 금서에 접근하기 시작한다. 그리고 그 결과로 인해 그들은 모두 죽임을 당한다. 윌리엄 수도사는 그 금서의 미스터리를 해결해 줄 실마리를 찾기 위해 밤중에 아드소와 함께 몰래 금단의 방인 장서관으로 들어간다. 바로 그 시점에서 장서관은 갑자기 거대하고 정교한 미궁으로 변하고 두 사람은 미로에서 길을 잃게 된다. 왜냐하면 도서관은 사람들이 금단의 서책에 접근할 수 없도록 미로처럼 만들어져 있어서, 오직 장서관의 사서 수도사만이 보관된 책의 위치로, 그 접근의 난이도難易度로 그 책이 안고 있는 비밀이나 내용의 진위眞僞를 알 수 있도록 되어 있었기 때문이다.

과연 서책의 미로 사이를 헤매던 윌리엄 수도사와 아드소는 향불처럼 타고 있는 약초에 의해 환상을 보기도 하고, 거울을 통해 자신들의 뒤틀린 모습을 보기도 한다. 이윽고 그들은 큰 거울로 입구가 막힌 방을 찾아내지만 그 안으로 들어갈 수 있는 방법을 알아내지 못하고 발길을 돌린다. 오랜 방황과 성찰 끝에 이윽고 그들은 살인사건의 실마리가 될 금서는 찾지 못한 채 출구를 찾아 미궁을 빠져 나온다.

이 영화의 후반부에 윌리엄 수도사와 아드소는 다시 한 번 장서관으로 들어가 자신들의 뒤틀린 모습을 보여 주는 거울과 대면한다. 그리고 그 비밀의 방의 열쇠인 암호를 해독하여 드디어 금서가 있는 곳으로 들어가게 된다.

금서가 들어 있는 그 밀실에는 수도원의 원로이자 장님인 조르게 노인이 그들을 기다리고 있었다. 그동안 일어났던 살인사건의 배후에는 40년 동안 눈멀었으며 지금은 80세가 넘은 독일인 전직 사서 조르게 수도사가 있었던 것이다. 그리고 그가 다른 수도사들을 죽이면서까지 감추려고 했던 그 금단의 서책은 "세상이 소실되었다고 믿거나 아예 써지지도 않았다고 믿는 책", 곧 희극을 다루고 있다고 알려져 온 아리스토텔레스의 『시학』 제2권이라는 사실도 밝혀진다. 그 미궁의 핵심에서 안경을 사용하는 밝은 눈의 윌리엄 수도사와 눈먼 조르게 수도사의 정면 대결이 벌어진다. 조르게는 다음과 같이 말한다.

이 서책에서는 웃음이 예술로 과대평가되어 있고, 식자들의 마음이 열리는 세상의 문으로 과장되어 있어요. 웃음은 사악한 인간을 악마의 두려움에서 해방시켜요. 허나 이 서책은, 악마에의 두려움으로부터 해방시키는 것을 지혜라고 가르치고 있소. ……헌데 저 철학자의 말이 타락한 상상력이 빚어낸 아슬아슬한 농담을 합리화하는 날, 아슬아슬하던 농담이 진실로 믿어지는 날에는 어떻게 될까요? 중심의 개념이 무너지고 말아요.

여기에서 중요한 점은, 현존하는 아리스토텔레스의 『시학』 제1권에서 다루고 있는 비극이 오랫동안 귀족적, 이성적, 아폴로적 정전canon으로 인정되어 왔다면, 부재하는 『시학』 제2권에서 다루고 있는 희극 곧 웃음은 민중적, 비이성적, 디오니소스적 장르로서 열등한 존재로 소외되고 배제되어 왔다는 사실이다. 조르게 노인은 오직 비극으로만 대변되는 절대적이고도 성스러운 진리, 귀족문화, 지배이데올로기의 수호자이며, 자신의 신념을 위해서는 살인도 서슴지 않는 반민중적 독선의 화신임이 드러난다. 그러므로 윌리엄 수도사가 "이 영감아, 악마는 바로 당신이 악마야! ……악마란 바로 영혼의 교만, 미소를 모르는 신앙, 의혹의 여지가 없는 진리……. 그게 바로 악마야."라고 소리를 질러도 조르게는 그것이 무슨 말인지 알아듣지 못한다. 왜냐하면 그는 육체적으로만 눈먼 것이 아니라 정신적으로도 눈멀었기 때문이다.

설상가상으로 조르게는 자신의 신념을 너무 굳게 믿은 나머지 자기가 저지른 살인까지도 하늘의 뜻으로 확신하는 우를 범하고 있다. 예컨대 윌리엄 수도사가 다섯 수도사의 죽음을 『요한 계시록』의 일곱 나팔 소리와 연관시키자—사실 아텔모의 죽음과 우박, 베난티우스의 죽음과 피, 베렝가르의 죽음과 물, 세베리누스의 죽음과 하늘, 그리고 말라키의 죽음과 전갈은 단순한 우연이었음이 드러난다—조르게는 그들이 천벌을 받고 있을 뿐, 살인을 한 자신에게는 아무런 책임이 없다는 확신을 갖게 된다. 그리고 그는 그러한 확신 가운데, 독이 발라

처음 만나는 영화

진 금서의 책장을 찢어 먹음으로써 자신이 다시 한 번 다음과 같은 계시록의 예언을 성취시킨다고 착각한다—"그 일곱 천둥이 말한 것을 비밀에 부쳐 두고 기록하지 마라. 그것을 받아 삼켜라. 이것이 네 입에는 꿀같이 달겠지만 네 배에 들어가면 배를 아프게 할 것이다." 즉 어리석게도 그는 죽는 순간까지도 자신이 신의 뜻을 이루는 절대적 진리임을 의심하지 않는다.

『장미의 이름』에서 조르게 노인만큼이나 눈먼 또 하나의 독선의 화신은 타락한 교황의 조사관 베르나르 귀다. 그는 종교재판과 고문을 통해 숱한 죄 없는 사람들을 이단으로 몰아 화형시킨 독선적인 사람으로서 일찍이 그러한 행위에 회의를 느끼고 조사관직을 사임한 윌리엄 수도사와는 강렬한 대조를 이루고 있다. 도미니크회 수도사이자 70세가 넘은 베르나르 귀는 이곳에서의 살인사건이 이단의 짓이라는 확신 아래 조사관의 자격으로 수도원에 도착한다. 그리고 윌리엄 수도사의 조심스러운 반대에도 불구하고 한때 돌치노파에 속해 있었던 식료요사 담당 수도사인 레미지오와 그의 조수 살바또레, 그리고 먹을 것을 구하러 몰래 수도원에 들어온 가난한 마을의 소녀를 붙잡아 살인사건의 범인으로 지목한다. 이윽고 끔찍한 고문이 시작되고, 고통을 견디지 못한 그들은 자신들이 이단이고 마녀이며 살인범이었다는 허위자백을 하게 되며, 결국에는 모두 화형을 당하게 된다. 아드소는 비로소 조사관들이 이단자들을 조작해낼 수도 있다는 것을 깨닫는다.

조르게나 베르나르 같은 사람들은 사이비 구세주, 곧 적그리스도anti-Christ들이 이 세상의 종말을 가져온다고 믿고 있다.『장미의 이름』에서 그들이 생각하는 적그리스도의 형상은 살바또레를 통해 나

타난다. 살바또레는 예전에 프란체스코파에서 갈라져 나간 극단주의
자들이 세웠던, 청빈을 주장했던 성령파 또는 돌치노파에 속해 있었
으나 지금은 베네딕트파 수도원에 귀의한 사람이다. 아드소는 교회의
문전에서 무서운 환상을 본 직후 살바또레를 만나게 된다. 아드소는
살바또레가 악마의 형상을 하고 있었으며, 얼굴은 다른 사람들의 얼
굴을 섞어서 붙여 놓은 것 같았다고 묘사하고 있다. 그리고 그가 하는
말 역시 그의 얼굴처럼 여러 나라 말이 제멋대로 뒤섞여져 극도로 비
논리적이고 극도로 무의미한 혼란을 야기했다고 회상하고 있다.

그렇다면 살바또레는 바로 반로고스anti-Logos, 혼란, 무질서, 부조
화의 극치이자 바벨의 언어 그 자체가 된다. 바벨은 곧 타락과 음녀의
도시 바벨론과, 그리고 바벨론은 곧 적그리스도와 연관된다. 그러므
로 살바또레가 로고스와 질서의 극치인 베르나르 귀에 의해 적그리스
도로 정죄되고 화형에 처해지는 것은 필연적인 귀결이다. 그러나 아
드소는 윌리엄 수도사의 가르침을 통해 살바또레가 아니라 베르나르
귀야말로 사실은 진짜 적그리스도라는 것을 깨닫는다.

아드소의 그와 같은 깨달음은 수도원의 주방에서 우연히 만나 첫
사랑을 나눈 어느 이름 모를 소녀에 의해서 이루어진다. 윌리엄 사부
와 같이 장서관에 처음 들어갔다 나온 다음날, 아드소는 이번에는 혼
자 장서관에 들어가 보기 위해 문서 복사실을 지나다가 우연히 누군
가가 복사하다가 놓아 둔 「돌치노 이단의 역사」라는 원고를 발견하고
읽어 보게 된다. 그런 다음 그는 혼자 미궁 속으로 들어가서 헤매다
가, 어느 서책에서 바빌론의 창녀의 그림을 보게 된다. 그 순간 아드
소는 성모 마리아와 그 창녀가 똑같이 아름답다고 느끼게 된다.

이윽고 미궁을 빠져 나와 식당을 가로질러 가던 아드소는 빵가마 옆에서 웬 소녀와 마주치게 된다. 그 소녀의 아름다움을 바라보면서 그는 자신의 환희를 신을 찬양할 때 쓰던 언어로 표현하게 된다.

아드소는 그날 밤 드디어 수도사의 계율을 깨고 그 소녀와 사랑을 나눈다. 그리고 그 소녀가 떠난 다음, 그는 그녀가 놓고 간 "죽어 있으면서도…… 생명력으로 푸들푸들 움직이는…… 엄청나게 큰" 소의 심장을 발견하고는 혼절하게 된다.

그 가난하고 가련한 소녀는 다시 수도원에 식량을 얻으러 왔다가 살바또레와 레미지오와 더불어 베르나르 귀에 의해 체포당한 후, 마녀로 몰려 화형을 당하게 된다. 아드소는 그녀를 구하고 싶어 하지만 아무런 방법을 찾지 못하고 그녀의 이름조차 모르는 것을 안타까워한다―"아, 참으로 안타까운 것은 그녀의 이름을 알지 못한다는 것이었다. 이름을 알았더라면 사랑하는 이의 이름을 부르며 밤새 애통해 할 수 있었을 것을 그때도 그랬고 그 뒤로도 그랬지만 나는 사랑하는 사람의 이름을 불러 본 적이 없다." 그는 다만 그녀의 입술에서 묻어 나오던 장미꽃 향기로 그녀를 기억할 수 있을 뿐이다.

이 소설의 제목인 『장미의 이름』은 바로 그러한 맥락에서 중요한 의미를 갖는다. 즉 아드소는 이 이름 모를 소녀와의 짧은 사랑을 통해서 지금까지 깨닫지 못했던 또 하나의 진리, 또 하나의 가능성을 발견하게 된다. 비록 수도원 그 자체가 하나의 소우주이기는 하지만, 더 크게 보면 수도원은 당대의 부와 권력을 쥐고 있는 지배체제이고, 수도원 밖의 마을은 소외되고 제외된 빈곤과 억압의 지역이다. 그러한 의미에서 보면 아드소는 선택된 특권층이고, 그 소녀는 상속권이 박탈된 피지배계급이라고도 할 수 있을 것이다. 외관상으로 그 소녀는 수도원의 성모 마리아와는 정반대의 이미지를 갖고 있다. 그러나 아드소는 그 두 여인이 궁극적으로는 같은 존재라는 것을 깨닫는다. 역사적으로 보아 아드소의 이러한 깨달음은 성모 마리아의 시대, 곧 신본주의 시대인 중세로부터 장미의 시대, 곧 인본주의 시대인 르네상스로의 필연적인 전이를 의미한다. 왜냐하면 '장미'란 이성적이고 폐쇄적이며 교조주의적인 종교 이데올로기와는 정반대의 속성을 상징하고 있기 때문이다. 그러므로 아드소는 그 장미의 소녀를 통해 새로운 진리를 터득하게 된 것이다. 그렇기 때문에, 먼 훗날 늙어서 죽기 직전까지도 그는 그때의 경험을 "죄악인 줄 알면서도 나는 내 청춘이 참으로 선하고 아름다웠다는 느낌을 지우지 않고 있다."라고 회상하고 있다. '장미의 이름'은 『로미오와 줄리엣』에 나오는 줄리엣의 대사의 일부이다—"아, 그대의 이름이 로미오가 아니었더라면! 하지만 이름이 무슨 의미가 있는가? 장미는 다른 이름으로 불러도 여전히 향기로운 것을."

이 책은 중세의 상징인 눈먼 조르게 노인과 새 시대의 상징인 아드소가 서로 몸싸움을 벌이다가 등잔이 서책 위로 떨어져 장서관과 수도원이 모두 불타 없어지면서 끝이 난다. 그와 같은 종말은 또한 『계시록』의 여섯 번째 재앙—곧 불과 유황—과 연관되며, 더 나아가 최후의 아마겟돈을 보여 준다. 장서관이 손쓸 사이 없이 삽시간에 불타 버린 것은 장서관이 지켜 온 신비 때문에 구조가 밝혀지지 않았는데다가 출입구가 극히 적었기 때문이었다. 즉 장서관과 수도원은 '닫힌 세계'였기 때문에 스스로 자멸하고 만 것이다.

처음 만나는 영화

아드소는 윌리엄 사부와의 여행을 통해 많은 것을 깨닫게 된다. 그렇다면 수도원의 장서관은 아드소가 읽고 그 엄청난 의미를 판독해야만 하는 미궁의 텍스트라고 할 수 있을 것이다. 그리고 아드소의 그러한 깨달음은 불타는 장서관 속의 상징적인 죽음을 통해 이루어진다.

아드소는 수도원이 불타 버린 지 오랜 세월이 지난 후 그 폐허를 다시 찾아간다. 그는 타다 남은 양피지들을 그 과거의 폐허 속에서 주워 온 다음, 그것들을 해독하는 데 오랜 세월을 바친다. 이윽고 그는 과거의 "양피지 조각과 인용문과 자투리 문장과 서책의 파편으로 된 장서관"을 재현시키는 데 성공한다. 그러나 비록 파편적인 것들의 재구성이기는 하지만, 아드소의 장서관은 열려 있는 포스트모더니즘적 장서관이라는 점에서 수도원의 닫혀 있었던 모더니즘적 장서관과는 다르다. 왜냐하면 아드소는 그 유물의 파편들을 『장미의 이름』이라는 기록으로 남겨 후세에 전하고 있기 때문이다.

『프라하의 봄』 또는 『참을 수 없는 존재의 가벼움』

프랑스에 거주하고 있는 체코의 망명작가 밀란 쿤데라가 1984년에 발표한 소설 『참을 수 없는 존재의 가벼움』을 영화화한 『프라하의 봄The Unbearable Lightness of Being, 1988』은 『장미의 이름』과는 또 다른 측면에서 포스트모더니즘 문학의 탁월한 성과를 보여 주는 작품이다. 이 영화는 1968년의 '프라하의 봄'이라는 역사적·사회적·정치적 사건이 어떻게 한 세대의 삶을 좌절과 파멸로 몰아갔으며, 어떻게 개인의 사

영화 「프라하의 봄」에서 사비나의 '가 벼움'은 모든 이데올로기의 무거움과 전체주의적 획일화에 대한 '견딜 수 없음'에서 비롯된다.

랑과 죽음의 항로를 뒤바꾸어 놓았는가를 밀도 있게 추적한 작품이다.

우선 이 영화에서 눈에 띄는 것은 신선하고 섬세한 시적 언어와 영상, 그리고 그와 같은 현대적 감각 매체를 통해 드러나는 비극적인 현실과 역사인식이다. 이 영화는 어쩌면 서로 전혀 다른, 그러나 우연히도 긴밀히 연관되는 네 사람의 삶을 작품 속에서 끊임없이 교차시킴으로써 역사적 상황 속에서 동시대인들의 삶과 운명이 얼마나 밀접하게 연결되어 있는가를 보여 주고 있다. 그러나 그와 동시에 이 영화는 그와 같은 역사적 상황이 사실은 얼마나 잔인하게 개인의 삶과 사랑과 죽음을 짓밟고 있는가도 생생하게 보여 주고 있다. 그리고 이 모든 것의 뒤에는 언제나 '프라하의 봄'이라는 장중한 심포니가 배경음악으로 깔려 있다.

이 영화는 토머스라는 의사, 테레사라는 사진작가, 사비나라는 화가, 그리고 프란츠라는 교수가 격변기의 체코에서 겪어 나가는 삶과 사랑과 죽음의 이야기이다. 성적 접촉을 통해 여성의 상이한 개성을 찾아낼 수 있다는 생각에서 수백 명의 여자들과 자유분방하게 관계를 갖는 토머스는 어느 날 시골에 왕진을 갔다가 잠깐 들른 카페의 여급 테레사와 사랑을 하게 되고, 결국에는 결혼까지 하게 된다. 토머스는 어느 날 자신의 애인인 사비나에게 테레사를 소개하며 도움을 요청하고, 사비나는 테레사가 사진작가가 되도록 도와준다.

처음 만나는 영화

1968년 소련군의 체코 침공이 시작되자 토머스와 테레사는 프라하를 떠나 취리히로 간다. 한편 제네바로 간 사비나는 그곳에서 만난 프란츠와 짧은 사랑을 하지만 곧 그를 떠나 파리로 간다. 얼마 후 테레사는 토머스를 떠나 다시 프라하로 돌아가고, 토머스 역시 테레사를 찾아 프라하로 돌아간다. 작품의 마지막에 토머스와 테레사는 시골에서 자동차 사고로 죽고, 프란츠 역시 외국에서 우연한 사고로 죽게 된다. 그러나 이와 같은 사건들은 모두 연대기적 순서chronological order가 거의 무시된 채 시공을 초월해서 독자들에게 제시되고 있다.

『프라하의 봄』에서 가장 독자의 관심을 끄는 것은 아마도 '가벼움'이란 과연 무엇을 의미하는가, 그리고 저자는 과연 '가벼움'을 찬양하고 있는가 하는 문제일 것이다. 원작자 쿤데라는 이 소설을 니체의 영원한 재귀regressus in infinitum 사상에 대한 언급으로부터 시작하고 있다. 니체는 인간의 역사란 무한히 반복되는 것이라고 믿었다. 그러한 그의 사상 속에는 물론 역사의 진보에 대한 회의와 과거에 대한 탐색 정신이 깃들어 있었다.

그렇다면 쿤데라는 단순히 가벼운 것을 찬양하고 있는 것은 아니다. 그것을 깨닫는 순간, 우리는 '참을 수 없는'이라는 표현이 함축하고 있는 복합적인 의미에 주목하게 된다. 말을 바꾸면, 쿤데라는 모든 것을 둘로 나누어 그중 하나를 절대적 진리로 선택하는 이분법적 사고방식에 회의를 던지며 이 소설을 시작하고 있다는 것이다. 예컨대 영혼은 가볍고 육체는 무겁다. 그러나 우리는 그중 하나만을 선택할 수는 없다. 왜냐하면 우리 삶은 그 두 가지를 동시에 필요로 하기 때문이다. 니체의 이론은 우리로 하여금 무거운 하늘을 양어깨에 받치고 있는 아틀라스의 중요성을 깨닫게 해 준다. 그가 느끼는 무게는 곧 우리 모두의 존재의 무게다. 그러나 그것과 똑같이 중요한 점은, 우리의 존재가 진정으로 가벼울 때에만 우리는 비상할 수 있다는 점이다. 부단히 반복되는 역사는 무거운 존재이다. 그러나 인간의 삶은 한번 지나가 버리면 다시는 돌아오지 않는 솜털처럼 가벼운 존재일 뿐이다. 그것을 깨닫는 순간, 니체의 '영원한 재귀' 사상은 심오한 이중의 의미를 갖게 된다.

쿤데라의 의식 속에 토머스라는 인물이 떠오르게 된 배경에는 바로 그와 같은 철학적 성찰이 자리 잡고 있었던 것처럼 보인다. 토머스는 삶을 가볍게 살고 싶어 하는 사람이다. 그는 모든 종류의 얽매임으로부터 벗어나 자유롭게 "존재의 달콤한 가벼움을 즐기고" 싶어 하는 평범한 보통 사람이다. 그러던 그가 어느 날 정말 우연히도 보헤미안 지방의 시골에서 만난 테레사라는 여인과 사랑을 하게 되고, 결국에는 결혼까지 하게 된다. 그에게 있어서 테레사와의 만남은 정말 우연에 불과했다. 그는 언제나 또 다른 가능성이 있을 수도 있다는 것을 믿어 왔다.

그러나 불만족스러운 시골생활에서 언젠가는 자기처럼 책을 좋아하는 도시의 왕자가 나타나리라 믿고 있었던 테레사에게는 그들의 만남은 필연적인 것이었다. 그렇기 때문에 토머스에게 있어서 테레사는 '무거움' 그 자체였다―"무거움, 필연성, 가치는 서로 긴밀히 연관된 세 개념이다." 과연 그녀는 '무거운' 트렁크를 들고 어느 날 불쑥 그를 찾아온다. 그리고 사랑을 나눈 여자의 곁에서는 결코 잠을 이루지 못하는 토머스와는 정반대로 테레사는 한시라도 토머스의 '무게'를 곁

처음 만나는 영화

에 느끼지 않고서는 잠을 이루지 못한다. 또한 늘 여자를 바꾸는 토머스와는 달리 그녀는 토머스와의 관계에 절대적 가치를 부여한다.

테레사를 통해 토머스는 비로소 라틴어로 '함께 참고 견딤'이라는 뜻을 가진, 타인과의 '감정공유compassion'를 배우게 된다. 그래서 테레사가 자기 손톱 밑을 바늘로 찌르는 꿈을 꾸었을 때, 토머스는 그녀의 고통을 자기 것으로 느낀다. 즉 토머스는 테레사를 통해 존재의 '무거움'을 느끼게 된 것이다. 테레사가 프라하로 되돌아간 후, 한동안 존재의 달콤한 가벼움을 맛보던 그가 결국에는 안락한 취리히의 생활을 버리고 위험을 무릅쓴 채 그녀를 찾으러 다시 프라하로 가는 이유도 바로 거기에 있다. 그러나 토머스는 테레사와의 관계에도 불구하고 사비나로 표상되는 존재의 가벼움을 포기하지는 않는다—"테레사와 사비나는 그의 삶의 양극을 구현하고 있었다. 이 두 극은 떨어져 서로 합치될 수 없으며 제 나름대로 아름다웠다."

토머스는 다시 프라하 병원에서의 삶을 시작한다. 그러나 특별히 정치적인 인물도 아니고, 지식인으로서 그저 상식적으로 가볍게 일상을 살고 싶어 하는 토머스를 공산주의 국가가 된 체코는 그대로 내버려 두지 않는다. 그는 '프라하의 봄' 때, 체코 작가연맹이 펴내는 주간지에, 비록 모르고 잘못을 저질렀지만 책임을 지고 자신의 눈을 뺀 오이디푸스처럼 정치인들(공산주의자들) 역시 자신이 모르고 저지른 일에도 책임을 져야 된다는 글을 기고한 적이 있었다. 그런데 이제 다시 공산주의자들이 정권을 잡자 그 글이 문제가 된 것이다. 당국의 압력을 받은 병원의 과장은 토머스에게 그 글을 철회한다는 서류에 서명하도록 간청한다. 토머스는 병원의 과장직을 맡게 되느냐, 아니면 의

사직을 박탈당하느냐의 기로에 서게 된다.

그렇다면 과연 어떤 것이 가벼운 것이고 어떤 것이 무거운 것일까? 사실 그는 과장의 말대로 "작가도, 기자도, 국민의 구원자도 아니고 의사이며 학자일 뿐"이었고, 철회란 그가 반정부 인사가 아니라는 것을 보여 주는 그저 형식적인 제스처일 뿐이었다. 그렇기 때문에 그는 쉽게 서명을 할 수도 있었다. 그러나 그는 주위에서 수군거리는 동료들이 결국에는 "그가 순종하게 될 것임을 아무도 의심하지 않는다."는 사실을 발견하고 경악하게 된다. 그들은 그의 의사와는 관계없이 그의 성설성보다는 그의 명예심을 믿었다.

그리고 그들의 그와 같은 확신은 다시 두 부류로 나누어지고 있었다. 첫째 부류는, 그와 비슷한 경험을 겪었거나 점령군에 호의적인 사람들이 보내는 은밀한 "공범자의 수줍음을 띤" 미소였다. 그것은 "비굴이 서서히, 하지만 확실하게 태도의 규범으로 되어 곧 더 이상 비굴 본래의 것으로 감지되지 않는다는 증거가 되었다." 둘째 부류는, 자신이나 자신과 가까운 사람들이 점령군과의 타협을 거부했거나 또는 거부하리라고 확신하고 있는 사람들이 보내오는 "자족自足적인 도덕적 우위의 미소였다."

그러한 와중에 사복형사가 그를 찾아와 그를 회유하고, 그 과정에서 옛날에 토머스의 원고를 게재해 주었던 편집인의 인상착의를 묻는다. 토머스는 물론 그것을 가르쳐 주지 않으며, 그 편집인을 보호하기 위해 경찰이 묘사하는 정반대의 인상착의에 동의한다. 그러나 바로 그 순간 그는 경찰이 현재의 편집인을 체포하기 위해 그의 인상착의를 말했으며, 토머스의 묵시적 동의를 그 증거로 제시할 것임을 깨달는다. 그는 절망 가운데, 자신이 자발적으로 사회계층의 제일 밑바닥으로 내려가면 경찰의 지배와 관심으로부터, 그리고 동료들의 이상한 미소의 굴레로부터 벗어날 수 있으리라는 결론을 내린다. 왜냐하면 "치욕적인 공개 해명은 언제나 서명자들의 승진과 연관되었지, 그의 하강과 결부되지"는 않았기 때문이다. 그래서 토머스는 서명을 거부하고 스스로 창문 청소부가 된다.

그와는 정반대의, 그러나 궁극적으로는 똑같은 서명사건이 나중에 토머스에게 한 번 더 일어난다. 창문을 닦아 달라는 연락을 받고 어떤 집에 들어섰을 때, 토머스는 오래 전에 헤어진 첫 아내 사이에 태어난 자신의 아들과 예전 주간지의 편집인이 자기를 기다리고 있는 것을 발견하게 된다. 이미 토머스의 서명거부 사건에 대해 잘 알고 있는 그들은, 이번에는 정치범들의 석방을 요구하는 청원서에 토머스가 서명해 줄 것을 요구한다.

토머스는 숙고와 사려와 예외를 포함한 모든 가능성을 완전 차단해 버린 채, 오직 자신들만이 옳다는 확신을 갖고 남에게 서명을 강요하는 이들의 모습에서, 자신에게 서명을 강요하던 형사와 그 집의 벽에 걸린 그림 속의 위협적인 군인의 모습을 본다―"모두가 토머스를 강요하여 그가 직접 쓰지 않은 텍스트에 서명하도록 했다." 더구나 그의 아들까지도 아버지를 훈계하고 있었다. 결국 토머스는 "선과 악의 경계는 아주 불확실해."라는 말과 함께 다시 한 번 서명을 거부한다. 그리고 바로 그 순간, 가벼움과 무거움의 이분법은 다시 한 번 와해된다. 그 편집인과 토머스의 아들은 역사를 무거운 것으로 파악하고, 그 무거운 역사 속에서 살고 있었다. 그러나 과연 역사란 무겁고 또 영원히 반복되는 것이라고 확신할 수 있는가?

한편 테레사는 자신의 육체를 통해서 영혼을 보게 되기를 원한다. 그래서 그녀는 끊임없이 '거울' 앞에서 자신의 모습을 본다. 거울은 이윽고 카메라의 렌즈로, 그리고 나중에는 토머스가 닦는 유리창으로 확대된다. 그녀는 토머스와는 달리 삶과 역사의 무거움과 필연성을 믿는다. 그러나 그녀는 그 속에서 자신만의 독특하고도 사적인 삶을 갖고 싶어 한다. 그래서 토머스가 자신을 다른 여자들과 똑같이 가볍게 취급한다고 생각했을 때, 그녀는 그것을 참을 수가 없다. 왜냐하면 "그녀는 자기의 육체가 유일무이하며 전혀 대체할 수 없는 것이 되려고 그에게로 왔었기" 때문이다. 테레사가 탈출하고 싶었던 것은 그녀의 어머니의 세계, 즉 "모든 육체가 동일했고 일렬종대로 행진하는" 획일성의 세계, 그리고 아무데서나 수치심 없이 옷을 벗는 저속하고 값싼 가벼움의 세계였다. 그래서 "어린 시절부터 나체는 테레사에게 강제노동수용소의 획일화"를 상징하는 굴욕의 표지였다. 그녀가 어렸을 때, 그녀의 집은 사적인 것이 허용되지 않는 집단수용소였다. 예컨대 그녀의 어머니는 그녀의 일기장을 공개해 웃음거리로 만들었고, 심지어는 목욕할 때도 문을 잠그지 못하게 했다. 그녀는 수용소인 집을 떠나 토머스에게로 가지만, 거기에서도 둘만의 사적인 삶은 갖지 못한다. 자신도 토머스처럼 가벼워져 보려고 단 한 번 시도해 본 그녀의 혼외정사조차도 결국은 실패로 끝난다. 왜냐하면 우연히 만나 같이 잔 그 남자가 사실은 자신을 감시하기 위해 파견된 비밀경찰임에 틀림없다고 누가 귀띔해 주었기 때문이다.

테레사에게 있어서 거울은 어머니로 표상되는 바로 그러한 전체주의적 세계로부터 벗어나 자아를 발견하는 꿈이자 투쟁을 상징한다. 그녀의 카메라 역시 똑같은 의미를 갖는다. 예컨대 '프라하의 봄'의 7일 동안 그녀는 러시아군의 잔혹행위와 체코인들의 저항 장면을 생생하게 촬영하여 그 필름을 외국 기자들에게 건네준다. 그렇게 해서 그녀가 찍은 많은 사진들이 외국 신문에 실렸다. 그녀는 자신이 역사와 조국을 위해 올바른 일을 하고 있다는 것을 확신한다. 그러나 나중에 체포되어 경찰서에 잡혀 간 그녀는 자기 같은 사진작가들이 찍은 사진들이 경찰에 의해 반정부 인사들을 식별, 검거하는 데 사용되고 있다는 사실을 발견하고 경악하게 된다.

사비나 역시 테레사처럼 거울 보기를 좋아한다. 그러나 그녀는 테레사와는 달리 자신의 옷을 벗은 모습이나 애인과 같이 있는 모습을 비춰 보기를 좋아한다. 그런 의미에서 보면, 그녀도 토머스처럼 존재의 달콤한 가벼움을 추구하는 것처럼 보인다. 그리고 그녀는 삶의 가벼움을 추구하기 위해 모든 무거운 속박들과 기대들을 배반한다. 우선 그녀는 청교도적인 엄격한 아버지의 기대를 배반한다. 그러나 그녀는 곧 또 하나의 아버지인 공산주의의 속박에 부딪힌다. 예컨대 그녀는 모두가 사회주의적 사실주의에 충실해야만 했으며, 그 외의 것은 전부 반사회주의적인 것으로 비난받던 시절에 미술대학에 다녔다. 그러나 그와 같은 시절에도 사비나는 피카소를 좋아했고, 비사실주의적 그림들을 그림으로써 주위의 기대를 배반했다. 그녀는 또한 다른 대학생들과 함께 방학이 되면 청년 건설단에서 일해야만 했다. 그녀는 그때 하루 종일 확성기에서 들려오는 '음악을 가장한 소음'을 증오했다. 또한 그녀는 매해 노동절이면 동료들과 함께 시가행진을 해야만 했다. 그때마다 그녀는 발을 맞추지 않았고, 노래를 부르지 않았으며, 결국에는 대오에서 이탈해 나왔다. 그녀는 모든 행진을 싫어했다. 그러므로 사비나에게는 '배반'이란 곧 자유로운 삶을 의미했다.

그녀의 그러한 배반은 곧 모든 이데올로기의 무거움과 전체주의적 획일화에 대한 그녀의 '견딜 수 없음'에서부터 비롯된다. 예컨대 파리에서 러시아군의 체코 침공 일주년 항의데모에 참여한 그녀는 불과 몇 분밖에 견디지 못하고 시위행진 대열을 뛰쳐나온다. 왜냐하면 그녀는 '팔을 들고 하나가 된 소리로 같은 말을 외쳐 대며 행진하는 사람들의 시위행진'을 도저히 견딜 수 없었기 때문이다.

프란츠는 사비나의 고통스러운 배반을 낭만적인 환상으로 바라보고 경탄하는 사람이다. 그는 데모가 없는 제네바에서 교수가 되었기 때문에 혁명에 대해 낭만적인 생각을 갖게 되었고, 자신의 삶이 현실적이지 못하다고 느끼고 있었다. 바로 그때 그 앞에 혁명과 모험의 나라에서 온 사비나가 마치 계시처럼 나타난 것이다. 그러므로 사비나에 대한 그의 사랑은 사실 사비나가 상징하고 있는 혁명—곧 모험과 용기와 죽음의 위험—에 대한 사랑이었을 뿐 한 여인에 대한 사랑은 아니었다. 사비나에게 있어서 프란츠는 다만 "한없이 허황된 말과 말들, 문화의 허황함, 예술의 허황함"일 뿐이었다. 그러므로 사비나가 그렇게도 싫어하는 행진도 그에게 있어서는 곧 혁명의 대장정이자 유럽의 역사였으며, 음악을 가장한 소음도 그에게는 '해방'으로 느껴졌다.

모친은 오스트리아인이고 부친은 프랑스인이며, 자신은 스위스인인 프란츠는 바로 유럽의 구현이라고 쿤데라는 말한다. 과연 프란츠는 유럽적인 것만을 사랑하고 과거의 향수에만 집착해 있다. 그는 뉴욕의 비유럽적인 낯선 점에 매료되는 사비나와는 달리, 그것이 낯선 '타자'이기 때문에 뉴욕을 싫어한다. 결국 사비나는 눈먼 유럽을 상징하는 프란츠를 떠나 파리로 간다.

토머스는 테레사에게서 무거움의 중요성을 배우고, 테레사는 토머스에게서 가벼움의 중요성을 배운다. 자동차 사고로 죽기 전에 토머스는 시골 농부가 됨으로써 땅과 더 가까워지는 것을 배운다. 프란츠는 착각과 허영의 캄보디아 대장정을 떠났다가 태국에서 사고로 죽는다. 그리고 사비나는 파리에서 이들 모두의 종말을 독자들에게 정리해 전달해 준다. 역사의 대장정 속에서 이들의 삶은 다시는 돌아오지 않는 가벼운 솜털처럼 사라져 간다. 쿤데라는 오직 작가만이 그들의 삶을 되살릴 수 있음을 이 영화에서 보여 주고 있다.

체코 공산당 '프라하의 봄' 재평가

최근 동유럽의 개혁 움직임에도 불구, 강경노선을 견지해 온 체코 공산당 지도부는 18일 당 성명을 통해 '프라하의 봄'으로 불리는 지난 68년의 개혁 운동기간을 재평가할 것이라고 발표했다.

이날 당 기관지 《루데 프라보》는 또 체코 공산당 이념 담당 책임자인 얀 포즈티크와 소련의 바딤 메드베데프와의 회담기사를 통해 "두 사람은 과거의 철저한 분석 없이는 미래의 장애물을 헤쳐 나갈 수 없다는 데 의견을 같이 했다."고 밝혀, 체코 당 지도부가 처음으로 지난 68년 8월 바르샤바 조약군의 체코 진주가 실수였음을 인정할 용의가 있다는 것을 시사했다. 전문가들은 이와 같은 '프라하의 봄' 재평가가 철저히 진행될 경우 강경파인 현지도부의 교체까지도 몰고 올 수 있다고 내다봤다.

한겨레 신문, 1989년 11월 19일

체코 시위대들이 27일 정오를 기해 2시간 동안 총파업을 벌이면서 "영원한 것은 아무것도 없다"는 내용의 팻말을 붙인 스탈린 흉상을 들고 프라하 시가지를 행진하고 있다.

한겨레 신문, 1989년 11월 29일

그렇다면 역사는 과연 반복되는가, 니체의 '영원한 재귀' 사상은 "그렇다."라고 말한다. 그러나 니체가 진정으로 의미했던 것은 무거운 책임 의식—곧 과거의 탐색과 심문을 통한 현재의 정립이었다. 왜냐하면 만일 역사의 오류가 늘 반복되어 왔다면, 현재의 오류 또한 이미 과거 속에 그 근원을 갖고 있을 것이기 때문이다. 그럼에도 불구하고 보헤미아의 역사, 체코의 역사는 돌이킬 수도 없고 두 번 다시 반복되지도 않는다고 쿤데라는 말한다. 우리는 흔히 "만일 그때 좀 더 신중했더라면" 또는 "만일 그때 좀 더 용기를 보였더라면" 역사가 뒤바뀌어졌을 것이라고 아쉬워한다. 그러나 역사는 그러한 의미에서는 반복되지 않는다. 그리고 역사의 시행착오 때문에 죽은 수많은 사람들도 그 역사와 함께 사라져 다시는 돌아오지 않는다. 그것은 단 한 번뿐인 삶을 사는 인간의 숙명이다. 그렇다면 이와 같은 우연의 역사 속에서 우리는 과연 무엇을 선택해야 하며, 또 어떻게 판단해야만 하는가? 또 과연 어떤 것이 가벼운 것이고, 어떤 것이 무거운 것인가?『프라하의 봄』은 우리에게 바로 그러한 새로운 인식과 새로운 시각을 제공해 주는 영화다.

예술영화와 상업영화

트루 로맨스, 배트맨 2, 델리카트슨,
비터 문

할리우드 영화와 유럽영화

사람들은 흔히 영화를 할리우드 상업영화와 유럽 예술영화로 나누어
놓기를 좋아한다. 그러나 그러한 이분법적 시각은 자칫 우리로 하여
금 사물의 양면성을 보지 못하도록 만들어 준다. 예컨대 할리우드 상
업영화에도 예술성은 있었으며, 유럽 예술영화에도 상업성은 있다.
사실 우리는 얼핏 오락영화처럼 보이는 할리우드 영화에도 고도의 문
제의식이 들어 있으며, 대단한 예술영화처럼 보이는 유럽의 영화에도
교묘한 상업성이 들어 있다는 사실을 미처 깨닫지 못한 채, 성급한 결
론을 내리는 경향이 있다.

물론 할리우드 영화 중에는 관객의 눈살을 찌푸리게 할 만큼 끔찍한 폭력묘사나 노골적인 애정표현으로 접철된 저급한 폭력영화나 애정영화들이 있다. 그리고 꽤 수준 높은 영화 속에서도 여전히 과도한 폭력과 성애 장면은 발견된다. 예컨대『트루 로맨스True Romance, 1993』는 호화 캐스트에서도 짐작할 수 있듯이 결코 단순한 폭력영화가 아니다. 이 영화는 소위 신세대들의 사고와 삶의 방식을 그린 영화로서 나름대로 문제의식을 담고 있다(흥미로운 것은 한때나마 창녀였기 때문에 사랑을 이루지 못하고 자살하는 여주인공을 그린 1940년대 영화『애수Waterloo Bridge』와는 달리, 1990년대 영화『트루 로맨스』의 여주인공은 오히려 고급 창녀이기 때문에 사랑과 돈을 얻는다는 사실이다. 그것은 곧 그동안 '트루 로맨스'의 개념이 급진적인 변화를 겪었다는 것을 의미한다). 그럼에도 불구하고 이 영화 속의 폭력은 관객들을 거의 역겹게 할 정도다.

저질스러움과 폭력에 대한 그러한 역겨움은『배트맨 2Batman Returns, 1992』같은 또 다른 할리우드 영화에서도 느껴진다.『배트맨 2』는 물론 '블랙 유머' 영화다. '블랙 유머'는 우스꽝스럽지만 웃을 수만은 없는 부조리한 현실에 대한 냉소적인 비판을 위해 사용되는 효과적인 기법이다. 예컨대 이 영화에 등장하는 '펭귄 맨'은 인간의 비정함과 이기심의 비극적이고도 파괴적인 결과를 상징하는 하나의 강력한 은유로서 제시되고 있다. 고담 시市의 시민들은 결국 자신들이 저지르고도 그동안 은폐해 온 어두운 지하의 악(비인간성과 공해배출)에서 자라난 '펭귄 맨'으로부터 복수를 당하고 파멸해 간다. 그러나 이 영화에서 펭귄 맨의 분장이나 행동은 너무 지나치게 과장되고 희화되어 있어서 진지한 성인들이 보기에는 유치하고 역겨운 장면이 많다.

그러나 유럽 영화라고 해서 그러한 요소들이 발견되지 않는 것은 아니다. 예컨대 일간지 문화면에서 유럽의 예술영화라고 칭찬한『델리카트슨Delicatessen, 1991』은 여러 가지 면에서 미국 영화『배트맨 2』를 연상시키는 영화다. 우선『델리카트슨』역시 블랙 유머 영화다. 신문들은 이 영화가 고기가 부족하고 먹고 살기 어려운 시절에 사람을 죽여 인육을 팔던 푸줏간 사람들의 이야기라고 썼다. 그러나 이 영화에서 제시되는 그러한 설정은 다만 하나의 상징적 은유일 뿐 전혀 역사적 사실이 아니다. 이 영화에는 지상인간과 지하인간으로 나누어지는 두 부류의 사람들이 살고 있다. 낡은 고성 같은 건물에서 살고 있는 지상인간들은 고기가 주식이며, 콩이나 옥수수 같은 곡물을 화폐로 사용하고 있는 반면, 하수도에서 살고 있는 지하인간들은 곡물을 주식으로 하고 있다. 그런데 고기가 부족한 지상인간들은 사람들을 죽여 인육을 먹고, 곡물이 부족한 지하인간들은 늘 지상에 나와 곡식을 훔쳐 간다. 지하인간들의 식량이 지상인간들의 돈이라는 사실은 이 두 부류의 사람들의 삶을 풍자하는 의도적인 아이러니이다.

『델리카트슨』의 주제는 물론 인간과 사회의 양태를 두 부류로 나누어 풍자적이고 비판적인 시각으로 우리의 현실을 바라보는 것이다. 그런 의미에서 이 영화는 기본적으로 '코미디' 또는 '비극적 희극'이라고 할 수 있다. 주인공이 서커스의 피에로 출신이라는 사실 역시 그러한 맥락에서 타당한 것처럼 보인다. 그러나 이 영화는 대단한 예술작품이고『배트맨 2』는 값싼 상업영화라는 주장에는 별 근거가 없어 보인다. 왜냐하면『델리카트슨』의 주제는『배트맨 2』에서도 이미 다루어지고 있으며, 전자 역시 후자처럼 과도한 희화와 잔혹한 폭력으

처음 만나는 영화

로 인해 상당한 역겨움을 주고 있기 때문이다.

『비터 문』

『비터 문Bitter Moon, 1992』은 『피아노The Piano, 1993』와는 비교할 수 없을
만큼 형편없는 작품임에도 불구하고 국내 언론들과 관객들이 수작이
라고 극찬했던 영화다. 예술이란 원래 자연스러운 삶의 양태에서 나
온다. 그런데 폴란드 출신 미국인 감독 로만 폴란스키는 너무 의도적
으로 예술영화를 만들려다가 언제나 실패하는 사람이다. 예컨대 이
영화에서 폴란스키는 인생 또는 결혼생활을 항해 중인 배에 비유하고
있다. 그리고 부부관계에 위기가 올 때마다 그는 화면 가득히 폭풍우
를 몰아온다. 그러나 그러한 것은 사춘기 소년식의 유치한, 전혀 새로
울 것 없는 진부한 상징일 뿐이다.

　폴란스키는 이 영화에서 두 쌍의 부부 — 젊은 영국인 부부와 미국
인 남자·프랑스 여자 부부 — 를 등장시킨다. 이 영화는 그중 하반신
불수로 휠체어를 타고 있는 실패한 미국인 작가 지망생이 영국인 남
자에게 자신의 기이한 러브 스토리를 이야기해 주는 식으로 진행되고
있다. 그러나 그의 사랑 이야기는 한마디로 역겨운 변태일 뿐 아무런
감흥을 주지 못한다. 도대체 이 세상에 그렇게 왜곡된 사랑을 하는 사
람들이 어디에 얼마나 있단 말인가? 그것은 사랑이라기보다는 차라
리 성도착증 환자들의 필연적인 파멸 이야기처럼 들린다. 이 영화의
마지막에 미국인은 한때 그렇게도 사랑했으나 지금은 서로가 증오하

게 된 자신의 여자를 죽이고 자기도 자살한다. 그것은 그 자체가 삼류 에로영화의 종말처럼 진부하고 역겨운 장면이었지만, 그럼에도 불구하고 이 타락한 남녀관계에 종지부를 찍어 주었다는 점에서 차라리 시원하게 느껴지기도 했다.

이 영화에서 미국인 화자가 벌이는 섹스유희는 유산이 많아 직장이 필요 없는 사람, 즉 돈과 시간이 남아돌아 권태를 없애려는 사람에게나 가능한 그런 종류의 형태이지, 먹고 살기 위해 날마다 열심히 일해야만 되는 보통 사람들에게 해당되는 로맨스는 아니다. 그 미국인은 자신의 그러한 왜곡된 삶과 사랑을 소설로 쓰는 척 컴퓨터 앞에 앉는다(상당히 늙은 현재의 그의 나이로 볼 때, 그가 젊었을 때 이미 컴퓨터가 사용되었는지 하는 의문은 여기에서 접어 두기로 한다). 그러나 물론 그는 단 한 권의 책도 출판하지 못하는, 다만 파리에서 헤밍웨이와 피츠제럴드를 흉내 내는 이류 예술가일 뿐이다. 그리고 그것은 곧 그의 인생과 사랑 자체도 허위라는 이야기가 된다. 그렇다면 우리는 왜 그러한 방탕아의 사이비 예술과 허위를 무려 두 시간 이십 분 동안이나 그것도 돈까지 내면서 관람해야만 하는가?

폴란스키의 여성편력이 지나칠 정도로 화려한 것은 이미 잘 알려져 있는 사실이다. 심지어 그는 한때 미성년자와 관계를 가졌다는 이유로 지명 수배되어 미국에서 살지 못하고 유럽에서 지낸 적도 있었다.『비터 문』은 바로 폴란스키 자신의 그러한 자전적 경험에 의거해 만들어진 영화라고 알려져 있다. 그러나『비터 문』은 폴란스키 자신의 일기장에나 묻어 두었으면 좋았을 법한, 그러한 사적이고 병적인 남녀관계를 다루고 있다는 점에서 관객들의 공감을 얻지 못하고 있다. 즉 이 영화는 극히 왜곡되고 변태적인 유별난 사람들의 병적인 애정문제를 담고 있어서 만인의 공적인 경험으로 승화되지 못하고 있을 뿐만 아니라 예술적으로 형상화되지도 못했다는 것이다. 그래서『비터 문』은 설득력이 없다. 심지어는 왜 그 영국인이 결혼 7년 만에 배에서 만난 프랑스 여인을 갑자기 사랑하게 되는지, 그리고 어떻게 해서 영국인 부인이 프랑스 여자와 동성애에 빠지게 되었는지에 대해서조차도 이 영화는 아무런 설명이 없다. 다분히 작위적인 이런 식의 영화를 예술영화라고 생각한다면 그것은 대단한 착각이 아닐 수 없다.

영화화된 문학작품

하워즈 엔드,
앨라배마에서 생긴 일(앵무새 죽이기),
올란도

『하워즈 엔드』

영국 작가 E. M. 포스터의 소설들은 잔잔하면서도 진한 감동을 주지만 영화로 만들면 자칫 지루한 느낌을 주기 쉽다. 예컨대 영화『전망좋은 방A Room with a View, 1985』이 그렇고, 곧 이어 나온『인도로 가는 길A Passage to India, 1984』역시 시원한 화면에도 불구하고 다소 지루하다는 평을 받는다. 그러나『하워즈 엔드Howards End, 1992』는 고속으로 처리되어 시종일관 강렬한 흡인력으로 관객들을 사로잡는다. 거기에다 아름다운 영상과 환상적인 배경음악, 그리고 배우들의 뛰어난 연기력은 이 영화를 한 편의 훌륭한 예술로 만들어 주고 있다.

1910년에 출판된 『하워즈 엔드』는 각기 다른 두 가문의 갈등과 화해를 통해 삶의 두 가지 측면—즉 정신세계와 물질세계의 대립—을 성찰하고 있다. 예컨대 독일계인 쉴레겔 가家의 마가렛과 헬렌과 티비는 음악과 문학을, 그리고 영국계인 월콕스 가의 헨리와 찰스와 폴과 에비는 돈과 사업을 중시하는 사람들이다. 헬렌 쉴레겔은 폴 월콕스와 잠시 사랑에 빠지나, 곧 속물적인 월콕스 가와 인연을 끊고 순수한 문학도인 기혼자 렌 바스트의 아이를 갖게 된다.

　　그러나 그녀의 언니 마가렛(에마 톰슨 扮)은 월콕스 가가 상징하는 또 다른 세계에도 이끌려, 헨리(앤소니 홉킨스 扮)의 부인(바네사 레드그레이브 扮)과 친해진다. 그리고 헨리의 부인이 죽은 후에는 양가의 우려에도 불구하고 헨리의 두 번째 부인이 된다. 마가렛은 예술과 돈, 또는 정신과 물질은 서로 적대적이라기보다는 상호 보충적이라고 믿고, 양가의 오해와 충돌을 완화시키려 노력한다. 그러나 현실주의자인 남편 헨리와 이상주의자인 동생 헬렌의 화해를 시도하는 과정에서 그녀의 결혼생활 역시 위태해진다. 그럼에도 불구하고 마가렛은 영화의 마지막에 드디어 두 가문 사이의 불신을 해소하는 데 성공한다.

　　'하워즈 엔드'는 마가렛을 좋아했던 헨리의 첫 아내가 소유했던 저택의 이름이다. 평소에 마가렛에게 그곳에 같이 가 보자고 했으나 그 약속을 지키지 못하고 죽게 되자, 헨리의 아내는 그 집을 마가렛에게 주라는 유언장을 남긴다. 처음에 월콕스 가의 사람들은 그 유언장을 태워 버리고 입을 다문다. 그러나 그 집을 상속받으려 했던 찰스가 렌을 살해한 죄로 감옥에 가자 '하워즈 엔드'는 결국 마가렛에게로 돌아온다. 살아남은 자들의 음모와 반대에도 불구하고 죽은 자의 유언은 이루어지고, 관객들은 거기에서 인생의 통렬한 아이러니와 필연적인 숙명의 한 극치를 본다.

'하워즈 엔드'는 마가렛의 사후에 순수예술을 상징하는 헬렌의 아이에게 상속되도록 되어 있다. 그런 의미에서 '하워즈 엔드'는 예술과 물질, 환상과 현실이 조화를 이루는 곳, 또는 인간의 존엄성과 인고의 결과로 얻어지는 값진 대가의 상징이라고 할 수 있을 것이다. 이 영화가 아카데미상과 칸느상과 그리피스상과 뉴욕비평가상을 받게 된 이유도 사실은 예술과 삶에 대한 바로 그러한 심오한 성찰 때문일 것이다.

『앨라배마에서 생긴 일』 또는 『앵무새 죽이기』

간혹 어렸을 때 맛있게 먹었던 음식을 잊지 못해 어른이 된 후에도 그 음식을 간절히 그리워하는 수가 있다. 그러나 불행히도 어른이 되어 다시 먹어 보는 그 음식은 대부분의 경우 이미 그때 그 맛이 아니어서, 오히려 아름다운 추억마저 깨뜨리는 크나큰 환멸을 우리에게 가져다주기도 한다. 그것은 영화의 경우에도 마찬가지여서, 예전에 감동 깊게 보았던 영화들을 나중에 다시 볼 때 우리는 십중팔구 실망과 후회를 경험하게 된다.

음식이나 영화처럼, 책 역시 우리 인생의 매 순간에 강렬한 인상을 남기지만 대부분의 경우 그러한 감동은 영속하지 못한다. 예컨대 어린 시절 그렇게도 재미있게 읽었던 마크 트웨인의 『톰 소여의 모

처음 만나는 영화

험』이나 쥘 베른의『십오 소년 표류기』가 사
십대 중반의 중년 시절에 다시 읽어 보면 한
낱 유치한 아이들의 이야기로만 느껴질 수도
있고, 또 사춘기 때 그렇게도 절실하고 감동
적이었던 괴테의『젊은 베르테르의 슬픔』이
나 알퐁스 도데의『별』역시 노년기에 다시
읽어 보면 실없는 청춘의 치기로만 여겨질
수도 있을 것이다.

『앨라배마에서 생긴 일』에서 변호사 애
티커스의 태도는 아이들에게 진정한
용기와 만용의 차이, 그리고 진정한 저
항과 폭력의 차이를 잘 보여 준다.

내 경우, 대학 시절에 헤르만 헤세의『지
성과 사랑(나르치스와 골드문트)』,『크눌프』,
『향수(페터 카멘친트)』,『청춘은 아름다워라』,
『싯다르타』등을 좋아했던 때가 있었다. 그때는 크눌프와 싯다르타의
낭만주의적 방랑이 좋았고, 페터 카멘친트의 목가주의적 귀향도 좋았
다. 그중에서도 나르치스와 골드문트의 이야기는 당시 학자와 작가의
세계 둘 다에 이끌리고 있었던 나에게 더욱 확연하게 인생의 길을 가
르쳐 주었다는 점에서 감명 깊었던 책이었다. 사실 그때 나는 학자인
나르치스보다는 예술가인 골드문트에게 더 이끌리고 있었다. 그러나
골드문트 대신 어느덧 나르치스가 되어 생의 방랑을 마감해 버린 오
늘날의 나에게『지성과 사랑』은 더 이상 그 당시의 감동을 가져다주
지 못한다. 헤세의 방랑은 결국 20대의 '아름다운 청춘'들의 소유일
뿐, 굳어져 버린 중년을 위한 것은 아니기 때문이다.

그러나 간혹 어떤 음식, 어떤 영화, 또 어떤 책들은 나이나 세월에
관계 없이 우리에게 변함없는 감동을 준다. 예컨대 한국인들에게 있

어서 밥과 김치, 미국인들에게 있어서 『바람과 함께 사라지다』와 『카사블랑카』, 그리고 영국인들에게 있어서 셰익스피어와 성서는 아무리 나이가 들어도 싫증나지 않고 여전히 감명을 준다고 한다. 나에게 있어서 그와 같은 상록의 영화—즉 처음 본 지가 벌써 30년이나 되었지만 아직도 감명을 주는, 그래서 언제까지나 다시 보고 싶은 영화는 미국의 여성작가 하퍼 리Harper Lee의 소설을 영화화한 흑백영화 『앨라배마에서 생긴 일To Kill a Mocking Bird, 1962』(앵무새 죽이기)이다.

하퍼 리는 1960년에 써낸 이 한 권의 처녀장편으로 퓰리처상을 수상했고 일약 세계적으로 유명한 작가가 되었다. 그러나 그녀는 출판사들의 주문에도 불구하고 『앵무새 죽이기』한 권만을 썼을 뿐 더 이상 소설을 쓰지 않았다. 그럼에도 불구하고 『앵무새 죽이기』는 세계 각국어로 번역되었으며, 우리나라에서도 이미 오래 전에 『아이들은 알고 있다』라는 제목으로, 그리고 그 이후에 다른 출판사에 의해 다른 제목으로, 또 최근에는 『앵무새 죽이기』라는 제목으로 모두 세 종류의 번역본이 출간되었다. 『앵무새 죽이기』는 1962년에 영화화되어 국내에서도 『앨라배마에서 생긴 일』이라는 제목으로 상영되었는데, 애티커스 변호사 역을 훌륭하게 해낸 그레고리 펙에게 그해 아카데미 최우수주연상이 수여되기도 했다. 당시 『헛』이라는 흑백영화로 아카데미상 수상이 거의 확실시 되던 폴 뉴먼은 『앨라배마에서 생긴 일』의 그레고리 펙에게 상을 뺏겼고, 그 결과 뉴먼은 그 후 20여 년을 기다린 후에야 『컬러 오브 머니』로 겨우 첫 아카데미 주연상을 타게 되었다. 하퍼 리의 『앵무새 죽이기』를 영화화한 『앨라배마에서 생긴 일』을 그동안 나는 다섯 번을 보았다. 그럼에도 불구하고 이 영화는

처음 만나는 영화

아직도 또 보고 싶고, 또 볼수록 더욱 더 새로운 감동을 가져다주는 불후의 명작으로 다가온다.

아이들의 눈에 비친 인종차별 문제

『앨라배마에서 생긴 일』은 미국 남부 앨라배마 주의 메이콤이라는 조그마한 마을에서 일어난 한 흑인재판 사건을 축으로 인간의 편견 문제를 심도 있게 다룬 감동적이고도 수준 높은 영화다. 이 영화의 중요한 모티프는 물론 백인 여성을 성폭행한 혐의로 체포된 흑인 로빈슨의 재판이다. 그래서 이 영화는 '문학과 법'을 연구하는 학자들에게 좋은 예를 제공해 주고 있다. 그러나 이 영화에서는 이상하게도 흑인의 재판 장면이 내용의 극히 적은 일부분만을 차지하고 있을 뿐, 많은 장면들이 등장인물들의 일상생활—예컨대 학교나 가정이나 이웃에서 일어나는 일상사들—을 묘사하는 데 할애되어 있다. 그렇게 함으로써 이 영화는 비단 인종차별문제뿐만 아니라, 궁극적으로는 인간의 일상과 내면에 스며들어 있는 인간의 다양한 '편견'을 고발하는 데 성공하고 있다.

『앨라배마에서 생긴 일』의 화자는 '스카우트'라는 한 어린 소녀다. 물론 이 영화는(원작소설도 그렇지만) 이제는 성인이 된 그 소녀가 자신의 어린 시절을 회상하는 식으로 쓰이고 있다. 그러나 이 영화는 순진한 한 어린 소녀의 눈을 통해 어른들의 세계를 바라보도록 함으로써, 직접적인 진술이나 비난보다도 훨씬 더 강력한 비판 효과를 거두고 있다. 스카우트는 로빈슨 사건의 변호를 맡은 아버지 애티커스 핀치를 통해 어른들의 인종차별 의식을, 가난한 월터 커닝햄을 통해 빈자에 대한 편견을, 그리고 이웃집의 미친 남자 '부' 아저씨와 오빠 '젬'의 우정을 통해 타자에 대한 마을 사람들의 맹목적 편견을 발견하게 된다. 그러한 발견의 과정을 겪는 동안 스카우트는 초등학교에 입학한다. 그리고 이번에는 가난하고 소외된 학생에 대한 급우들의 편견을 발견하게 된다. 그러한 설정을 통해 하퍼 리의 날카로운 비판적 시각은 '법과 질서', 그리고 '이웃과 마을'뿐만 아니라 더 나아가 우리의 '교육제도와 내용'으로까지 확대된다.

이 영화의 또 다른 중요한 모티프는 '아버지와 자녀들' 사이의 이해와 신뢰다. 예컨대 애티커스는 총으로 새 사냥을 하고 싶어 하는 스카우트와 젬에게 "우리에게 아무런 해도 끼치지 않는 죄 없는 앵무새를 죽이면 안 된다."고 말한다. 여기에서 '앵무새'는 물론 흑인, 광인, 빈자 등 소외 계층을 상징한다. 처음에 아이들은 아버지가 비겁하기 때문에 비폭력을 주장한다고 오해한다. 그러나 그들은 차츰 자신들의 아버지야말로 백인들의 비난에도 불구하고 흑인을 변호하며, 미친 개의 위협에도 불구하고 아이들을 구해내는 진정한 용기를 가진 사람이라는 것을 깨닫게 된다. 이 영화를 보며 내내 인상적인 것은, 어머니가 없는 젬과 스카우트에 대한 아버지의 자상함과 더불어, 아이들로 하여금 애티커스라는 자신의 이름을 부르도록 하는 그의 민주적 태도다.

이 영화의 화자 스카우트는 네 살 위인 오빠 젬과 변호사인 아빠 애티커스 핀치와 함께 앨라배마 주 메이콤이라는 조그만 마을에 살고 있는 여섯 살 난 소녀다. 그녀가 두 살 때 엄마가 죽자 스카우트와 젬

처음 만나는 영화

은 아빠에 의해 양육된다. 이 영화의 진미는 우선 아버지와 두 아이의 관계다. 아버지 애티커스는 엄마가 없는 아이들에게 가장 이상적이고 가장 완벽한 아버지의 모습을 보여 준다. 폭력을 싫어하는 그는 젬에게 총 쏘는 것을 허용하지 않는다. 그는 처음 앵무새를 쏠 때는 괴로웠지만, 그것이 되풀이되자 차츰 아무런 죄의식도 없이 죄 없는 새를 죽이게 되었던 자신의 경험을 아이들에게 이야기해 주며 폭력의 습관화를 경고한다.

그러나 아이들의 눈에는 그러한 아빠가 비겁하게만 보인다. 그리고 말로 하는 설득을 좋아하는 것은 애티커스의 직업이 변호사이기 때문이라고만 생각한다. 그러나 그 후 메이콤에서 벌어지는 일련의 사건들을 통해 아이들은 애티커스가 사실은 비겁자가 아니고 진정한 용기를 가진 용감한 사람이라는 것을 깨닫게 된다. 미친 개 사건이 좋은 경우다. 어느 날, 마을에 미친 개가 나타나 아이들을 위협한다. 이 미친 개는 앵무새와는 정반대의 이미지로서, 죄 없는 어린이들의 목숨을 위협하는 폭력적인 존재다. 이 미친 개가 순진한 주민들을 위협하는 광기와 악의 화신이라는 것은 명백하다. 모두가 두려워하고, 심지어는 법을 집행하는 보안관마저도 사격에 자신이 없어 주저할 때, 애티커스는 단 한 발로 미친 개를 쓰러뜨린다. 경탄하고 경악하는 아이들에게 보안관은 이렇게 말한다.

"뭘 놀라니? 네 아빠의 별명이 메이콤 제일의 사수 '일격필살의 핀치'였다는 사실을 몰랐니?"

이 사건은 진정한 용기와 만용의 차이, 그리고 진정한 저항과 폭력의 차이를 잘 보여 주고 있다. 간디와 톨스토이에게 큰 영향을 주었던 19세기 미국의 사상가 소로는 평소 비폭력주의자였지만 딱 한 번의 예외가 있었다. 그는 백인 농장주 가족을 살해하고 노예반란을 일으켰던 흑인 지도자 냇 터너의 사형선고에 정면 반대함으로써 결과적으로는 터너의 폭력을 옹호하는 태도를 취했다. 그것은 얼핏 생각할 때, 그의 비폭력 저항철학과 상충되는 것 같지만, 소로 자신은 노예제도라는 미친 개는 여럿의 안전을 위해 총으로 쏘아서라도 제거하는 것이 바람직하다고 생각했던 것이다. 사실 미친 개를 쏘기 위해서는 대단한 용기가 필요한 법이다.

아이들이 애티커스의 진정한 용기를 보게 되는 또 한 가지의 계기는 톰 로빈슨이라는 흑인의 재판사건이다. 백인 여자를 성폭행하려 했다는 죄목으로 기소된 이 흑인의 변호를 맡는 것은 곧 메이콤의 백인 사회 전체를 상대로 싸움을 하는 셈이 되고, 백인 고객들을 확보해야만 하는 애티커스에게 있어서 그것은 곧 변호사로서의 종말을 의미했다. 그러나 애티커스는 아무도 하지 않으려는 그 흑인 성폭행 미수범 로빈슨의 변호를 기꺼이 맡는다. 그가 누명을 썼다는 걸 잘 알고 있기 때문이다. 그리고 고소인의 아버지인 유월의 협박과 재판 전에 그 흑인을 린치하려는 백인 폭도들의 위협에 홀로 맞서는 용기를 보여 준다. 애티커스는 법정에서 사실은 그 백인 여자의 아버지인 술주정뱅이 유월이 자기 딸이 흑인 남자를 유혹했으나 거절당했다는 사실을 감추기 위해 로빈슨을 성폭행 미수범으로 몰아 기소했다는 사실을 밝혀낸다. 그러나 백인들로만 구성된 배심원들은 백인의 치부를 드러내기보다는 차라리 한 흑인을 제거하기로 결정하고 유죄 평결을 내린다. 상급법원에 항소할 수 있다는 애티커스의 격려에도 불구하고 백

처음 만나는 영화

인들의 편견에 좌절한 로빈슨은 호송 중에 도망치다가 사살된다. 이 영화는 그가 총에 맞아 죽기 위해 일부러 도망쳤다는 것을 강력하게 시사하고 있다. 어른들의 이 모든 추악한 행태는 아이들의 눈을 통해 생생하게 전달되고 있다.

타자에 대한 편견 고발

외견상 이 영화는 바로 이 흑인 재판사건에 대한 이야기처럼 보인다. 사실 많은 문학 사전이나 문학 안내서에도 역시 『앵무새 죽이기』가 한 흑인 재판사건에 대한 소설이라고만 기술되어 있다. 그러나 그것은 이 영화의 복합적인 심층구조를 제대로 보지 못한 까닭이다. 이 영화는 여러 개의 에피소드가 서로 긴밀하게 연결되면서 하나의 커다란 주제를 만들어내고 있다. 흑인 톰 로빈슨 재판사건과 똑같은 비중으로 병치되고 있는 것이 바로 정신병자 부 아저씨(로버트 듀발 扮) 사건이다. 이 영화의 첫 시작부터 아이들은 이웃에 유폐되어 있는 정신병자 부 아저씨에 대해 막연한 두려움과 공포심을 갖고 있다. 물론 그러한 편견은 동네 어른들에 의해 주입된 것이며, 아이들은 자신들도 모르는 사이에 세뇌되어 실제 부를 만나 보기 전에 부정적인 선입관부터 갖게 된다.

그러나 젬과 스카우트는 누군가가 자기네 집과 부 아저씨의 집 사이에 있는 고목나무 구멍 속에 자기들을 위한 선물들을 갖다 놓는 것을 발견하고, 그것이 혹시 부 아저씨의 것이 아닐까 생각하게 된다.

그리고 담력을 시험하기 위해 밤에 부 아저씨의 집에 들어갔다가 도망쳐 나오는 길에 가시철망에 걸려 벗어 놓고 온 젬의 바지가 나중에 누군가가 잘 개어 놓은 상태로 발견되자, 아이들은 차츰 부 아저씨에 대해 호감을 갖게 된다. 그러나 어른들은 부와 그들의 교류를 차단한다. 예컨대 부의 아버지는 고목나무 구멍을 막아 버리며, 총을 쏴서라도 아이들의 접근을 금지시키려고 노력한다.

이 영화의 클라이맥스는 학예회가 끝나고 밤늦게 귀가하는 젬과 스카우트를 술 취한 유월이 공격하면서 시작된다. 톰 로빈슨 재판사건으로 자신의 치부가 드러난 유월은 그 보복으로 애티커스의 아이들을 죽이려고 뒤따르다가 숲속에서 아이들에게 달려든다. 젬과 스카우트가 위험한 찰나, 웬 남자가 나타나 칼을 든 유월과 격투를 벌이고, 그 와중에서 유월은 자신의 칼에 찔려 죽게 된다. 학예회 때 햄으로 분장했다가 집으로 돌아가던 스카우트는 햄 분장 속에서 구멍을 통해 사건의 전모를 모두 목격하게 된다. 이윽고 싸움을 끝낸 그 힘센 남자는 의식을 잃고 부상당한 젬과 스카우트를 집으로 데려다 준다. 스카우트는 비로소 자신과 오빠를 구해 준 그 남자가 미치광이 부 아저씨라는 사실을 발견하게 된다.

이 영화는 비단 흑인과 광인 문제뿐만 아니라 다른 모티프를 통해서도 인간의 소외와 현대인의 인간관계를 조명하고 있다. 예컨대 이 영화의 또 하나의 중요한 주제는 부자와 빈자 사이의 관계다. 스카우트는 점심을 싸 오지 못하는 월터 커닝햄과의 싸움과 화해를 통해서, 그리고 월터의 아버지와 자기 아버지와의 관계를 통해서 서서히 가난함과 가난한 사람들에 대해 이해심을 갖게 된다. 이 소설 속에 등장하

처음 만나는 영화

는 인물들은 대부분 결손 가정에서 소외된 삶을 살고 있는 사람들이다. 예컨대 애티커스는 아내를, 그리고 젬과 스카우트는 엄마를 잃은 사람들이다. 또 이 작품의 초반에 나오는 딜이라는 소년 역시 이혼한 부모 밑에서 있을 곳이 없어 방학 때면 메이콤의 이모 집에 살러 오는 아이다. 유월과 그의 딸, 그리고 부와 그의 아버지의 가정 역시 부인과 엄마의 흔적은 보이지 않는다. 그리고 모디를 비롯한 이 마을의 여자들 역시 가족이 없는 노처녀 아니면 할머니들이다. 그렇다면 메이콤은 단순히 미국 남부의 어느 마을이 아니라 오늘날 우리가 살고 있는 상황의 한 소우주라고 할 수 있을 것이다.

이 영화에서 애티커스는 아이들에게 "남의 입장에 서 보지 않고서는 결코 남을 이해할 수 없다."라고 말하며 타자에 대한 이해를 촉구한다. 그는 또 우리들의 편견이 어떻게 우리 자신도 모르는 사이에 죄 없는 앵무새를 죽이게 되는가를 지적해 준다. 이 영화에서 앵무새는 물론 흑인과 광인이며, 그들을 죽이는 것은 백인과 정상인들의 편견이다. 『앨라배마에서 생긴 일』은 오랫동안 지배문화에 의해 침묵당하고 배제되어 온 또 하나의 소외된 문화에 대한 새로운 인식과 조명을 요청하고 있다는 점에서 중요성을 갖는다. 이 영화에서 백인들과 정상인들의 편견은 지배 권력과 결탁하여 정치적 힘을 갖고 있을 뿐만 아니라 하나의 보편적 지식과 지배이데올로기로서 통용되고 있다. 태어나면서부터 그러한 언어와 사고에 노출되는 어린아이들은 바로 그러한 통념의 가장 직접적인 피해자가 된다. 그러나 굳어진 어른들과는 달리 아이들은 곧 진실을 꿰뚫어 보게 된다. 왜냐하면 아이들에는 지배문화의 중심으로부터 벗어날 수 있는 순진성과 상상력이 있기 때문이다. 젬과 스카우트는 바로 그러한 가능성을 가진 아이들이다.

진보주의의 물결이 새로운 인식의 시대를 열기 시작한 1960년대에 나온 이 영화는 그러한 면에서 다분히 포스트모더니즘적이다. 『앨라배마에서 생긴 일』은 또한 미셸 푸코의 지식과 권력의 담합이론—곧 담론 행위 또는 언술행위 이론—또는 이성과 광기의 이론 등과도 인식을 공유하고 있다. 그리고 그러한 새로운 인식의 변화는 60년대 이후의 미국 문학과 영화의 한 특징을 이루고 있다. 예컨대 토머스 핀천의 『제49호 품목의 경매』나 『은밀한 화합』 같은 작품은 바로 또 다른 형태의 『앵무새 죽이기』라고 할 만큼 비슷한 주제를 다루고 있는 감동적인 소설들이다. 사실 그러한 인식은 19세기의 위대한 미국 문학 속에서도 이미 태동되어 있었다. 예컨대 멜빌의 『모비 딕』이나 트웨인의 『허클베리 핀의 모험』은 이미 오래 전에 앵무새를 죽이는 지배문화의 편견을 경고했던 작품들이다. 다만 인간들이 거기에 귀 기울이지 않았을 뿐이다.

이와 같은 것들은 미국 문학과 문화의 독특한 특성들이다. 숙명적으로 흑인과 인디언과 소수인종을 필연적인 구성원으로 내부에 갖고 시작되었던 미국의 역사는 미국 작가들로 하여금 부단히 그러한 문제와 씨름하도록 만들었다. 그러나 그것은 결코 미국의 문제만이 아니라 오늘날 전 세계의 공동된 문제가 되었다. 문학이란 과연 무엇인가? 학기 초마다 강의실에 모여든 학생들에게 던져 보는 질문이지만 그 누구 하나 자신 있게 대답하지 못한다. 사르트르의 『문학이란 무엇인가?』나 피들러의 『문학이란 무엇이었는가?』 같은 대가들의 책들조차도 명확히 밝혀 주지 못하고 있는 그 문제에 대한 해답을 나는 하퍼

리의 『앨라배마에서 생긴 일』에서 비로소 찾을 수 있었다. 그 영화를 처음 본 지도 벌써 30년이 지났다. 그러나 문학이란 바로 이런 것을 의미하는구나 하는 나의 생각은 그때나 지금이나 조금도 변함이 없다. 이 영화에서 또 다른 앵무새는 어린아이들이다. 이 영화의 마지막에 애티커스는 어른들의 편견에 의해 부상당한 젬의 곁에서 밤을 새운다. 그것은 바로 모두가 잠든 깊은 밤에 상처 입은 앵무새 옆에 홀로 깨어 이야기를 들려주고 있는 이 시대 작가들의 모습이다.

남성 위주의 가부장적 체제의 전복 『올란도』

『올란도Orlando, 1993』는 영국의 소설가 버지니아 울프가 1928년에 쓴 유명한 소설을 영국, 프랑스, 네덜란드, 이탈리아, 러시아 5개국이 합작해서 만든 뛰어난 유럽 예술영화다. 『피아노』의 제인 캠피온과 더불어 영연방 최고의 여성 감독으로 꼽히는 샐리 포터가 7년 동안의 준비 끝에 만든 『올란도』는 고도의 작품성, 빼어난 영상, 치밀한 구성, 바로크와 전자음향이 조화를 이루는 특이한 음악, 그리고 아카데미상을 받을 만한 화려한 고전 의상 등이 돋보이는 수준급 영화라고 할 수 있다.

영화 『올란도』의 특이한 점은 주인공 올란도(91년 베니스 영화제 주연상의 틸다 스윈튼 扮)가 17세기 초에 죽은 엘리자베스 여왕시대부터 20세기 초까지 거의 늙지 않은 채 살고 있으며, 그동안 남성에서 여성으로 성전환을 한다는 점이다. 과연 1600년대에 16세기 귀족소년으

영화 『올란도』의 주제는 남성과 여성이 한 인간 안에서 조화를 이루는 '양성인 간'의 추구라 할 수 있다.

로 등장한 올란도는 영화가 끝나는 1928년에는 아들이 있는 36세의 평범한 여성으로 바뀌어져 있다. 올란도의 성전환은 17세기 말경 그가 대사로 가 있던 콘스탄티노플에서 7일 동안의 혼수상태 끝에 상징적인 죽음을 겪은 후 일어난다.

영화 『올란도』의 이와 같은 기이한 설정과 구성을 이해하기 위해서는 먼저 버지니아 울프의 페미니즘사상과 '양성론'을 알아야만 한다. 울프는 여성을 '집안의 천사'로 규정하고 여성의 자유를 속박했던 19세기 영국 빅토리아조의 사회상에 반발해, 인간은 사실 남녀의 특성을 동시에 가지고 있으며 그러한 양성적인 인간이야말로 가장 이상적이라는 '양성론androgyny'을 주장했다. 올란도는 울프의 바로 그러한 '양성론'의 화신인 셈이다. 그래서 올란도는 남성의 영역인 감각과 사고에다 여성의 영역인 감성과 직관까지 갖춘 바람직한 '양성인간'으로 제시된다.

올란도가 매력을 느끼는 대상 역시 양성적인 인간들이다. 예컨대 그녀는 남성처럼 옷을 입고 활발하게 스케이트를 타는 러시아 대사의 딸 사샤와, 역시 여성에서 남성으로 성전환을 한 미국인 자유주의자 셸머딘에게 이끌린다. 올란도의 이러한 양성성을 통해 울프가 조롱하는 것은 단성적인 남성들의 편협한 속성과 가발, 훈장, 모자 등으로 표상되는 그들의 헛된 권위주의다. 울프는 의상이야말로 성차별을 정착시킨 남성 중심적 기호라고 본다. 과연 올란도는 여성의 의상을 입는 순간, 남성들의 편견과 대면하게 된다. 예컨대 당국은 비록 양성인간이지만 올란도가 여자 옷을 입었다는 이유로 그의 작위와 재산권을 박탈하려고 한다.

그러므로 죽음, 사랑, 시, 정치, 사교, 성, 탄생이라는 일곱 개의 단막으로 구성되어 있는 영화 『올란도』의 궁극적 주제는 바로 남성과 여성의 장점이 한 인간 안에서 조화를 이루는 '양성인간'의 추구라고 할 수 있다. 이 영화가 엘리자베스 여왕 시대로부터 시작하는 이유도, 그때가 바로 양성적 정신을 가진 작가들이 등장하기 시작한 시대이기 때문이다. 올란도라는 이름 역시 엘리자베스 여왕 시대의 작가였던 셰익스피어의 『뜻대로 하세요』의 주인공 이름을 연상시킨다.

『올란도』는 현실과 환상이 뒤섞인 영화다. 그것은 곧 남성 위주의 가부장적인 전통적 문화와 질서에 대한 울프(저자)와 포터(감독)의 체제 전복을 의미한다. 그리고 바로 그 순간 울프의 '양성인간'은 탄생한다. 그것이 왜 이 영화가 '죽음'으로 시작해 '탄생'으로 끝나는가 하는 이유다.

절대적 진리의 부재와 다양성 인정

라이프 오브 파이, 마이너리티 리포트, 나는 전설이다

『라이프 오브 파이』 — 다양성으로 가는 여정

우리는 경건하게 살면서 이웃에 대한 사랑과 자비로 더 나은 세상을 만들기 위해 종교를 믿는다. 그 어느 종교도 다른 종교를 믿는 사람을 죽이라고 가르치지는 않을 것이다. 그러나 유감스럽게도 인류역사는 종교적 교리가 다르다는 이유로 타자를 박해하고 학살한 사건들로 점철되어 있다. 중세에는 가톨릭이 수많은 사람들을 이단이나 마녀로 몰아 살해했으며, 십자군전쟁 때도 기독교 기사들과 이슬람 전사들은 서로를 학살했다.

테러리스트들은 타자에 대한 적개심과 분노, 자기만 옳다는 독선을 갖고 죄 없는 불특정 다수를 죽인다. 이 세상에서 가장 무서운 것은 귀신이나 유령이 아니라 신념을 가진 무지한 자라고 하는데, 테러리스트들은 바로 그런 사람들이다. 자기만 옳고 다른 사람은 틀렸다고 생각하는 순간 신념은 타자에 대한 폭력과 횡포가 되고, 아무런 주저나 후회 없이 사람을 해치기 때문이다. 테러리스트를 양성하는 사람들은 알라의 적을 많이 죽이는 만큼 사후에 더 많은 보상을 받는다고 가르친다고 한다. 그렇다면 그건 종교가 아니라 테러일 뿐이다.

『라이프 오브 파이Life of Pi, 2012』는 일견 E.M. 포스터의 소설을 영화화한 『인도로 가는 길』의 현대판처럼 보인다. 물론 두 작품은 정반대의 구도를 취하고 있다. 후자는 인도가 영국식민지였던 시절, 인도로 건너온 제국인과 식민지인 사이의 복합적인 관계와 심리적 갈등을 그리는 데 반해, 전자는 인도를 떠나 서양으로 가는 소년 파이(수라즈 샤르마 扮)의 항해와 그 여정의 의미를 천착하기 때문이다. 주인공 소년의 아버지가 캐나다로 이민을 간다고 선언하면서 "우리는 콜럼버스처럼 항해할 거야."라고 말하자, 파이는 "하지만 콜럼버스는 인도를 발견하려고 항해를 했는데요."라고 답해 관객을 웃긴다. 그 말은 파이의 항해가 단순한 여행이 아니라 자기 자신을 발견하는 여정이 될 것이라는 것을 암시한다.

『라이프 오브 파이』에서 인도는 더 나은 세상을 만들기 위해 우리가 포용해야만 하는 문화적 다양성의 상징으로 제시된다. 외견상으로 인도는 힌두 국가로 알려져 있다. 그러나 실제로 인도에는 불교사원과 이슬람 모스크와 교회가 있고, 힌두교 신자와 불교신자, 무슬림과 기독교인이 평화롭게 공존하는 곳이다. 또한 인도는 영어가 공용어이

만, 힌두어와 드라비디언 언어 및 수많은 다른 언어들이 공존하는 곳이기도 하다.

파이의 목적지인 캐나다도 다양한 인종과 다국적 기업으로 이루어진 다양성의 나라이다. 캐나다의 최근 내각 역시 다인종으로 이루어져 있으며, 온타리오나 브리티시 컬럼비아 지방에서는 영어를, 퀘벡 지방에서는 프랑스 말을 사용한다. 『라이프 오브 파이』는 시작부터 다양성의 중요성을 강조한다. 예컨대 파이는 힌두교도이자 가톨릭이며 무슬림이기도 하다. 그는 힌두교로부터는 믿음을 배우고, 기독교로부터는 사랑을 배우며, 이슬람교로부터는 형제애를 배운다. 파이는 "신앙이란 방이 많은 집과 같다."고 말한다. 집은 방이 많을수록 좋은 법이다. 그렇다면 하나의 방만을 고집하는 것은 현명하지 못한 처사라고 할 수 있을 것이다.

『라이프 오브 파이』에는 다양성을 상징하는 것들이 많이 나온다. 예컨대 파이는 프랑스 이름을 가진 소년이 일본 배를 타고 캐나다를 향해 항해하는 이야기다. '파이'라는 이름도 수학에서 결코 끝나지 않는 무한한 가능성을 가진 숫자이다. 캐나다로 가는 배 안에서 일어나는 음식 문제도 다양성의 중요성을 상징하고 있다. 불친절한 프랑스 요리사는 채식주의자인 파이의 부모에게 채식 제공을 거부한다. 그는 "소도 풀만 먹으니까 소고기도 결국은 채소와 같다."는 억지 주장을 펼친다. 자신은 미처 깨닫지 못하지만, 그 요리사는 다음과 같이 말함으로써 자신의 논지를 스스로 반박한다—"왜 한 가지에만 집착하는 거야? 결국은 모든 것이 다 똑같은데 말이야." 여기에서 요리사는 자신도 육식만을 주장한다는 사실을 망각하고 있다. 이 에피소드는 사

처음 만나는 영화

람이 독선에 빠지면 이렇게 남에게는 폭력을 휘두르며, 자기 자신에게는 관대하게 된다는 것을 잘 보여 준다. 한강의 『채식주의자』도 바로 그런 폭력을 주제로 다루고 있다.

캐나다는 다양성의 나라지만, 다양성을 향해 가는 길은 결코 평탄하지 않다. 캐나다로 향하던 배가 좌초되어 모든 사람들이 다 죽고, 파이만 리처드 파커라는 호랑이와 같이 조그만 보트를 타고 표류하게 된다. 처음에 파이는 사나운 호랑이를 위협으로 생각하고 두려워한다. 그러나 그는 차츰 호랑이가 위험한 항해에 자신의 동반자일 뿐 아니라, 더 나아가 자기를 살아 있게 해 주는 중요한 요인이라는 사실을 깨닫게 된다. 실제로 호랑이에 대한 두려움 때문에 파이는 살아남으려고 노력하게 되고, 삶의 의욕도 느끼게 되며, 호랑이에게 먹을 것을 구해 주면서 차츰 정이 들어 외로움도 극복하게 된다. 후에 그는 "호랑이가 나를 살아 있게 해 주었다."라고 회상한다. 그리고 동시에 파이는 호랑이에게도 선의가 있는 것처럼, 자신의 내부에도 야수성이 숨어있음을 고백한다.

리처드 파커는 에드가 앨런 포의 장편 『아서 고든 핌의 모험』에 나오는 선원의 이름이다. 포의 소설에 보면, 난파한 배에서 주인공 핌과 더크 피커스와 리처드 파커 세 사람만 살아남는다. 극도로 배가 고파지자, 리처드 파커가 제비를 뽑아서 걸린 한 사람을 나머지 두 사람이 잡아먹자고 제안한다. 두 사람의 반대에도 불구하고 고집을 피우던 파커는 결국 자기가 제비를 잘못 뽑아 죽임을 당하고 두 사람의 식량이 된다. 영화에서는 생략되어 있지만, 원작소설에는 굶주림 속에서 인육을 먹는 것이 암시되어 있다. 그런 면에서 호랑이의 이름이 리처드 파커라는 사실은 의미심장하다.

『라이프 오브 파이』에서는 모든 것이 분명하지 않고 흐릿하게 제시된다. 예컨대 파이와 호랑이의 관계도 시간이 지남에 따라 과연 누가 사냥꾼이고 누가 사냥감인가도 차츰 불분명해진다. 호랑이에게는 사람의 이름이 있는가 하면, 주인공에게는 사람의 이름이 없고 수학적 명칭인 파이가 있을 뿐이다. 호랑이를 들여올 때, 세관원이 사냥감과 사냥꾼의 이름을 혼동해 호랑이가 사냥꾼의 이름인 리처드 파커라고 불리게 되었다는 설정 또한 둘 사이의 모호한 관계를 은유적으로 보여 주고 있다. 심지어는 주인공의 난파 이야기조차도 여러 가지 다른 버전이 있는데, 『라이프 오브 파이』에서는 그중 어느 것이 사실인지도 분명하게 제시되어 있지 않다. 그렇게 함으로써 이 영화는 '이 세상에 절대적 진실은 없다'는 것을 암시하고 있다.

이 영화는 오늘날 자기들만 절대적 선이라고 믿고, 상대방을 종북파 또는 친일파라고 비난하며 첨예하게 대립하고 있는 한국의 정치인들에게 과연 무엇이 옳은지를 깨우쳐 주는 좋은 영화이다. 우리에게 상대방을 인정하고 다양성을 포용하는 것의 중요성을 가르쳐 주기 때문이다.

소수 의견의 중요성, 『마이너리티 리포트』

스티븐 스필버그의 『마이너리티 리포트The Minority Report, 2002』는 의사결정에서 소수의 의견이 얼마나 중요한가를 잘 보여 주는 영화다.

유명한 SF 작가인 필립 K. 딕의 소설을 영화화한 『마이너리티 리포트』는 2054년을 배경으로 '범죄예방 부서'라는 특별경찰 조직에 의해 통제되는 범죄 없는 사회를 그리고 있다. 외견상 그 제도는 완벽하고 이상적인 것처럼 보이지만, 실제로는 소수의견을 무시함으로써 문제가 발생한다.

『마이너리티 리포트』는 2054년 범죄예방 부서라는 특별경찰 조직에 의해 통제되는 범죄 없는 사회를 그린다.

주인공 존 앤더튼(톰 크루즈 扮)은 범죄예방 부서를 책임 맡고 있는 특수경찰 고위간부로서, '프리 콕스Pre-Cogs'라고 불리는 세 명의 예지자로부터 곧 일어날 범죄에 대한 정보를 받고 출동해 범죄가 일어나기 전에 미리 막고, 그 사람을 감옥에 보내 격리시키는 일을 하고 있다. 앤더튼은 그 세 명의 예지자의 능력을 굳게 믿는다. 그러던 어느 날, 갑자기 그녀들은 앤더튼이 자기도 모르는 사람을 살해할 거라는 예측을 내어놓는다. 한때 사냥꾼이었던 앤더튼은 이제 갑자기 자신의 부하들에게 쫓기는 사냥감이 된다. 앤더튼은 이제야 비로소 예지자들이 틀릴 수도 있고, 자신의 확고한 신념도 잘못된 것일 수도 있다는 사실을 깨닫게 된다.

원래 프리 콕스 프로그램을 만든 로이스 스미스는 자기를 찾아온 앤더튼에게 이렇게 말한다.

"대부분의 경우에는 그 세 예지자가 같은 환상을 보지. 그러나 때로는 한 예지자는 다른 것을 보기도 해."

"그런데 왜 나는 그걸 몰랐지요?"

"왜냐하면 마이너리티 리포트는 그 즉시 파기되니까. 프리 콕스가 제대로 작동하려면 실수가 용납이 안 되기 때문이야."

"그렇다면 그동안 제가 죄 없는 사람들을 처벌했다는 말인가요?"

"내 말은, 가끔은 예지자들이 틀릴 수도 있다는 거지. 예지자들이 지명한 사람이 범죄를 저지르지 않을 수도 있다는 거야."

이제 앤더튼은 프리 콕스도 틀릴 수가 있다는 것, 자기도 실수를 했다는 것, 그리고 자기가 뒤집어 쓴 누명을 벗으려면 마이너리티 리포트를 손에 넣어야 한다는 사실을 깨닫는다.

앤더튼이 자기가 옳은 일을 한다고 확신을 갖는 이유는 사실 정의감에서가 아니라 자신의 개인적 한풀이 때문이다. 예전에 어린 아들이 수영장에서 납치당할 때, 그 범죄를 막지 못했다는 통한 때문에 앤더튼은 마약에 의존하기도 하고, 자신이 하고 있는 범죄예방이 절대적으로 옳다는 확신을 갖게 된 것이다. 그러나 이제는 막상 자신이 그 프로그램의 피해자가 됨으로써 그는 자신의 확신이 틀릴 수도 있다는 사실을 깨닫게 된 것이다. 『마이너리티 리포트』는 자기만 옳다고 확신하는 것의 문제에 대해 많은 생각을 하게 해 주는 좋은 영화이다.

『나는 전설이다』— 무엇이 전설인가

리처드 매티슨의 『나는 전설이다』는 좀비소설의 시효다. 이 소설은 월

스미스 주연으로 영화화되어 세계적인 인기를 끌었다. 많은 사람들은 이 작품의 숨은 의미를 잘 모르고 영화를 본다. 그러나 이 영화는 호러영화가 어떻게 하나의 강력한 문명비판 및 사회비판이 될 수 있는가를 잘 보여 준다.

영화 「나는 전설이다」는 리처드 매티슨의 소설을 토대로 현대 문명과 사회를 강력하게 비판한다.

영화가 시작되면 뉴욕이 폐허로 변해 있고(소설에서는 배경이 로스앤젤레스다.), 시민들은 치명적인 박테리아에 감염되어 반 흡혈귀, 반 좀비로 변해서 낮에는 건물 속에 숨어 있다가 밤이 되면 밖으로 나온다. 홀로 남은 로버트 네빌은 낮에는 차를 타고 시내를 돌아다니며 좀비들을 죽이지만, 밤이 되면 침입자들을 막기 위해 철통같은 요새처럼 만든 집에 돌아와 숨어 지낸다. 영화의 전반부, 홀로 남아 고립된 네빌이 개를 데리고 폐허가 된 시내를 배회하는 모습은 그의 외로움을 잘 보여 준다. 네빌은 텅 빈 도시를 마음대로 돌아다니지만 사실은 자유로운 것이 아니라 스스로 만든 감옥에 갇혀 있는 셈이다.

어느 날, 네빌은 거리에서 루스라는 여자를 만나 집으로 데려온다. 햇빛을 두려워하지 않는 것을 보면 루스가 좀비는 아니라고 생각되었기 때문이다. 얼마 후, 루스는 네빌에게 자신의 정체를 고백한다. 시간이 지나면서 좀비들 가운데 새로운 환경에 적응하는 변종들이 생겨났고, 햇빛에도 점차 적응해 낮에도 잠시 돌아다닐 수 있게 되었는데, 그녀는 바로 그 변종이었던 것이다. 그런데 네빌이 그동안 새로운 변종들까지도 총을 쏘아 죽였기 때문에, 그들은 자신들의 생존을 위해 네빌을 죽이기로 결정하고 루스를 파견한 것이었다.

네빌은 변종들의 공격을 받고 붙잡혀 처형을 기다린다. 그동안 네빌과 정이 든 루스는 네빌을 구해 보려고 노력하지만 실패하고, 감옥으로 찾아와 네빌이 자살할 수 있도록 독약을 건네준다. 자살이 처형보다는 덜 고통스러울 것이기 때문이었다. 비로소 네빌은 사태를 깨닫게 된다. 그동안 네빌은 좀비들은 야만스러운 괴물이고, 오직 자기만 유일한 문명인이라고 굳게 믿었고, 그래서 좀비들을 보는 대로 사살했다. 그러나 이제 그는 변종 좀비들이 미래의 문명이며, 자기는 그저 사라져 가야 할 '전설'에 불과하다는 사실을 깨닫게 된다. 그는 비로소 좀비들의 눈에는 자신이 구시대에 속하는 퇴물일 뿐이라는 것을 알게 된다.

"그들에게 네빌은 생소한 천벌이었다. 그는 자신들이 더불어 살아가야만 하는 무서운 질병보다도 더 끔찍한 존재였다. 그는 자신의 존재를 증명하기 위해, 자기들이 사랑하는 사람들의 생명을 앗아간, 보이지 않는 유령 같은 존재였다."

그동안 네빌은 좀비들을 멸종시켜야만 하는 구시대의 전설 같은 존재라고 생각해왔다. 그러나 이제 그는 사라져야 하는 전설은 바로 자기 자신이었다는 사실을 깨닫게 된다. 네빌은 루스가 준 독약을 먹고 "나는 전설이다."라는 말을 남기고 세상을 떠난다.

『나는 전설이다』는 매카시즘이 횡행하던 1950년대 중반에 나온 소설이다. 그러한 배경을 깔고 이 영화를 자세히 보면, 이성적인 과학자이자 정리정돈을 잘하는 네빌은 보수주의자의 상징이고, 무섭고 지저분하며 공격적인 좀비들은 공산주의 바이러스를 퍼뜨리는 급진주의자의 상징처럼 보인다. 과연 매사에 깔끔하며 자신의 사유재산을 보호하려는 네빌은 보수주의자의 전형이고, 떼를 지어 다니면서 자기 패거리가 아닌 사람들을 공격하는 좀비들은 사유재산과 사회질서를 파괴하는 공산주의자의 모습을 닮았다. 문제는, 만일 변종 좀비들이 미래의 문명을 대표한다면 구시대의 퇴물인 네빌이 사라져야만 한다는 것이다.

보수주의자들의 눈에는 급진주의자들이, 또 나이든 세대의 눈에는 젊은 세대가 괴물처럼 보일 것이다. 그러나 젊은 세대의 눈에는 나이든 세대가 유효기간이 지난 퇴물로 보일 것이다. 그래서 『나는 전설이다』는 새로운 세대에 의해 밀려나는 구세대의 이야기를 다룬 영화라고 볼 수 있다. 나이 든 세대가 볼 때 젊은 세대는 버릇없고 무질서한 것 같지만, 결국 새로운 시대를 열어가는 것은 젊은 세대이기 때문이다. 나이 든 세대는 때가 오면 전설이 되어 사라져 가야만 한다. 미국 작가 코맥 매카시의 소설 『노인을 위한 나라는 없다』도 역시 잔혹하게 변해가는 세상을 이해하지 못하고 좌절하는 나이 든 전쟁영웅 보안관의 이야기인데, 그 역시 결국은 세상의 변화를 이해하지 못하고 전설 속으로 사라져 간다. "노인을 위한 나라는 없다."라는 말은 W.B. 예이츠가 사라져 가는 젊음을 그리워하며 60세에 쓴 시 「비잔티움으로의 항해 Sailing to Byzantium」에 나오는 구절이다.

『나는 전설이다』를 읽는 또 다른 방법은 무질서로 인해 붕괴해 가는 사회를 홀로 비판해 보다가 결국은 사라져 가는 소수 지식인의 좌절에 대한 이야기로 읽는 것이다. 이데올로기에 세뇌된 대중이 사회를 파멸로 이끌어 갈 때, 그것을 막고 경고하는 것은 소수 지식인들의 사명일 것이다. 그러나 아무리 옳아도 소수의 목소리보다는 다수의 목소리가 진리가 되고 정상이 되는 법이다. 그래서 절망하고 좌절한 네빌은 "이제는 내가 비정상이 되었다. 정상이란 다수를 위한 개념이지 한 사람을 위한 기준은 아니기 때문이다."라고 말한다.

『나는 전설이다』가 우리에게 주는 또 하나의 가르침은, 제3의 시각으로 사물을 바라보아야 한다는 것이다. 처음에 독자는 네빌의 시각을 통해 좀비들을 바라보지만, 작품의 후반부에 가서는 변종들의 시각으로 네빌을 바라보게 된다. 네빌은 자신이 옳다는 확고한 신념으로 좀비들을 죽였지만, 변종좀비들의 눈에 네빌은 시대의 변화를 감지하지 못하는 어리석고 완고한 퇴물 살인자였을 뿐이다.

윌 스미스가 네빌로 나온 영화 『나는 전설이다I am Legend, 2007』의 엔딩은 원작과는 다르다. 영화에는 두 가지 엔딩이 있는데, 하나는 네빌이 자신을 희생해서 루스와 루스가 데려온 아이의 목숨을 구하는 전설적인 인물이 된다는 결말이고, 또 다른 엔딩은 네빌이 실험용으로 갖고 있었던 살아 있는 여자 좀비를 침입해 온 좀비 두목에게 내어 주고, 자신과 루스는 차를 타고 버몬트 주로 떠나는 것이다. 그러나 그러한 할리우드식 해피엔딩은 원작의 의도와는 전혀 다른 것이다.

처음 만나는 영화

양극을 피하는 중간 : 화해와 공존을 위해
킹덤 오브 헤븐, 벤허

『킹덤 오브 헤븐』 : 하늘의 왕국의 가치

리들리 스콧 감독의 『킹덤 오브 헤븐Kingdom Of Heaven, 2005』은 기독교 문명과 이슬람문명이 첨예하게 충돌하고 있는 오늘날 커다란 깨우침을 주는 영화다. 이 영화는 마치 이스라엘 편도 아랍 편도 아닌 스필버그 감독의 『뮌헨Munich, 2005』처럼 기독교 편도 아니고 이슬람 편도 아니라는 점에서 우리의 관심을 끈다. 『킹덤 오브 헤븐』은 그 두 종교와 두 문명을 똑같이 인정하고, 그 중간 지점에서 화해의 가능성을 찾으려했다는 점에서 보기 드문 좋은 영화이다. 이 영화는 시종일관 다음과 같은 질문을 던진다―"종교의 이름으로 사람들을 죽이는 것과,

삶의 고결한 목적을 추구하는 것 중에 어느 것이 더 중요한가?" 그 질문에 대한 답을 탐색하기 위해『킹덤 오브 헤븐』은 제2차 십자군 전쟁 때 잠시 예루살렘을 지배했던 볼드윈 왕과, 1187년 예루살렘을 공격해서 빼앗은 살라딘 술탄 사이의 전쟁을 서사시적으로 묘사하고 있다.

『킹덤 오브 헤븐』을 감상하는 한 가지 방법은, 그것을 첨예하게 양극화된 세상에서 제3의 길을 찾는 영화로 보는 것이다. 그러기 위해서는 양극단을 피할 줄 아는 위대한 지도자가 필요하다. 유감스럽게도 한국의 경우, 위기의 시대에는 언제나 무능한 지도자가 권좌에 있어서 나라를 망쳤다. 그러나 스페인의 경우에는 영웅 한 사람이 나라를 구했다. 아프리카에서 침략해 온 호전적인 무어 족이 스페인을 위협할 때, 이슬람 왕들이 "엘 시드EI Cid"라고 부른 카스틸 왕국의 장군이었던 비바르 출신의 로더리고는 자신의 목숨을 바쳐서 스페인을 구한다. 그가 막강한 무어 족과의 전쟁에서 이길 수 있었던 이유는 스페인 내 기독교도들과 이슬람교도들의 연합전선 구축이었다. 엘 시드는 기독교도와 이슬람 양쪽에서 오해받고 비난을 받았지만, 그 두 세력의 화해와 포용을 통해, 즉 양극을 피하고 둘 다 포용하는 제3의 길을 추구함으로써 외적의 침입으로부터 나라를 구하는 데 성공한다.

처음에 볼드윈 왕과 살라딘 술탄은 극단주의자들에 의해 둘러싸여 있었다. 예컨대 볼드윈 왕에게는 이슬람 상인들을 공격해서 살라딘의 반격을 유도하는 기 드 루시냥이나 레이날드 샤티옹 같은 호전적인 기사들이 있었고, 살라딘 술탄에게도 기독교도들은 말살시키자고 주장하는 극단주의 장수들이 있었다. 그러나 두 지도자는 현명하게도 극단의 선택을 피하고 제3의 해결책을 찾는다.

특히 주인공 기사 밸리언(올랜도 블룸 扮)은 살라딘과 함께 기독교도와 이슬람교도의 평화로운 공존을 위해 어려운 결단을 내림으로써 두 집단의 멸망을 막는다. 살라딘은 밸리언을 설득하려 한다―"예루살렘을 내놓게, 그러면 아무도 다치지 않을 걸세." 그러자 밸리언은 그 말을 믿을 수 없어 한다―"하지만 기독교 병사들이 예루살렘을 탈환했을 때는 무슬림을 모두 학살했는데요." 그러자 살라딘은 이렇게 대답한다―"난 그런 사람이 아니네. 나는 살라딘이네." 그 말을 들은 밸리언은 드디어 살라딘의 제의를 수락한다. "그대에게 평화를!"이라는 말과 함께, 떠나가는 살라딘에게 밸리언은 이렇게 묻는다―"예루살렘이 술탄에게 무슨 가치가 있는 거지요?" 살라딘은 대답한다―"아무 가치도 없네." 그리고는 미소와 함께 덧붙인다―"그러나 모든 가치가 있지." '하늘의 왕국Kingdom of Heaven'은 예루살렘이 아니라 그 위대한 두 지도자가 만들어낸 평화였던 것이다.

중세에도 기독교 지도자들과 사라센 지도자들은 서로를 존중할 줄 알았고, 커다란 그림을 볼 줄 알았으며, 유머 감각이 있었다. 시오노 나나미의 『십자군 이야기』를 보면, 영국의 사자왕 리처드가 제3차 십자군 원정을 이끌었을 때, 살라딘은 동생 알 아딜을 보내 협상하게 했다. 시오노 나나미는 이렇게 쓰고 있다―"리처드는 알 아딜이 가져온 화려한 선물이 아니라 그 사라센 지도자의 품위와 예절과 점잖음에 감동했다. 34세의 리처드와 48세의 알 아딜은 서로를 존중했다." 유감스럽게도 서로 반목하는 한국의 정치 지도자들이 만나는 자리에서는 그런 상호존중은 찾아볼 수 없다. 그들은 마치 도저히 용서할 수 없는 철천지원수처럼 서로를 적대시한다.

『킹덤 오브 헤븐』은 우리에게 다음과 같은 서글픈 의문을 갖게 만든다—"왜 우리에게는 양극을 피하고 적까지도 포용하는 밸리언이나 살라딘 같은, 또는 리처드나 알 아딜 같은 위대한 지도자가 없는가? 왜 한국은 모두가 평화롭게 공존하는 '킹덤 오브 헤븐'이 될 수 없는가?"

『벤허』 : 1959년 판과 2016년 판 비교

내가 1959년에 제작된 『벤허』를 본 것은 1962년 한국에서 개봉될 때였다. 당시는 한국이 가난했고 외국과의 채널도 원활하지 않아서 할리우드 영화가 발표되면 2, 3년이 지난 후에야 수입되던 시절이었다. 당시 중학생이던 나는 할리우드 영화를 아주 좋아했는데, 특히 『벤허』는 상영시간이 3시간 30분이나 되는 초대형 사극영화였고, 내가 좋아했던 찰턴 헤스턴이 주연이어서 더욱 기대가 컸다. 그는 듬직한 체구와 무거운 표정 때문에 역사적 영웅을 그린 영화에 자주 캐스팅되었는데, 그가 스페인의 영웅으로 출연한 『엘 시드El Cid, 1961』는 내가 중 3때 가장 좋아했던 영화였고, 그의 멋진 연기 때문에 엘 시드는 당시 내가 가장 존경했던 영웅이 되었다.

2016년 추석, 나는 서울대 영문과 제자가 티켓을 보내 준 덕분에 극장에 가서 최근 리메이크된 2016년판 『벤허』를 보았다. 1959년 판이 1880년에 출간된 류 월리스의 원작소설에 비교적 충실했다면,

처음 만나는 영화

2016년 판은 여기저기 변화를 주어서 "원작 소설의 재해석·재상상"이라는 평을 받았다. 1959년 버전에서는 유대인 주다(찰턴 헤스턴 扮)와 로마인 네 살라가 친구로 나오는데, 리메이크 버전에서는 주인공 주다 벤허(잭 휴스턴 扮)의 베스트프렌드이자 로마 시민인 메살라(토비 켑벨 扮)가 유대의 귀족가문인 벤허 가의 양자로 등장한다. 1959년 버전에서는 로마총독의 행렬이 지나갈 때 벤허 가의 지붕 타일이 사고로 벗겨져 떨어지면서 총독이 낙마하는데, 2016년 판에서는 주다가 집에 머물게 하고 돌봐 준 유대의 반로마 극단주의 열성당원Zealot rebel 소년이 총독을 암살하려고 활을 쏜다. 영화의 마지막도 다르다. 1959년 판에서는 전차경기 도중 메살라가 죽고 벤허는 원수를 갚는데, 2016년도 판에서는 메살라가 살아남아서 주다와 화해한다.

1959년 개봉한 『벤허』와 2016년 개봉한 『벤허』의 포스터

여러 개의 아카데미상을 수상한 1959년 판과는 달리, 2016년도 판은 영화비평가들에게 좋은 평가를 받지는 못했다. 그러나 나는 『벤허』의 리메이크 판을 감동적으로 보았다. 왜냐하면 로마가 지배하던 AD 26년의 유대와 군사정권이 지배하던 20세기 중반의 한국이 아주 비슷하다는 사실을 발견했기 때문이었다. 로마가 유대를 지배하던 시절, 극단적인 증오심과 해방이데올로

기에 의해 세뇌된 열성당원들은 로마 주둔군에 대한 테러를 수시로 감행했다. 그들은 자기들만 옳다는 도덕적 우월감과 독선에 사로잡혀 있었기 때문에, 유대의 독립이라는 대의를 위해서는 개인은 얼마든지 희생해도 된다는 생각을 갖고 있었다. 과연 유다가 친절하게 돌봐주고 치료해 준 열성당원 청년은 유다 벤허의 집에서 총독을 암살하려 함으로써 벤허 가를 파멸시키는데, 그에 대해서 일말의 주저도 양심의 가책도 없다. 그에게 모든 것은 이데올로기의 성취를 위한 수단이자 도구일 뿐이기 때문이다. 그런 그에게 신의나 타자에 대한 배려가 중요하게 생각될 리가 없다.

비슷한 일이 군사독재시절 한국에서도 일어났다. 당시 한국의 운동권들도 유대의 열성당원들처럼 도덕적 우월감과 독선에 사로잡혀 있었고, 문학이나 출판물이나 종교도 정치이데올로기에 복무하는 도구로 생각했다. 대의를 위해서라면 모든 것이 부수적 피해로 간주되는 그런 사고방식은 사실 다분히 파시스트적이고 전체주의적인 것이어서, 사실은 자기들이 대항해 싸우던 군사 파시스트정권과 아주 유사했다. 그럼에도 불구하고 당시에는 반독재 투쟁이라는 명분 때문에 그런 것들이 합리화되었다. 악에 대항해 싸우다 보면 악을 닮아가는 법이다. 그래서 니체는 이런 유명한 말을 했다―"괴물과 싸운 사람은 자신도 괴물이 되지 않도록 조심해야 한다. 어두운 심연을 오래 들여다보면 심연이 너를 들여다보게 된다."

영화에서 주다는 유대의 왕자이고, 메살라는 로마군의 사령관이다. 비록 그들은 친한 친구지만 정치이데올로기는 반대이다. 주다는 자기네 신과 자기민족의 자유를 믿지만, 메살라는 로마 신들을 믿고 로마황제의 절대적 힘을 믿는다. 그러므로 두 사람의 충돌은 필연적이다. 메살라는 주다의 무죄를 믿으면서도, 그를 노예선의 노 젓는 노예로 유배 보내고, 주다의 가족을 지하 감옥에 수감시켜 결국 나병에 걸리게 만든다.

5년간의 지옥 같았던 노예선 생활에서 탈출한 주다는 복수심에 불타서 고향으로 돌아온다. 주다는 전차경기에서 메살라를 물리치고 승리하며, 메살라는 중상을 입는다. 그러나 예수를 만나고, 예수의 십자가 처형을 목도한 후, 주다는 복수의 공허함을 깨닫게 된다. 그는 메살라를 용서하고 그를 다시 친구로 받아들인다. 이제 제국주의자와 식민지인, 그리고 이단과 정통 유대교 사이의 증오와 원한은 사라진다.

유감스럽게도 한국사회에서는 아직도 서로를 적대시하는 두 당파들의 싸움은 계속되고 있다. 그래서 진보와 보수, 좌파와 우파, 친중파와 친미파, 가진 자와 못가진 자, 그리고 갑과 을의 증오와 반목이 아직도 우리의 발목을 잡고 있다. 주다와 메살라처럼 우리도 형제이고 친구인데, 서로를 마치 철천지원수 대하듯 미워하고 있는 것이다. 그리고 유대의 극단적 열성당원처럼, 미국이 로마처럼 우리를 지배하고 억압하고 있으며, 그로부터 해방되어야 한다고 믿는 사람들이 있다. 그런 사고를 가진 극단주의 민족주의자들은 외세배격을 주장하고 단일민족의 민족자주를 주장한다. 흥미롭게도 영화 속의 전차경기에 참여한 선수들의 인종과 국적이 다양해서 마치 미국을 상징하고 있는 것처럼 보였다. 1959년 버전 『벤허』를 보면서 한국전쟁과 동족상잔을 떠올렸던 나는 2016년도 리메이크를 보면서는, 이렇게 생각했다—"나에게는 꿈이 있다. 언젠가 내 두 자녀가 더 이상 이데올로기 당파 싸움이 없는 나라에서 살고 있는 꿈. 정치이데올로기로 갈라졌던 사람들이 언젠가 다시 만나 서로 껴안는 꿈이 있다." 리메이크된 『벤허』를 보면서 나는 잠시 사실이기에는 너무나 좋은, 불가능한 꿈을 꾸어보았다. 마틴 루터 킹의 명연설을 생각하며.

구원자와 해방자의 정체
헝거 게임, 다크 나이트 라이즈

구원자와 해방자, 『헝거 게임』

『헝거 게임』, 『캐칭 파이어』, 『모킹제이』의 삼부작으로 이루어진 수잔느 콜린스의 『헝거 게임』은 소설, 영화, 게임으로 출시되어 모두 성공한 작품이다. 『헝거 게임』은 톨킨의 『반지의 제왕』처럼, 아동소설 같으면서 성인소설이고, 판타지 같으면서 컴퓨터게임 같은 소설이다. 그래서 이 작품은 젊은 독자들의 열렬한 환영을 받았다.

　『헝거 게임』은 먼 미래, 인류문명이 멸망한 후 북아메리카의 어느 디스토피아적 지역을 배경으로 하고 있다. 그 나라의 이름은 판엠인데, 그곳에서는 스노우 대통령이 통치하는 부유한 케피톨이 12개의 가난한 지역을 지배하고 있다. 소설의 주인공 캣니스 에버딘은 가장 가난한 12구역에서 어머니와 여동생과 같이 살고 있는 소녀이다.

매해 캐피톨은 로또 추첨을 통해 12지역에서 소년소녀를 한 사람씩 선발해서, 마지막 한 사람이 살아남을 때까지 경쟁해야 하는 죽음의 게임을 시킨다. '진상품'이라고 불리는 이 소년소녀들의 죽음의 게임은 텔레비전으로 생중계되어 캐피톨 사람들에게는 즐거움을, 12구역 사람들에게는 두려움을 준다.

12세의 여동생 프림이 추첨에서 뽑히자 캣니스는 자기가 대신 게임에 나가겠다고 자원한다. 캣니스는 같이 뽑힌 피타와 둘이서 캐피톨로 가서 죽음의 게임에 참가한다. 용감하고 능력 있는 캣니스는 관객들의 환호를 받고, 12구역 주민들은 캣니스가 살아남을 때마다 캐피톨에 대한 저항의 표시이자 캣니스에 대한 지지의 표시로 손가락세 개를 들어올린다. 캣니스와 다른 소년소녀들이 죽음을 걸고 싸우는 게임장 세트는 독재자와 시민들이 환호하며 관전하던 로마시대의 콜로세움과 검투사들을 연상시킨다.

제1부와 제2부에서 캣니스는 연속해서 최후의 승자가 되어 살아남는다. 『캣칭 파이어』의 마지막에 캣니스는 13지역에서 보낸 비행선에 의해 구조된다. 지난번 반란 때 파괴되었다고 알려진 13구역이 사실은 지하로 들어가 저항군들의 사령부가 된 것이다. 캣니스는 12구역에서 저항과 해방의 상징으로 환영받는다.

그러나 캣니스는 점차 저항군의 사령부인 13구역이 캐피톨과 비슷하다는 사실을 깨닫는다. 그녀는 13구역의 지도자들도 끊임없이 주민들을 감시하고 통제하고 있었으며, 대통령 코인도 캐피톨의 스노

처음 만나는 영화

우를 닮았다는 것을 발견하게 된다. 캐피톨과의 최후의 전쟁에서 캣니스는 코인 대통령이 사악한 전략을 짜서, 마치 캐피톨의 짓인 것처럼 위장해 비행선에서 폭탄을 투하해 아이들을 죽였고, 그 와중에 자기 여동생 프림도 죽었다는 사실을 알게 된다. 더 나아가 코인은 헝거 게임을 없애는 것이 아니라 독재자 스노우 대통령의 손녀딸과, 독재자를 도와준 고위 정치가들을 동원해 살인게임을 계속하려고 한다. 스노우 대통령을 쏘아야 하는 자리에서 캣니스는 대신 코인 대통령을 쏘아 살해한다. 새로운 공화국이 또 다른 독재국가로 변하고 있었기 때문이다.

『모킹제이』에서 작가 콜린스는, 자기를 독재자와 싸우는 구원자나 해방자로 내세우는 사람들은 언제나 또 다른 독재자였다는 사실을 상기시켜 준다. 과연 역사는 그러한 경우를 수도 없이 보여 준다. 예컨대 스스로를 해방자라고 내세우며 명나라를 멸망시킨 틈왕 이자성iLee Zicheng은 곧 또 다른 독재자가 되어 백성을 괴롭히다가 청나라에게 망하고 만다. 이란의 호메이니 역시 샤 국왕의 독재를 종식시킨다더니, 또 다른 독재자가 되었다.

『헝거 게임』과 비슷한 『다이버전트 시리즈—얼리전트The Divergent Series: Allegiant』에서도 미래의 시카고에서 독재자 재닌을 제거한 이블린은 또 다른 독재자가 되어 사람들을 처형시킨다. 민중들도 새로운 독재자를 따르며 "우리는 진실을 원한다!", "모두에게 정의를!"이라고 고함치며, 무고한 사람까지도 인민재판에 부쳐 즉결처분한다. 주인공 비어트리스와 토바이어스는 그러한 상황에 회의를 느끼고 시카고를 떠난다. 그러나 그들을 기다리고 있는 것은 또 다른 전체주의 사회일 뿐이다. 비어트리스와 토바이어스는 200년이나 문명이 앞섰다는 시카고 밖 보호막 속에 사는 사람들이 '유전자 복지국'을 통해 인간을 '정품the Pure'과 '불량품the Defected'으로 나누어 차별하며, 시카고 주민들을 실험용으로 사용하고 있다는 사실을 발견한다. 그래서 요즘 소설들이나 드라마는 다음과 같은 주제를 자주 드러낸다―"이 세상에 구원자는 없다. 다만 또 다른 독재자만 있을 뿐이다." 절망할 수밖에 없지만 부인할 수 없는 사실이기도 하다.

그래서 캣니스의 별명인 '모킹제이'도 상징적인 의미를 갖는다. 하퍼 리의 『앵무새 죽이기』에서 아버지 애티커스는 자녀인 젬과 스카우트에게 이렇게 말한다―"블루 제이는 쏴도 되지만 모킹 버드(앵무새)는 죽이면 안 된다. 우리에게 노래해 주는 죄밖에 없잖니." 그렇다면 좋은 새 모킹 버드와 농작물을 해치는 새 블루 제이의 합성어인 모킹제이는 좋음과 나쁨의 이중의미를 갖고 있는 셈이다. 이 세상에 새를 단순히 좋은 새와 나쁜 새로 구분할 수만은 없기 때문이다. 마찬가지로 이 세상을 절대적 선이나 절대적 악으로 간단히 양분할 수도 없을 것이다. 선과 악은 얼마든지 뒤섞일 수 있다. 자신을 절대적 선이라고 생각하고 타자를 악으로 보는 사람은 폭력을 행사하는 악인이 될 수도 있고, 동시에 우리가 절대적 악으로 보는 사람이 의외로 선한 사람일 수도 있다.

영화에서는 생략되었지만, 원작소설에서는 캣니스가 『모킹제이』의 마지막에 자신의 아이들이 더 나은 세상의 건설과 자유의 쟁취를 위해서 죽어간 사람들의 무덤 위에서 놀고 있다는 사실을 결코 모를 것이라고 독백하는 장면이 나온다. 마찬가지로 요즘의 한국 젊은이들

은 자신들의 부모 및 조부모 세대가 일제 강점기와 한국전쟁과 군사
독재 시절에 나름대로의 '헝거 게임'과 캐피톨에 저항하는 반군전쟁
에 참가해서 겨우 살아났거나 죽었다는 사실을 알지 못한다. 자기들
에게 더 나은 세상을 물려주기 위해 부모세대가 어떻게 굶주림과 독
재를 견디어냈으며 얼마나 열심히 일하고 얼마나 처절하게 싸웠는지,
그들은 결코 알지 못할 것이다. 오늘날 잘사는 집에서 태어나고 자란
그들이 어떻게 그런 것을 알겠는가? 자기들이 놀고 있는 곳이 자기들
을 위해서 죽은 조상들의 무덤 위라는 것을 어떻게 알겠는가?

『배트맨 : 다크 나이트 라이즈』— 해방자와 영웅

한국인들은 만일 영화『레미제라블Les Miserables, 2012』이 지난번 대통
령 선거 전에 개봉되었더라면, 야당후보가 당선되었으리라고 말한다.
프랑스 혁명을 다룬 이 영화가 틀림없이 관객들에게 혁명정신을 불어
넣어서 야당을 찍게 했을 거라는 것이다. 그러나 이어령 교수의 지적
대로『레미제라블』의 주제는 혁명을 하자는 것이 아니라, 그런 사회
적 혼란 속에서도 타자를 사랑하고 이해하며 용서하자는 것이다. 그
렇다면 우리는『레미제라블』을 심각하게 오독하고 있는 셈이다.

  과연『레미제라블』에서 빅토르 위고는 폭력이나 혁명을 부추기는
대신, 이데올로기의 충돌로 인한 정치적 혼란과 국가의 위기 시에 우
리가 보여 줄 수 있는 사랑과 희생정신, 그리고 이해와 용서의 강력한
힘의 가치를 은유적으로 제시하고 있다. 그런데 우리가 그런 메시지

「배트맨 : 다크 나이트 라이즈」는 단순히 배트맨의 활약을 그린 액션영화를 넘어 해방자와 영웅을 자처하는 악당의 메시지를 담은 영화다.

는 보지 못하고, 프랑스 혁명처럼 정권을 무너뜨리고 특권층을 단두대로 보내는 것만 본다면, 우리는 아직도 18세기적 사고방식에서 벗어나지 못하고 있는 셈이다.

『다크 나이트 라이즈The Dark Knight Rises, 2012』도 단순히 배트맨(크리스찬 베일 扮)의 활약을 그린 액션영화로만 볼 것이 아니라 그 속에 숨어 있는 메시지를 정확하게 읽을 필요가 있는 영화다. 이 영화에서 고담 시는 마비되었고, 배트맨은 최근의 부상에서 아직 회복하지 못해 저택에 은둔하며, 경찰청장도 병원 병상에 누워 있다. 경찰 3000명은 지하에 갇혀 있으며, 대중은 축구에 열광한다.

이러한 혼란스러운 무법지대에 베인(톰 하디 扮)이라는 강력한 악당이 나타나 도시를 공포에 몰아넣는다. 가면을 쓴 그는 자기를 해방자로 제시하는 선동가이다. 그는 이렇게 민중을 현혹한다―"우리는 지배자가 아니라 이 도시를 민중에게 돌려주는 해방자로서 왔다." 그는 계속해서 말한다―"우리는 미국이 기회의 땅이라는 신화로 수 세기 동안 여러분을 기만해 온 부패하고 돈 많은 억압자들로부터 고담 시를 빼앗는 것입니다."

그러나 민중을 이용해 권력을 손에 쥐자 베인은 잔인한 인민재판을 통해 사람들을 숙청한다. 베인은 이렇게 민중을 선동한다―"힘 있는 자들은 그들의 부패한 둥지로부터 쫓겨나 우리가 잘 알고 오랫동

처음 만나는 영화

안 살아 온 추운 세상으로 던져질 것입니다." 그러나 소문과는 달리 베인은 추운 감옥에서 살아 본 적이 없는 사기꾼이었다.

영화의 마지막에 베인은 배트맨 소유의 웨인 기업의 이사인 미란다(마리옹 꼬띠아르 扮)라는 여성의 조종을 받는 허수아비임이 드러난다. 보이지 않는 진짜 적은 내부에 숨어 있었던 것이다. 비록 악당들이 고담 시를 장악한 이유를 억압자로부터 민중을 해방시켜 준다는 이데올로기 전쟁처럼 포장했지만, 사실은 이 모든 것이 미란다의 개인적 복수심에서 비롯된 것으로 드러난다. 미란다는 민중을 구하려는 것이 아니라 민중과 고담 시를 핵폭탄으로 없애려고 한다.

『다크 나이트 라이즈』는 사회를 뒤엎고 해방과 새로운 세상을 약속하는 선동가들을 믿지 말라고 가르친다. 그런 사람들은 영웅이 아니라 위선자들이고, 사적인 한풀이나 개인적 영달을 위해 민중을 이용한다는 것이다. 악당들은 언제나 해방자와 영웅을 자처한다. 그러나 병상에서 일어나 고담 시를 악당으로부터 구한 다크 나이트는 자신은 영웅이 아니라고 말한다─"영웅은 누구나 될 수 있습니다. 어린 소년의 어깨에 코트를 벗어 덮어 줌으로써 아직 세상이 끝나지 않았다는 것을 알려 주는 간단한 일을 하는 사람도 영웅이 될 수 있습니다." 『레미제라블』과 『다크 나이트 라이즈』는 우리가 영화 속에 숨어 있는 메시지를 정확하게 읽어내는 것이 얼마나 중요한가를 새삼 절감하게 만드는 영화이다.

제국주의와 자본주의의 생태계 파괴

아바타

『아바타』

영화평론가들은 주로 『아바타Avatar, 2009』의 스펙터클한 비주얼 효과와 멋진 컴퓨터 그래픽을 찬양한다. 영화팬들도 대형 아이맥스 스크린에 펼쳐지는 3D 또는 4D 테크놀로지에 감탄한다. 과연 『아바타』는 혁명적인 하이 테크놀로지를 통해 전에는 불가능했던 장면을 컴퓨터 합성으로 보여 줌으로써 판타지 영화의 새로운 장場을 열었다. 제임스 카메론 감독은 이 영화를 수십 년 전부터 꿈꾸어왔으나 그동안은 테크놀로지의 부족으로 실현이 불가능했었다고 말했다.

그러나 『아바타』는 사실 그런 외형적인 것보다는 영화 속에 숨어 있는 중후한 주제로 인해 칭찬을 받아야 할 것이다. 그러나 많은 평론가들이 그 점에 대해서는 별 말이 없었다. 다만 한 평론가가 "이 영화에 등장하는 '나비'족이 원주민 미국인을 지칭하며, 그렇기 때문에 『아바타』는 『늑대와 함께 춤을』을 재상상한 것"이라는 적절한 지적을 했다. 또 다른 평론가는 "『아바타』를 약간 비틀어보면 지하드의 훈련에 대한 영화처럼 보인다."라는 유머스러운 지적을 했다. 왜냐하면 주인공과 유색인들이 서구의 자본주의적 식민주의자들과 군사 제국주의자들에 대항해 싸우기 때문이다.

「아바타」는 제국주의와 식민주의, 그리고 에너지 전쟁과 생태계 파괴 문제와 연관해 현대의 문화정치에 대해 강력한 비판을 담은 영화다.

2154년 미래사회를 배경으로 하고 있는 『아바타』는 제국주의와 식민주의, 그리고 에너지 전쟁과 생태계 파괴 문제와 연관해 현대의 문화정치에 대해 심오한 성찰과 강력한 비판을 담고 있는 좋은 영화다. 우주의 행성인 판도라는 지구의 에너지 문제를 해결해 줄 풍부한 광물이 묻혀 있는 곳이다. 판도라는 신의 선물이지만 함부로 열면 안 되는 금단의 상자로서 상징적인 뜻을 갖고 있다. 지구에서는 용병들을 보내서 판도라 행성을 식민지화하려 하고, 광물을 채취하기 위해 원주민인 나비족을 다른 곳으로 이주시키려 한다. 그 과정에서 『아바타』는 세상의 평화와 균형을 깨뜨리는 인류문명의 고질적인 병폐, 즉 자본의 착취, 타인종·타민족의 정치적 지배, 환경생태계의 파괴를 예리하고 설득력 있게 비판한다.

판도라 행성에서 나비족은 자연과의 합일 속에서 평화롭게 살고 있다. 평화로운 정적을 깨고 갑자기 존 스타인벡의 『분노의 포도』에 등장하는 것 같은 불도저와, 베트남전을 패러디하는 것 같은 군용 헬리콥터가 등장해 판도라의 생태계를 파괴하기 시작한다. 생태계 파괴의 상징적 인물인 마일스 콰드리치 대령(스티븐 랭 扮)에 반대해, 그레이스 어거스틴 박사(시고니 위버 扮)와 그녀의 팀은 '아바타 프로그램'을 통해 원주민들과 평화로운 대화를 통한 설득을 시도한다. 상이군인으로서 휠체어를 타는 전직 해병 제이크 설리(샘 워싱턴 扮)는 아바타가 되어 나비족에 잡입하기 위해 여러 광년을 날아서 판도라에 도착한다. 아바타가 되어 나비족 마을에 들어간 제이크는 아름다운 원주민 여성 네이트리(조 샐다나 扮)를 만난 후 사랑에 빠지게 되고, 이후 원주민 마을을 보호하기 위해 백인 용병들과 싸운다.

판타지와 리얼리티

『아바타』의 또 다른 매력적인 장치는 리얼리티와 판타지의 병치다. 현실에서는 제이크가 하반신 마비로 걷지 못한다. 그러나 환상세계에서 그는 걷고 뛰고, 심지어는 판도라의 말과 거대한 새처럼 생긴 프테로닥틸을 타고 광활한 하늘을 자유롭게 날아다닌다. 또 현실에서는 제이크가 전사이고 전 해병대원이며 제국주의적인 인간이지만, 환상 속에서는 판도라의 평온함을 즐기는 평화로운 존재로 변한다.

또한 『아바타』는 평론가 레슬리 피들러가 말한 "미국의 미토스",

즉 백인 주인공과 유색인 동반자가 광야에서 벌이는 모험을 연상시킨다. 피들러는 미국문학과 영화에 부단히 나타나는 주제 중 하나로 가정과 마을을 떠나 광야로 떠나는 백인과 그를 구해 주고 보호하는 유색인과의 동반여행을 지적한다. 광야에서 모험하는 제임스 페니모어 쿠퍼의 백인 주인공 내티 범포와 원주민 칭가치국 추장, 남극으로의 항해를 같이 떠나는 에드가 앨런 포의 백인 주인공 아서 고든 핌과 원주민 혼혈 더크 피더스, 고래를 잡으러 바다로 나가는 백인 주인공 이스마엘과 폴리네시아인 퀴퀙, 그리고 뗏목을 타고 미시시피강을 따라 항해하는 마크 트웨인의 백인 주인공 허크와 아프리카계 미국인 짐은 그 대표적인 예라고 할 수 있다. 그러한 패턴은 『다이하드』, 『리썰 웨폰』, 『48시간』, 『도주』, 『스타트렉』, 『스타워즈』, 그리고 『프리즌 브레이크』 같은 미국 영화나 드라마에서도 발견된다. 『아바타』에서도 백인 주인공 제이크는 초록색 피부의 네이티리를 만나 광야에서 같이 모험을 하는 과정에서 서로를 이해하게 된다.

피들러는 '유색인 동반자'를 유색인 남성으로 생각했다. 그러나 미국이 다문화사회가 되면서, 유색인 동반자는 여성뿐만 아니라 아시아 남성도 의미하게 되었다. 『상하이 눈Shanghai Noon, 2000』이나 『상하이 나이츠Shanghai Khights, 2003』에서 재키 챈과 오웬 윌슨은 서로 자기가 주인공이고, 상대방이 사이드킥 동반자라고 주장하며 싸운다. 『아바타』를 보면서 우리는 전쟁과 제국주의와 식민주의는 자연생태계뿐 아니라 우리 마음의 생태계도 파괴한다는 것을 깨닫게 된다. 화려한 컴퓨터 그래픽에만 매료되지 말고 그 밑에 숨은 주제들을 찾아 읽어 내는 것이 중요하다.

좀비들은 왜 무서운가?

월드 워 Z, 워킹데드

좀비영화의 시대

최근 좀비영화들이 쏟아져 나오고 있다. 미국에서는 『죽은 자들의 땅Land of Dead, 2005』, 『죽은 자들의 일기Diary of Dead, 2007』, 『좀비랜드Zombieland, 2009』가 나왔고, 영국에서는 『죽은 자들의 숀Shaun of Dead, 2004』, 『28일 후28 Days Later…, 2002』, 『28주 후28 Weeks Later…, 2007』가 인기를 끌었으며, 미국 텔레비전 방송에서는 『Z 네이션Z Nation』과 『워킹데드The Walking Dead』를 방영했거나 방영하고 있다.

좀비에 대한 주제는 대학에서도 관심을 갖게 되어 여러 대학들이 좀비 주제가 들어간 문학 강좌를 개설하기도 했다. 예컨대 센트럴 미시간 대학에서는 '묵시록에서 위킹 데드까지'라는 과목을 설강했고, 미시간 주립대학교에서는 '다가오는 좀비로 인한 인류멸망에서 살아남기 : 재난과 인간의 행동'이라는 과목을, 캘리포니아 어바인 대학은 텔레비전 시리즈 『워킹데드』에 대한 온라인 과목을 신설했으며, 영국 글라스로우 대학은 '좀비 과학 : 신학 연구를 위한 좀비연구소'라는 제목의 웹사이트를 개설했다. '좀비학Zombiology'이라는 용어도 생겼음은 물론이다.

좀비영화의 기념비적 원조인 『살아 있는 시체들의 밤』에서 조지 로메로 감독은 좀비들과 좀비 사냥꾼들을 대비시키면서 과연 누가 더 잔인한지 의문을 던지고 있다. 그러다가 속편인 『시체들의 새벽』에서는 얼이 빠진 채 버려진 백화점을 돌아다니는 좀비들을 모터사이클을 타고 다니면서 무차별 학살하는 극우파 집단과 대비시키면서, 로메로는 다시 한 번 좌우 이데올로기의 문제점을 성찰하고 있다. 그래서 로메로의 영화에서는 좀비가 다소 동정의 대상이 된다.

『워킹데드』 : 좀비가 무서운 이유

현재 미국의 AMC-TV가 방영하고 있는 『워킹데드』에서는 좀비들의 이미지가 바뀌고 있다. 이 시리즈에서 좀비는 살아남기 위해 죽여야만 하는 위협으로 그려지며, 세상의 종말이 닥칠 때 살아남는 방법의 탐색이 더 중요한 주제로 제시된다. 아마도 이는 세상이 광신적인 테러리스트들과, 자기만 옳다고 생각하는 완고한 독선적인 이데올로기

신봉자들로 오염되었기 때문인 것처럼 보인다. 미국의 주말 캠프에는 '세상의 종말에 살아남기'라는 좀비 서바이벌 훈련 프로그램이 있어 실제로 가짜 좀비와 싸우는 경험을 통해 이 위험한 세상에서 살아남는 법을 배우도록 하고 있다.

스페인 소설가 마넬 로우레이로가 쓴 『세상의 종말 Z』는 일기로 되어 있는데, 내용은 좀비가 장악한 어느 스페인 마을에서 기적적으로 살아남은 사람의 이야기이다. 이 소설은 인육을 먹는 수많은 좀비들로 둘러싸였을 때 살아남는 방법을 다루고 있는데, 좀비는 도처에 널려 있는 전멸시켜야만 하는 역겨운 존재로 묘사된다.

맥스 브룩스의 소설 『월드 워 Z : 좀비전쟁의 오럴 히스토리』에는 전 지구가 좀비들로 가득 차 있다. 원래 원작소설에서는 중국의 장기 밀매 때문에 좀비 바이러스가 시작되는 것으로 되어 있는데, 브래드 피트가 나오는 영화 『월드 워 Z World War Z, 2013』에서는 중국을 의식해서인지, 좀비가 한국의 미군부대에서 시작된 것으로 설정하고 있다. 이 영화는 좀비를 막는 각 나라의 독특한 대응법을 유머러스하게 소개하는데, 예컨대 남아프리카 공화국은 아파르트헤이트를 통한 인종 격리를 통해, 북한은 주민들의 이를 빼서 물지 못하도록 하는 방법과 땅굴을 파는 방법으로, 이스라엘은 높은 벽을 쌓는 방법으로 좀비를 막아 보려고 한다. 이란은 유입되는 난민들을 막기 위해 파키스탄과 핵전쟁을 벌이고, 미국은 자기네는 문제없다고 큰소리를 친다. 그러나 모든 나라의 좀비 차단 방법은 실패한다. 팔레스타인 좀비의 유입을 막으려고 이스라엘이 세운 벽은 쉽게 허물어지고, 예루살렘은 좀비들의 도시가 된다. 또한 정부의 무능함과 기업들의 부패도 비판한다.

『워킹데드』는 로버트 커크만의 그래픽 노블이 원작이다. 커크만은 『워킹데드』의 서문에서, 좀비가 무서운 이유는 그것들이 마인드가 부재하고 비이성적이기 때문이라고 말한다. 한 인터뷰에서 커크만은 "좀비가 비이성적이라는 사실은 언제나 나를 두렵게 합니다. 그렇게 되면 중간이라는 것도, 또 협상이라는 것도 불가능하기 때문입니다. 그건 언제나 나를 두렵게 합니다." 그리고 그는 이렇게 덧붙인다. "모든 종류의 이성이 없는 극단주의는 나를 두렵게 합니다. 그런데 우리는 지금 그런 세상에서 살고 있지요." 지금 우리 주위에는 특정 이데올로기에 의해 세뇌된 사람, 혹은 자신만 옳고 다른 사람은 다 틀렸다고 굳게 믿는 좀비 같은 사람들이 도처에 널려 있다. 좀비가 무서운 이유도 바로 거기에 있을 것이다.

미국영화에 나타난 한국인의 이미지
크래쉬

아메리칸 드림 속 인종차별주의, 『크래쉬』

최근 도널드 트럼프가 미국대통령에 당선되자 미국사회에 다시 인종
차별이 고개를 들고 있다. 사실 엄격하게 말하면, 인종차별이라기보
다는 그동안 잃어버렸던 백인의 권리를 되찾겠다는 것이기는 하지만,
그래도 그게 궁극적으로는 인종에 대한 편견 및 차별과 연결된다는
것은 부인할 수 없을 것이다.

아카데미 수상작인 『크래쉬 Crash, 2004』는 아메리칸 드림 속에 내
재해 있는 은밀한 인종차별주의를 고발하는 영화다. 다양한 인종들이
모여 살면서도 자동차 안에 스스로를 고립시키는 싸늘한 도시 로스앤

젤레스가 배경인 이 영화는 비인간적인 현대 사회에서 다시 한 번 따뜻한 인간적 접촉을 추구하자는 메시지를 담고 있다. 『크래쉬』는 운전하고 가다가 뒤차에게 받힌 채 차 안에 앉아 있는 아프리카계 형사의 독백으로 시작되고 있다―"LA에서는 아무도 서로 접촉하지 않는다. 언제나 자동차의 금속과 유리 속에 사람들이 들어 있기 때문이다. 우리는 인간적 접촉이 너무나 아쉬워서 그것을 느껴보려고 차량 접촉사고를 내는지도 모른다."

『크래쉬』에는 아메리칸 드림 속에 내재한 은밀한 인종차별주의를 고발한다.

아이러니컬한 것은 뒤에서 들이받은 차의 주인이 인간적 접촉과는 거리가 먼, 거친 한국계 여자라는 것이다. 출동한 교통경찰에게 엉터리 영어로 마구 대드는 이 거친 한국계 여자는 멕시코인들에게 인종적 편견을 갖고 있는 사람으로 제시된다.

경찰 : 진정하세요, 아주머니.

한국계 여자 : 난 진정하고 있다고!

경찰 : 자동차 등록증과 보험증서 좀 보여주시지요.

한국계 여자 : 왜요? 내 잘못이 아닌데! 저 여자 잘못인데! 저 여자가 내 차를 빠가써!

멕시코계 여자 경찰 : 내 잘못이라고요?

한국계 여자 : 당신 차가 길 한가운데 갑자기 서짜나! 멕시코 인들은 운전 모태! 저 여자가 블레이크를 너무 빨리 발밨어!

남미계 여자 경찰 : (한국여자의 틀린 발음을 흉내내며) 내가 '블레이크'를 너무 빨리 '발봤다고?' 내 블레이크 라이트를 '모빠따니' 유감이군요.

한국계 여자 : 이민국에 전화해서 당신 자바가라고 할 거야. 내 차 뿌서진 거 좀 바!

이 장면은 "목소리 큰 사람이 이긴다." 또는 "떼를 쓰면 해결된다." 라는 한국 속담을 연상시킨다. 접촉사고 시에는 언제나 뒤차에 책임이 있는데도, 그녀는 큰 소리로 마구 억지를 쓴다. 더구나 그 한국계 여성은 인종차별적인 발언을 거침없이 해댄다. 그녀의 눈에 대부분의 멕시코인들은 불법체류자거나 운전을 못한다.

영화 『크래쉬』는 처음부터 끝까지 이러한 인종적 차별과 전형화로 가득 차 있다. 예컨대 백인들의 눈에 아프리카계는 범법자, 남미계는 불법체류자로만 보이고, 이란계는 테러리스트로 취급된다. 이란계는 페르시아인이지 아랍인이 아닌데, 많은 미국인들은 그것을 잘 모른다. 이 영화는 미국인들에게 아시아인은 다 중국인으로 보인다는 점도 지적한다. 예컨대 한국 남자를 차로 친 아프리카계 남자들은 그 한국인을 '차이나 맨'이라고 부른다. 『크래쉬』는 바로 그러한 인종적 편견이 따뜻한 인간적 접촉을 불가능하게 만드는 장벽이라고 말한다.

일견 『크래쉬』는 한국계 미국인들을 모욕한 영화처럼 보인다. 영화의 초반에 경찰차를 뒤에서 들이받은 한국계 여자의 남편은 아시아인들을 미국으로 불법으로 들여오는 인신매매 중개인이다. 더욱이 아프리카계 차 도둑들의 차에 치여 부상을 입고 병원에 입원해 있으면서도 그의 관심은 돈뿐이다. 그는 찾아온 부인에게 경찰이 오기 전에 빨리 은행에 가서 수표를 현금으로 바꾸어 놓으라고 부탁한다. 한국계에 대한 이러한 부정적 묘사는 당혹스럽다. 그러나 『크래쉬』는 사실 한국인에 대해서도 그런 편견을 갖지 말자는 메시지를 담고 있다.

『크래쉬』는 미국인들이 보는 한국계 이민들의 부정적 이미지를 잘 보여 준다. 예컨대 엉터리 영어, 타인에게 큰 소리로 고함지르기, 돈을 밝히는 것 등이 바로 그것이다. 사실은 『크래쉬』뿐 아니라 『폴링 다운』이나 『LA 탈출』 같은 영화에서도 한국계 미국인들의 이미지는 부정적이다. 『크래쉬』를 비난하기 전에 우리는 미국사회에 비친 우리의 모습을 돌이켜보고, 미국인들에게 그런 이미지를 각인시킨 것에 대해 반성해야만 할 것이다.

『크래쉬』는 서로 다른 인종들과 문화들이 인종적 편견 속에 어떻게 서로 충돌하고 갈등하고 있는가를 보여 주는 좋은 영화다. 캘리포니아, 특히 LA는 자동차로 프리웨이를 타지 않으면 다른 곳으로의 이동이 어려운 곳이다. 도시가 그렇게 설계되었기 때문에, 모든 사람들이 차로 이동을 해야만 하는 LA에서 사람들은 자동차 안에서 고립되어 다른 사람들과 인간적인 접촉을 할 기회를 갖지 못한 채 살고 있다. 그런 의미에서 보면, 이 영화에서 LA는 미국의 상징처럼 보인다.

하지만 『크래쉬』는 아직 희망은 있다는 메시지를 준다. 이 영화는 우리가 다른 사람들을 이해하려고 노력하며, 주위 사람들과의 인간적 접촉과 교류를 시도해야 한다고 말한다. 현대의 비인간적인 도시에서 한국인들도 다른 인종 및 문화를 이해하려고 노력하며, 인종적 편견을 없애고 타인과 더불어 사는 법을 배워서 긍정적인 이미지를 남겨야 할 것이다.

영화에 나타난 아메리카와 아메리칸 드림

위대한 개츠비, 터미널

재즈 시대 아메리칸 드림의 파멸, 『위대한 개츠비』

『위대한 개츠비』는 영화로 다섯 번 제작되었다. 그중 나는 로버트 레드포드와 미아 패로우가 주연한 1974년도 판을 제일 좋아한다. 이 영화에서는 레드포드가 자신의 순진함과 다른 사람들의 이기심 때문에 파멸하는 나이브한 개츠비의 모습을 설득력 있게 잘 보여 주기 때문이다. 미아 패로우 역시 허영심 가득한 한없이 경박하고 속물적인 데이지의 역을 거의 완벽하게 연기해내고 있다.

레오나르도 디카프리오가 개츠비로 나오는 2013년 판에 대해서 닐 슈미츠 교수는 이렇게 말한다―"화자 닉 캐러웨이 역을 맡은 토비

맥과이어는 너무 모범생 바보처럼 보이고, 너
무 꽉 끼는 해롤드 로이드 양복을 입고 있으
며, 너무 순진하고 너무 진지하다. 그는 닉 캐
러웨이를 침착한 사람이 아니라 감정적인 사
람으로 묘사하고 있다. 사실 맥과이어의 얼굴
에는 닉 캐러웨이의 특징인 지적인 고뇌나
소외감이 전혀 없다. 닉 캐러웨이 역은 더 진
지한 표정의 배우가 맡았더라면 좋았을 뻔
했다."

개츠비 역을 맡은 디카프리오에 대해서는
호평을 했다―"레오나르도 디카프리오는 맡
은 역을 잘 해냈다. 그는 마치 젊은 시절의 오
손 웰스 같은 목소리와 태도를 보여 주었다."
슈미츠 교수는 데이지 역을 맡은 캐리 멀리건
도 혹평했다―"캐리 멀리건은 너무 자주 운다.
그건 데이지의 이미지가 아니다." 톰 뷰캐넌
역을 맡은 조엘 에드거턴도 혹평했다―"조
엘 에드거턴은 톰 뷰캐넌 역을 맡기에는 체

차례대로 1974년 미아 패로우와 로버
트 레드포드 주연의 『위대한 개츠비』와
2013년 캐리 멀리건과 레오나르도 디카
프리오 주연의 『위대한 개츠비』 포스터

구가 너무 작았고 평범한 모습이었다. 차라리 떡 벌어진 록 허드슨의
어깨였더라면 좋았을 뻔했다."

『위대한 개츠비』는 미국이 일차대전 후 경기가 좋아져서 흥청망
청 소비하고 노래하고 파티를 벌이던, 그래서 '재즈 시대The Jazz Age'
또는 '번창하는 20년대The Roaring Twenties'라고 불리던 시대를 배경으

로 한다. 물질주의와 쾌락주의가 미국사회를 지배하던 시대를 배경으로, 이 영화는 목가적인 아메리칸 드림을 믿었던 순수하고 순진한 개츠비라는 청년이 어떻게 이기적이고 부주의한 물질주의자들에 의해 파멸해 가는가를 그리고 있다.

아메리카는 콜럼버스, 제퍼슨, 프랭클린 같은 '건국의 아버지'의 꿈과 이상理想에 의해 세워진 나라다. 그러나 꿈은 깨지거나 악몽으로 변질되기 쉽고, 이상은 타락하거나 현실에 오염되기 쉽다. 사실 건국 초기의 신선하고 순진했던 아메리칸 드림마저도 이미 그 안에 악몽은 내재해 있었다. 신대륙에 제2의 에덴동산을 건설하기 위해 미국인들이 두 가지 돌이킬 수 없는 원죄를 저질렀기 때문이다. 하나는 원주민들로부터 땅을 강탈한 것이고, 또 하나는 방대하고 광활한 대륙을 경작하기 위해 흑인을 노예로 만들어 학대한 것이 바로 그것이다. 그 원죄는 오늘날에도 미국이 지고 가야 할 숙명적 짐이 되어 미국인들을 괴롭히고 있다.

꿈은 우리가 눈을 감을 때, 어둠 속에서만 찾아온다. 그것은 곧 꿈은 현실과 다르다는 것을 의미한다. 아침이 오면 우리는 꿈에서 깨어나 눈을 뜨고, 다시 현실과 대면한다. 꿈은 우리의 소망일 뿐 현실은 아니다. 미국은 바로 그런 이상과 꿈 위에 세워진 나라여서, 언제라도 냉혹한 현실 앞에 속절없이 무너질 수 있는 속성을 갖고 있다. 최근 세계를 놀라게 한 미국대통령 선거의 결과도, 미국의 꿈과 순진성이 거친 현실 앞에서 얼마나 쉽게 깨지고 오염될 수 있는가를 보여 준 좋은 예다. 일본 수상 아베는 트럼프의 백악관 입성을 아메리칸 드림의 성취라고 찬양했지만, 많은 세계의 지식인들과 전문가들은 그것을 아메리칸 드림의 실패로 보고 있다.

물질주의와 기계문명이 지배하는 비정한 현실세계에서 순수한 꿈은 속절없이 오염되고 힘없이 부서진다. 과연 미국문학과 역사에서 순수한 아메리칸 드림을 추구했던 '꿈꾸는 자'들은 언제나 반대자들의 총탄에 맞아 쓰러지고 사라져갔다. 아브라함 링컨이 그랬고, 존 F. 케네디와 로버트 케네디가 그랬으며, 마틴 루터 킹이 그랬고, 말콤 X가 그랬다. 그리고 미국 작가 F. 스콧 피츠제럴드가 창조한 꿈꾸는 청년 개츠비도 예외가 아니었다. 현실주의자들은 꿈꾸는 자들을 싫어하기 때문이다. 개츠비는 이기적이고 타락한 세상에서 아직 오염되지 않은 순수한 아메리칸 드림을 추구하다가 기계의 상징인 총탄에 맞아 살해당한다. 그런 면에서 총에 맞을 때, 개츠비가 자기 집에 있는 녹색의 수영장에 누워 있었다는 것, 즉 수면에 떠 있었다는 것은 대단히 상징적이다. 그가 녹색의 꿈을 꾸다가 살해당했고, 죽어서도 녹색의 꿈을 간직했다는 것을 의미하기 때문이다. 개츠비는 전후의 풍요로 인해 생겨난 물질주의와 기계주의에 오염된 1920년대 미국사회에서 홀로 순수한 아메리칸 드림을 꿈꾸었던 순진한 사람이었다. 그가 몰랐던 것은, 이제는 시대가 변했다는 것, 그래서 자신이 되찾고 싶어 했던 옛 애인 데이지가 물질주의적이고 속물적인 여자로 변했다는 사실이다. 개츠비는 타락한 세상에서 홀로 순수한 아메리칸 드림을 꿈꾸었던 최후의 '로맨틱 드림 보이'였다. 개츠비를 위대하게 만드는 것은, 오염되고 타락한 시대에도 꿈과 순수성을 믿었던 바로 그 순진함이다.

피츠제럴드의 『위대한 개츠비』는 닉 캐러웨이라는 중서부 출신의 주식중개인의 회상소설이다. 뉴욕시 근처 롱 아일랜드로 옮겨 간 닉은 자기 이웃에 사는 개츠비라는 신비스러운 인물과 친구가 된다. 개츠비는 젊었을 때, 벤자민 프랭클린의 가르침에 따라 검소하고 절제하는 삶을 살았지만 가난에서 벗어날 수 없었고, 그런 이유로 군 장교 시절에 사귀었던 데이지하고도 헤어지게 된다. 개츠비는 1차 대전에 참전하게 되어 유럽으로 떠나고, 데이지는 탐 뷰캐넌이라는 부자와 결혼한다.

제대하고 돌아온 개츠비는 돈이 없어서 잃어버렸던 데이지를 되찾기 위해 은밀한 방법—아마도 밀주사업—으로 부자가 된다. 개츠비는 데이지가 결혼해서 살고 있는 곳 근처에 큰 저택을 구입하고, 날마다 파티를 열면서, 언젠가 그녀가 찾아오기를 기다린다. 닉은 개츠비가 밤마다 만(灣)의 건너편 데이지 집 쪽에 있는 녹색의 불빛을 하염없이 바라보는 것을 발견한다. 개츠비가 가엾어진 닉은 자기 사촌인 데이지를 개츠비에게 데려다 주고, 두 옛 연인은 재회한다. 그러나 허영심 많은 데이지는 개츠비의 순수한 사랑을 이기적으로 즐기려고만 할 뿐 그의 마음을 받아들이려 하지는 않는다. 데이지의 남편 톰은 인종차별주의자며 다른 여자와 바람을 피우는 속물이지만, 데이지는 톰의 재산 때문에 톰을 떠나지 못한다. 데이지는 변했고 지나간 과거는 돌이킬 수 없는데, 개츠비는 그것을 인정하려 하지 않는다. 그래서 결국 파멸한다.

데이지가 남편 톰의 애인 머틀을 차로 치어 죽게 하자, 개츠비는 자기가 운전한 것처럼 가장해서 곤경에 빠진 데이지를 구한다. 그러나 톰과 데이지는 머틀의 남편에게, 차를 운전한 사람이 개츠비라고 무고해 그로 하여금 개츠비를 죽이게 만든다. 개츠비의 장례식에는 아무도 오지 않는다. 개츠비에게 도움을 받은 사람도, 개츠비의 파티에 참석했던 사람도, 심지어는 데이지도 나타나지 않는다. 닉은 사람들의 그런 이기적 비정함을 슬퍼한다. 닉은 개츠비를 죽인 사람들이 바로 녹색의 아메리칸 드림과는 거리가 먼, 즉 기계와 돈이 만들어내는 회색먼지 속에 살고 있는 비정하고 무책임한 톰과 데이지 같은 인간들이라고 탄식한다. 닉은 톰과 데이지 같은 사람들은 함부로 차(기계)를 몰아 남을 다치게 하는 '부주의한 운전자'라고 비난한다. 닉은 이렇게 회상한다―"개츠비는 자신의 꿈이 이미 자신을 지나쳐갔다는 사실을, 도시너머의 광대한 어둠 속으로 사라져버렸다는 사실을 모르고 있었다. 개츠비는 녹색의 불빛을 믿었다. 그는 순진하게도 그 꿈의 순수성을 믿었던 것이다."

헤밍웨이는 개츠비를 20세기의 허클베리 핀이라고 불렀다. 1890년 미국정부가 미국에는 더 이상 프런티어가 없다고 선언한 이후, 더 이상 서부로 모험을 떠날 수 없는 헉 핀이 현대인이 되어 이번에는 동부로 다시 돌아가서 겪는 모험이 바로 『위대한 개츠비』라는 것이다. 개츠비는 순수한 아메리칸 드림을 믿었다. 그러나 시대는 변했고, 꿈꾸는 사람인 개츠비는 현실의 거리에서 '부주의한 운전자들'에 의해 살해당한다. 평론가들은 개츠비가 오리지널 아메리칸 드림을 꿈꾸었던 마지막 미국인이었다는 데 동의한다. 그래서 미국식 순진함의 종식을 알리는 『위대한 개츠비』의 출간은 미국문학사에서 중요한 명장면이자 기념비적 사건으로 기록된다.

트럼프의 승리는 개츠비가 꿈꾸었던 순수한 아메리칸 드림이 돈과 기계와 인종적 편견에 의해 얼마나 쉽게 오염되고 깨질 수 있는가를 다시 한 번 상기시켜 준다. 소위 '러스트 벨트' 노동자들과 분노한 백인들의 표가 만들어낸 트럼프 시대는 돈 많은 인종 차별주의자이자 성차별주의자였던 톰 뷰캐넌의 시대를 연상시킨다. 20세기 초, 미국의 엘리트 상류층들은 사방에서 들려오는 소수인종 이민자들의 외국어에 위기를 느끼고, 백인 서구문명의 몰락을 걱정했다. 최근 영국의 브렉시트도 쏟아져 들어오는 난민들에 대한 영국백인들의 바로 그러한 불안의식에서 비롯되었다. 그리고 트럼프 또한 바로 그러한 불안을 느낀 백인들의 지지로 당선되었다. 전문가들은 트럼프의 등장이 한때 개츠비가 꿈꾸었던 순수한 아메리칸 드림의 실패, 미국의 특징인 다인종, 다문화, 다양성의 폄하, 그리고 돈과 기계를 추구하는 물질적 성공의 추구가 다시 한번 미국사회를 지배하게 되었음을 의미한다고 말한다.

순수한 아메리칸 드림과 녹색의 목가적 꿈을 꾸었던 개츠비를 쏘아 쓰러뜨린 총탄은 이제 미국 내 소수인종을 향해 발사되고 있는 것처럼 보인다. 미국은 세계 유일의 이민국가다. 그렇기 때문에 아메리칸 드림과 인종적·문화적 다양성이 없는 미국은 그 순간 정체성을 상실하고 존재의 의미가 사라지게 된다. 아메리카를 위대하게 만들어 주는 그러한 가치와 덕목을 포기하는 순간, 미국은 더 이상 세계의 지도자가 아니며, 모든 사람이 동경하던 자유와 기회의 땅도 아닐 것이다. 『위대한 개츠비』는 미국이 진정으로 위대한 국가가 되려면 어떻게 해야 하는지를 예시해 주는 기념비적인 명작이다.

세계의 축소판, 『터미널』

스티븐 스필버그가 감독하고 톰 행크스가 주연한 『터미널The Terminal, 2004』은 뉴욕의 JFK 국제공항에서 입국허가가 나지 않아 9개월 동안 공항터미널에서 붙잡혀 지내게 된 어느 여행객의 상황을 잘 묘사한 훌륭한 영화다. 작은 유럽국가인 크라코지아에서 미국을 방문하려고 온 빅터 나보르스키는 자기가 비행기 안에 있는 동안 조국에 쿠테타가 일어났다는 사실을 입국수속 과정에서 알게 된다. 그런데 미국이 그 나라의 군사정부를 인정하지 않기로 하자, 빅터의 여권과 비자는 취소된다.

입국도 안 되고 출국도 금지된 빅터는 케네디 국제공항에서 허공에 매달린 사람이 된다. 빅터는 이후 9개월 동안이나 공항 '터미널'이라는 곳에서 살게 된다. 빅터의 또 다른 문제는 돈이 없고, 영어가 안 되어서 의사소통이 어렵다는 점과, 빅터가 자기의 전도유망한 경력을 망친다고 생각하는 공항사장 프랭크 딕슨(스탠리 투치 扮)의 적개심이다.

차츰 빅터는 공항이 세계의 축소판이자 미국의 축소판이라는 사실을 깨닫게 된다. 공항에는 미국의 모든 대표적인 상점들, 레스토랑들, 은행들이 입주해 있고, 각기 다른 수많은 인종들이 북적대며, 사람들은 어디론가 끊임없이 떠나고 또 도착하는 곳이다. 동시에 공항에는 평생 거기에 붙잡혀서 일하는 사람들도 있다. 국제공항에는 국경도 있고 경찰도 있다.

돌아갈 나라도 없고, 유효한 여권도 비자도 없는 빅터는 자신의

Tom Hanks
Catherine Zeta-Jones

The Terminal

Life is waiting.

『터미널』은 입국허가가 나지 않아 9개
월 동안 공항터미널에서 지내게 된 주
인공의 이야기를 담은 영화다.

정체성을 상실한다. 그가 머물도록 되어 있는 공간에는 수많은 감시카메라가 있어서 빅터는 자유로운 것도 아니다. 그는 다만 정지된 상태에 있을 뿐이다. 거기에서 살면서 빅터는 차츰 공항에서 일하는 사람들과 친해지고, 그들의 지지와 성원을 받게 된다. 심지어는 공항경찰대장 써먼도 빅터를 좋아하게 되고, 빅터는 영어를 배워서 자유롭게 의사소통도 하게 된다. 그런 의미에서 『터미널』은 한 인간의 승리를 그리고 있는 영화라고도 볼 수 있다.

공항 터미널에서 빅터는 자신을 사업가로 착각한 아름다운 여승무원 아멜리아(캐서린 제타 존스 扮)와 짧은 로맨스를 갖는다. 항공기 여승무원인 아멜리아도 역시 끊임없이 이동하는 뿌리 없는 사람을 상징한다. 그녀가 사귀는 기혼남자와의 연애조차도 그녀의 여행 스케줄처럼 불안하고 덧없는 것으로 제시된다. 빅터와 아멜리아는 서로 전혀 다른 사람들이지만, 외롭고 정처없다는 점에서는 아주 유사해서 서로 끌리게 된다.

영화의 도입부, 수많은 다양한 인종들이 점보제트기에서 내려서 입국검사대로 쏟아져 들어오는 케네디 국제공항은 마치 이민으로 이루어진 미국의 축소판처럼 보인다. 과연 공항에는 버거킹, 보더스 체인 서점, 버라이존 휴대폰 상점, 배스킨 로빈스, 페일레스 슈 스토어 등 미국의 대표적 상점들이 즐비하게 늘어서 있다. "여기에서 할 수

처음 만나는 영화

있는 일이 딱 한 가지 있소."라고 공항경찰대장 써먼은 빅터에게 말한다. "그건 쇼핑이라오." 청소부 굽타도 미국문화를 잘 모르는 빅터를 놀린다. "미국에서는 약속이 없으면 아무도 만나지 못해. 나를 만나려면 약속부터 해야 해. 다음 주 화요일이 비어 있어." 사실 빅터는 미국을 경험하기 위해 터미널을 나갈 필요가 없다. 그는 이미 미국 안에 들어와 있는 셈이다.

공항 터미널은 사람들이 부단히 떠나고 도착하는 곳, 다양한 인종이 모여드는 곳이다. 때로는 비행기가 연발해 몇 시간을 기다리는 사람들이 있고, 비행기가 연착해 헐레벌떡 출구로 뛰어가는 사람들도 있다. 여권검사대의 이민국 직원에게 가서 입국 스탬프도 받아야 하고, 세관직원에게 짐 검사도 받아야 한다. 터미널에는 사람을 만나는 즐거움이 있고, 헤어지는 슬픔이 있으며, 기쁨과 좌절과 끝없는 기다림이 있다. 인생이란 결국 그런 것의 연속이 아니겠는가? 『터미널』에 나오는 뉴욕공항에서 우리는 미국의 축소판과 이 세상을 축약한 소우주를 본다. 결국 우리 모두는 빅터처럼 터미널에서 살고 있는지도 모른다.

영화의 역할과 앞으로의 가능성

활자매체 시대가 서서히 막을 내리고 전자매체와 영상매체 시대가 도래하면서, 영화는 예전에 활자문학이 나이 든 세대를 위해서 하던 역할과 가능을 젊은 세대들에게 대신 해 주게 되었다. 그래서 이제는 예술적 감식안과 예리한 통찰력이 있는 영화분석가들이 등장해 젊은 세대에게 영화 속에서 삶의 의미와 감추어진 상징, 그리고 그 나라의 심층심리와 문화를 읽어내는 방법을 가르쳐 주어야만 하는 때가 되었다.

샌디에고 주립대의 제리 그리스월드 교수는 "미국을 알고 싶으면 극장에 가면 된다. 대형 스크린에 당대 미국인들의 꿈과 고뇌와 두려움, 그리고 당대 미국사회의 특성이 펼쳐질 것이다."라고 말했다. 예컨대 베트남전 패배 이후 자존심이 상한 미국인들이 레이건의 우파 군국주의를 지지했을 때는 『람보』나 『탑 건Top Gun, 1986』같은 영화가 제작되어 미국인들의 심리적 상처를 달래 주었다. 또 부시 정부 때는 키퍼 서덜랜드가 주연한 『24』처럼 테러와의 전쟁을 다룬 드라마가 인기리에 방영되었다.

요즘은 한국영화도 당대의 사회상과 정치이데올로기, 그리고 한국인의 심층심리를 잘 드러내 주고 있다. 예컨대, 김대중, 노무현 정부시절에는 『쉬리1998』, 『공동경비구역 JSA 2000』, 『태극기 휘날리며2004』, 『괴물2006』, 『웰컴 투 동막골2005』같은 햇볕정책을 지지하는 영화들이 만들어졌고, 이명박, 박근혜 정부 때는 『명량2014』, 『연평해전2015』, 『국제시장2014』처럼 당대의 지배이데올로기를 지지하는 영화들이 제작되었다. 또 남성이 왜소해지고 여성의 힘이 강해지던 1990년대 말 2000년대 초에는 『엽기적인 그녀2001』가 개봉되어 대히트를 했다.

영화는 이렇게 당대를 읽어내는 좋은 문화텍스트이자 중요한 사회문서이기 때문에, 그냥 재미로만 보면 많은 것들을 놓치게 된다. 이 책은 바로 그러한 시대적 변화에 부응해서, 영화 속에서 우리가 과연 무엇을 어떻게 읽어낼 것인가를 보여주기 위한 한 시도로서 쓰여졌다.

사진 출처

레인맨

https://en.wikipedia.org/wiki/File:Rain_Man_poster.jpg

© 1988 United Artists Pictures Inc.

리버티밸런스를 쏜 사나이

https://commons.wikimedia.org/wiki/File:The_Man_Who_Shot_Liberty_Valance.jpg

록키

https://en.wikipedia.org/wiki/File:Rocky_poster.jpg

람보

https://commons.wikimedia.org/wiki/File:John_Rambo.jpg

© Yoni S.Hamenahem

셰인

https://commons.wikimedia.org/wiki/File:Jean_Arthur_in_Shane.jpg

https://en.wikipedia.org/wiki/File:Shaneposter.png

위트니스

https://en.wikipedia.org/wiki/File:Witness_movie.jpg

© 1985 Paramount Pictures

나홀로 집에

https://en.wikipedia.org/wiki/File:Home_alone_poster.jpg

© 1990 20th Century Fox

말콤 X

https://commons.wikimedia.org/wiki/File:Malcolm_X_NYWTS_2a.jpg

© 1964 Ed Ford

델마와 루이스
https://en.wikipedia.org/wiki/File:Thelma_%26_Louiseposter.jpg
© 1991 Metro-Goldwyn-Mayer

어 퓨 굿 멘
https://en.wikipedia.org/wiki/File:A_Few_Good_Men_poster.jpg
© 1992 Colombia Pictures

다이 하드
https://en.wikipedia.org/wiki/File:Die_hard.jpg
© 1988 20th Century Fox

추락
https://en.wikipedia.org/wiki/File:Falling_Down_(1993_film)_poster.jpg
© 1993 Warner Bros.

왕과 나
https://commons.wikimedia.org/wiki/File:Brynner_the_King.jpg

인디애나 존스
https://en.wikipedia.org/wiki/File:Raiders_of_the_Lost_Ark.jpg
© 1981 Richard Amsel. ™ & Lucasfilm Ltd.

킹콩
https://en.wikipedia.org/wiki/File:Kong33promo.jpg
© 1933 Radio Pictures
https://en.wikipedia.org/wiki/File:Kingkong33newposter.jpg
© 1933 Radio Pictures, Warner Bros.

007
https://en.wikipedia.org/wiki/File:Never_Say_Never_Again_%E2%80%93_UK_
cinema_poster.jpg
© 1984 Renato Casaro
https://en.wikipedia.org/wiki/File:Dr._No_-_UK_cinema_poster.jpg
© 1962 David Chasman & Mitchell Hooks

펠리컨 브리프
https://en.wikipedia.org/wiki/File:The_Pelican_Brief.jpg
© 1993 Warner Bros.

야곱의 사다리
https://en.wikipedia.org/wiki/File:Jacobsladderposter.jpg
© 1990 Carolco Pictures

지옥의 묵시록
https://en.wikipedia.org/wiki/File:Apocalypse_Now_poster.jpg
© 1979 Bob Peak & Omni Zoetrope

시애틀의 잠 못 이루는 밤
https://en.wikipedia.org/wiki/File:Sleepless_in_seattle.jpg
© 1993 TriStar Pictures

드라큘라
https://commons.wikimedia.org/wiki/File:Bela_Lugosi_as_Dracula,_anonymous_
photograph_from_1931,_Universal_Studios.jpg
© 1931 Universal Studios
https://commons.wikimedia.org/wiki/File:Dracula_1958_c.jpg
© 1958 Hammer Horror Production

살아있는 시체들의 밤
https://commons.wikimedia.org/wiki/File:Night_of_the_Living_Dead_(1968)_
theatrical_poster.jpg
https://commons.wikimedia.org/wiki/File:Girl_zombie_eating_her_victim_Night_of_
the_Living_Dead_bw.jpg

미저리
https://en.wikipedia.org/wiki/File:Miseryposter.jpg
© 1990 Columbia Pictures

터미네이터
https://en.wikipedia.org/wiki/File:Terminator2poster.jpg
© 1991 TriStar Pictures

용서받지 못한 자

https://en.wikipedia.org/wiki/File:Unforgiven_2.jpg

© 1992 Bill Gold & Warner Bros.

JFK

http://www.imdb.com/title/tt0102138/mediaviewer/rm825481472

© 1991 Warner Bros.

장미의 이름

https://upload.wikimedia.org/wikipedia/en/c/c4/Name_of_rose_movieposter.jpg

© 1986 Drew Stuzan & 20th Century Fox

프라하의 봄

https://en.wikipedia.org/wiki/File:Unbearable_lightness_of_being_poster.jpg

© 1988 Orion Pictures

배트맨

https://en.wikipedia.org/wiki/File:Batman_returns_poster2.jpg

© 1992 Warner Bros.

알라바마에서 생긴 일

https://en.wikipedia.org/wiki/File:To_Kill_a_Mockingbird_poster.jpg

© 1962 Universal Pictures

올란도

https://en.wikipedia.org/wiki/File:Orlando_film_poster.jpg

© 1992 Sony Pictures

마이너리티 리포트

https://en.wikipedia.org/wiki/File:Minority_Report_Poster.jpg

© 2002 DreamWorks Pictures

나는 전설이다

https://en.wikipedia.org/wiki/File:I_am_legend_teaser.jpg

© 2007 Warner Bros. Pictures

처음 만나는 영화

벤허

https://commons.wikimedia.org/wiki/File:Ben_hur_1959_poster.jpg
https://en.wikipedia.org/wiki/Ben-Hur_(2016_film)#/media/File:Ben-Hur_2016_poster.png
© 2016 Paramount Pictures

다크나이트 라이즈

https://upload.wikimedia.org/wikipedia/en/8/83/Dark_knight_rises_poster.jpg
© 2012 Warner Bros.

아바타

https://en.wikipedia.org/wiki/File:Avatar-Teaser-Poster.jpg
© 2009 20th Century Fox

크래쉬

https://upload.wikimedia.org/wikipedia/en/d/d0/Crash_ver2.jpg
© 2004 Lions Gate Films

위대한 개츠비

http://www.imdb.com/title/tt0071577/mediaviewer/rm3970240256
© 1974 Paramount Pictures
https://en.wikipedia.org/wiki/File:TheGreatGatsby2012Poster.jpg
© 2013 Warner Bros.

터미널

https://en.wikipedia.org/wiki/The_Terminal#/media/File:Movie_poster_the_terminal.jpg
© 2004 DreamWorks Pictures

찾아보기

영화명

처음 만나는 영화

1판 1쇄 인쇄 2017년 1월 3일
1판 1쇄 발행 2017년 1월 7일

지은이 김성곤

발행인 양원석
본부장 김순미
책임편집 진송이
디자인 RHK 디자인연구소 조윤주, 김미선
해외저작권 황지현
제작 문태일
영업마케팅 이영인, 박민범, 양근모, 이주형, 이선미, 이규진, 김보영

펴낸 곳 ㈜알에이치코리아
주소 서울시 금천구 가산디지털2로 53, 20층 (가산동, 한라시그마밸리)
편집문의 02-6443-8845   **구입문의** 02-6443-8838
홈페이지 http://rhk.co.kr
등록 2004년 1월 15일 제2-3726호

ISBN 978-89-255-6079-3 (03680)